xi zang ma ke si zhu yi da zhong hua yan jiu

西藏马克思主义大众化研究

◎ 崔海亮 著

·广州·

版权所有　翻印必究

图书在版编目（CIP）数据

西藏马克思主义大众化研究 / 崔海亮著 .— 广州：中山大学出版社，2016.10

ISBN 978-7-306-05861-4

Ⅰ.①西… Ⅱ.①崔… Ⅲ.①马克思主义—大众化—研究—西藏… Ⅳ.① D61

中国版本图书馆 CIP 数据核字（2016）第 239965 号

西藏马克思主义大众化研究
xi zang ma ke si zhu yi da zhong hua yan jiu

出　版　人：	徐　劲
策划编辑：	陈　露
责任编辑：	赵爱平
封面设计：	汤　丽
责任校对：	江旭玉
责任技编：	汤　丽

出版发行：中山大学出版社
电　　话：编辑部 020-84111996，84113349，84111997，84110779
　　　　　发行部 020-84111998，84111981，84111160
地　　址：广州市新港西路 135 号
邮　　编：510275　　传　真：020-84036565
网　　址：http://www.zsup.com.cn　　E-mail：zdcbs@mail.sysu.edu.cn
印　刷　者：虎彩印艺股份有限公司
规　　格：787mm×1092mm　1/16　19.5 印张　256 千字
版次印次：2016 年 10 月第 1 版　　2016 年 10 月第 1 次印刷
定　　价：58.00 元

如发现本书因印装质量影响阅读，请与出版社发行部联系调换

自 序

马克思主义作为中国共产党的指导思想，处于意识形态的指导地位。经过近百年的发展，马克思主义不断实现中国化，并结合中国现代化的实际不断进行理论创新。特别是改革开放后形成的中国特色社会主义理论体系，指导中国的社会主义建设事业取得了举世瞩目的成就。马克思主义在中国化的过程中，不断增强包容性与开放性。与此同时，在当今意识形态多元化的背景下，不同意识形态之间交流、交融、交锋的趋势进一步加强。不同意识形态的斗争在经济、政治、文化领域全面展开，并借助于新媒体时代的技术手段不断推进，这些都对马克思主义的指导地位提出了挑战。为巩固马克思主义在意识形态领域的指导地位，在不断推进马克思主义理论创新的同时，还必须用马克思主义的最新成果武装全党、教育人民，必须推进马克思主义的中国化、时代化、大众化。

西藏地区马克思主义的大众化，作为当代中国马克思主义大众化的有机组成部分，对于坚持走中国特色社会主义道路、巩固国家统一、维护民族团结、实现边疆稳定具有重大的理论意义、现实意义和长远的历史意义。

西藏是新中国成立后，中国大陆最后被解放的省区，也是在新中国成立前全国唯一没有中国共产党组织和共产党员的省区。[①] 因此，相对其他

---

① 《解放西藏史》编委会：《解放西藏史》，中共党史出版社，2008年，第35页。

地区而言，新中国成立前西藏马克思主义的群众基础十分薄弱。而且西藏又是藏传佛教文化非常盛行的地区，广大群众受宗教文化影响很深，在世界观、人生观方面与马克思主义都存在很大差距，因而在客观上又增加了马克思主义传播的难度。在解放西藏的过程中，中共中央制定了正确的民族政策和宗教政策，采取了和平解放西藏的方式，最大程度地维护了西藏广大人民群众的利益。特别是十八军的官兵在解放西藏的过程中，模范地执行中央制定的"不吃地方"的政策，尊重西藏群众的宗教信仰与风俗习惯，真心实意地为西藏群众办实事、办好事，克服了难以想像的困难，也得到西藏广大群众的支持，取得了昌都战役的胜利，挫败了西藏上层阻挠西藏解放的图谋，促成了西藏的和平解放。西藏和平解放时期，第一批进藏官兵以自身的优良品质和高尚行为赢得了西藏群众的衷心拥护与爱戴，为以后马克思主义在西藏的传播奠定了非常好的群众基础。在后来西藏民主改革过程中，马克思主义在西藏得到了积极的传播，也积累了一些宝贵的经验。西藏社会主义改造时期，正好与全国的"文化大革命"运动同时，虽然也受到了左倾思想的冲击，工作当中也存在失误，但客观上还是促进了马克思主义的广泛传播。改革开放以后，西藏的发展面临着十分复杂的形势，国际反华势力与达赖分裂势力相互勾结，制造了多起破坏西藏社会主义建设事业的骚乱与动乱，极大地影响了西藏的社会稳定，也对西藏马克思主义大众化造成了十分消极的影响。

党中央非常关心和重视西藏的发展，改革开放以来，中央先后召开了六次西藏工作座谈会，对西藏的发展采取了扶持的政策，形成了中央关心西藏、全国援助西藏的发展格局，西藏的各项事业都有了很大发展。2010年，中央召开了第五次西藏工作座谈会，提出了西藏发展的战略目标，使西藏成为重要的国家安全屏障、重要的生态安全屏障、重要的战略资源储备基地、重要的高原特色农产品基地、重要的中华民族特色文化保护地、重要的世界旅游目的地。此次会议同时分析了西藏面临的主要矛盾和特殊矛盾。西藏社会的主要矛盾仍然是人民日益增长的物质文化需要同落后的社会生产之间的矛盾。同时，西藏还存在着各族人民同以达赖集团为代表的分裂势力之间的特殊矛盾。这一特殊矛盾决定了必须把民族团结作为一项根本任务长期来抓。要把有利于民族平等团结进步、有利于各民族共同繁荣发展、有利于民族交往交流交融、有利于国家统一和社会稳定作为衡量民族工作成效的重要标准，推动各民族和睦相处、和衷共济、和谐发展。2015年，中央召开了第六次西藏工作座谈会，习近平总书在讲话中提出了"六个必须"的治藏方略。必须坚持中国共产党的领导，坚持社会主义制度，坚持民族区域自治制度；必须坚持治国必治边、治边先稳藏的战略思想，坚持依法治藏、富民兴藏、长期建藏、凝聚人心、夯实基础的重要原则；必须牢牢把握西藏社会的主要矛盾和特殊矛盾，把改善民生、凝聚人心作为经济社会发展的出发点和落脚点，坚持对达赖集团斗争的方针政策不动摇；必须全面正确贯彻党的民族政策和宗教政策，加强民族团结，不断增进各族群众对伟大祖国、中华民族、中华文化、中国共产党、中国特色社会主义的认同；必须把中央关心、全国支援同西藏各族干部群众艰苦奋斗紧密结合起来，在统筹国内国际两个大局中做好西藏工作；必须加强各级党组织和干部人才队伍建设，巩固党在西藏的执政基础。

目前，西藏的发展面临着前所未有的机遇，同时，我们必须正视西藏各族人民同达赖集团分裂势力之间的特殊矛盾，大力加强民族团结工作，深入开展社会主义核心价值观的宣传教育，弘扬社会主义先进文化，增进西藏各族群众对伟大祖国、中华民族、中华文化、中国共产党、中国特色社会主义的认同。为实现这一目标，必须大力推进西藏的马克思主义大众化，提高西藏各族群众的科学文化素质，积极引导藏传佛教与社会主义社会相适应。要坚持不懈地开展马克思主义祖国观、民族观、宗教观、文化观等宣传教育活动，凝聚中国特色社会主义思想共识。

2014年9月，习近平在中央第四次民族工作会议上指出，"民族团结是我国各族人民的生命线"，"做好民族工作，最关键的是搞好民族团结，最管用的是争取人心"。西藏的民族团结工作关系着西藏社会稳定与国家统一。赢得西藏广大人民群众的支持，争取人心，是搞好西藏民族团结工作的关键，而西藏马克思主义大众化就是争取人心的工作。

本书描述了西藏马克思主义大众化的发展过程，总结了西藏马克思主义大众化的经验教训，分析了西藏马克思主义大众化面临的复杂形势，并对今后西藏马克思主义大众化的实现途径进行了初步探索。坚持马克思主义的实践观点与群众观点是顺利推进西藏马克思主义大众化的关键。马克思主义的实践观点决定了我们党要坚持一切从实际出发，理论联系实际，实事求是的思想路线。马克思主义的群众观点决定了我们党要坚持一切为了群众，一切依靠群众，从群众中来，到群众中去的群众路线。坚持党的实事求是的思想路线，制定正确的路线方针和政策，指引西藏人民群众向着中国特色社会主义的共同理想前进。坚持党的群众路线，密切联系群众，大力改善民生，不断提高西藏广大群众的物质文化生活水平，赢得西藏广大人民群众的拥护和支持，是我们党的事业立于不败之地的法宝。

希望本书的探索能为西藏马克思主义大众化的研究起到抛砖引玉的作用，能为西藏的民族团结事业尽一份绵薄之力，也希望有更多的学者来关注西藏马克思主义大众化的研究。

是为序。

导 论 … 1

第一节　马克思主义大众化的基本理论 … 2
一、从马克思主义中国化到马克思主义大众化 … 2
二、马克思主义大众化的科学内涵 … 5
三、马克思主义大众化的传播机制 … 6
四、推进当代中国马克思主义大众化的意义 … 9
五、西藏马克思主义大众化的特殊性与复杂性 … 12

第二节　西藏马克思主义大众化研究综述 … 19
一、民族地区马克思主义大众化的意义 … 20
二、民族地区马克思主义大众化面临的主要问题 … 21
三、民族地区马克思主义大众化的规律与途径 … 22
四、民族地区马克思主义大众化的个案研究 … 23
五、西藏马克思主义大众化研究 … 25

第三节　本选题的研究意义 … 29
一、本选题研究的理论意义 … 29

二、本选题研究的现实意义 …………………………… 30

　第四节　本选题的研究思路 ………………………………… 31

　　一、本选题的研究目标 ……………………………………… 31

　　二、本选题的研究思路 ……………………………………… 31

第一章　西藏马克思主义大众化的社会历史背景 …………… 33

　第一节　宗教文化对西藏社会的影响 ……………………… 34

　　一、藏传佛教对西藏社会的深远影响 …………………… 34

　　二、伊斯兰教在西藏的传播与发展 ……………………… 37

　　三、天主教在西藏的传播与发展 ………………………… 39

　第二节　英国对西藏的侵略战争及其对西藏社会的影响 …… 42

　　一、英国第一次侵略西藏的战争 ………………………… 43

　　二、英国第二次侵略西藏的战争 ………………………… 43

　　三、英国侵略西藏策略的改变 …………………………… 44

　　四、英国侵略西藏的影响 ………………………………… 46

　第三节　中华民国政府反对西藏分裂的努力 ……………… 49

　　一、北洋政府反对英国分裂西藏的活动 ………………… 49

　　二、国民政府西藏治理及其隐患 ………………………… 50

　　三、西藏革命党的活动 …………………………………… 50

　本章小结 ………………………………………………………… 52

第二章　西藏马克思主义大众化的发展过程 ………………… 54

　第一节　西藏和平解放前马克思主义的传播 ……………… 56

一、四川省重庆共产主义组织与藏区马克思主义的传播 …… 57
　　二、红军长征与藏区马克思主义的传播 …………………… 58
　　三、西藏革命党与马克思主义 ……………………………… 60
　　四、平措旺杰的马克思主义传播活动 ……………………… 61
　　五、西藏和平解放前的政治环境 …………………………… 63
第二节　西藏和平解放时期马克思主义的传播 ………………… 65
　　一、人民解放军以自身的行动展现出马克思主义的优良品质 … 67
　　二、组建党团组织 …………………………………………… 69
　　三、组建培训机构和学校 …………………………………… 70
　　四、成立爱国社团组织 ……………………………………… 72
第三节　西藏民主改革时期马克思主义的积极传播 …………… 73
　　一、积极组建基层党组织 …………………………………… 73
　　二、广泛开展社会主义教育运动 …………………………… 78
　　三、积极培养民族干部，不断拓宽传播渠道 ……………… 79
第四节　西藏社会主义改造时期马克思主义的广泛传播 ……… 84
　　一、马克思主义广泛传播的社会基础 ……………………… 85
　　二、马克思主义广泛传播的内容与方式 …………………… 86
　　三、马克思主义传播的效果评价 …………………………… 90
第五节　改革开放新时期西藏的马克思主义大众化 …………… 91
　　一、1978—1989年，指导思想上的松懈 …………………… 91
　　二、1989—2008年，复杂的国内外背景下的艰难探索 …… 95
　　三、2008年以来，西藏特点的马克思主义大众化道路的新起点 … 105
本章小结 ……………………………………………………………… 113

第三章 西藏马克思主义大众化的特点、历史经验与教训 115

第一节 西藏马克思主义大众化的特点 116

一、传播时间晚，群众基础差 116

二、藏传佛教成为马克思主义大众化的难题 117

三、民族分裂势力不断策划分裂活动 118

四、国外反华势力的渗透与破坏 119

第二节 西藏马克思主义大众化的历史经验 121

一、坚持党的思想路线，把马克思主义的普遍真理与西藏的具体实际相结合 121

二、坚持党的群众路线，尊重群众的主体地位和首创精神 124

三、重视基层党组织建设，巩固了基层政权的基础 128

四、坚持党的民族政策和宗教政策，充分发挥了统一战线的作用 130

五、坚持同西方反华势力及达赖集团分裂势力进行了长期不懈的斗争 135

六、充分利用各种媒介，多渠道、多途径、广泛地宣传马克思主义 140

第三节 西藏马克思主义大众化的教训 143

一、犯了"左"的错误，偏离了党的思想路线 144

二、没有正确地贯彻执行党的民族政策与宗教政策，民族矛盾凸显 149

三、没有处理好民生问题，贫富差距加大引发社会矛盾 152

四、忽视了社会下层的利益 153

五、应对新媒体缺乏经验，在国际舆论宣传中陷入被动 …… 155
　本章小结 ……………………………………………………… 157

第四章　当今西藏马克思主义大众化的现状及存在的主要问题 … 160

　第一节　当今西藏马克思主义大众化的现状 ……………… 160
　　一、西藏马克思主义大众化的传播主体 ………………… 161
　　二、西藏马克思主义大众化的传播客体 ………………… 165
　　三、西藏马克思主义大众化的传播内容 ………………… 169
　　四、西藏马克思主义大众化的传播介体 ………………… 177
　　五、西藏马克思主义大众化的传播环境 ………………… 183
　第二节　当今西藏马克思主义大众化存在的主要问题 …… 188
　　一、"一元主导"与"多元并存"的关系 ………………… 188
　　二、政治信仰、宗教信仰与民族认同 …………………… 194
　　三、藏传佛教与社会主义相适应 ………………………… 204
　　四、西藏青年大学生的政治信仰教育 …………………… 210
　　五、西藏农牧民的社会主义教育 ………………………… 219
　本章小节 ……………………………………………………… 226

第五章　西藏马克思主义大众化深入发展的路径选择 ……… 228

　第一节　推进西藏马克思主义大众化更广泛的传播 ……… 229
　　一、明确传播主体 ………………………………………… 230
　　二、优化传播内容 ………………………………………… 232
　　三、净化传播环境 ………………………………………… 235

四、拓宽传播途径 …………………………………………… 244
　　五、完善保障制度 …………………………………………… 248
第二节　实现马克思主义与西藏实际的结合 ……………………… 251
　　一、马克思主义与西藏群众的政治生活相结合 …………… 251
　　二、马克思主义与西藏群众的经济生活相结合 …………… 256
　　三、马克思主义与西藏群众的文化生活相结合 …………… 260
第三节　在实践中进一步发展当代中国的马克思主义 …………… 267
　　一、积极探索西藏马克思主义大众化的实践形式 ………… 268
　　二、发挥好西藏高校作为马克思主义大众化主阵地的作用 … 271
　　三、发挥好西藏哲学社会科学理论工作者"智库"的作用 … 275
本章小结 ………………………………………………………………… 278

结束语　在新形势下不断推进西藏的马克思主义大众化 …… 280
　　一、西藏马克思主义大众化的机遇与挑战 ………………… 280
　　二、西藏马克思主义大众化的基本经验 …………………… 284

参考文献 ……………………………………………………………… 288
　　一、学术著作 ………………………………………………… 288
　　二、硕博论文 ………………………………………………… 291
　　三、期刊论文 ………………………………………………… 292

后　　记 ……………………………………………………………… 296

导 论

如果从1917年俄国"十月革命"算起,马克思主义传入中国已经有近百年的历史。在这近百年的时间里,马克思主义和中国的具体实际相结合,在中国革命、建设和改革的实践中不断推进马克思主义的中国化,实现了两次历史性飞跃,产生了两大理论成果——毛泽东思想和中国特色社会主义理论体系。中国特色社会主义理论是当代中国的马克思主义,是马克思主义中国化的最新理论成果,也是中国特色社会主义建设的根本指导思想。马克思主义的中国化为中国革命和建设找到了正确的理论原则,这些理论为中国共产党人所掌握,并在指导中国特色社会主义实践中发挥了重大的作用。随着全球化进程的加快,意识形态和价值观念出现了多元化的趋势,不同意识形态的斗争在经济、政治、文化领域全面展开,并借助于新媒体时代的技术手段不断推进,这些都对马克思主义的指导地位提出了挑战。要想巩固马克思主义在意识形态领域的指导地位,巩固全党全国各族人民团结奋斗的共同思想基础,还必须要用马克思主义中国化最新成果武装全党、教育人民。因此,党的十七大提出了"大力推进理论创新,不断赋予当代中国马克思主义鲜明的实践特色、民族特色、时代特色。开展中国特色社会主义理论体系宣传普及活动，推动当代中国马克思主义大众化"。党的十八大报告提出"推进马克思主义中国化时代化大众化，坚持不懈用中国特色社会主义理论体系武装全党、教育人民"。马克思主义大众化成为意识形态领域宣传教育的迫切的、重要的任务，也成为马克思主义理论创新的重要命题。西藏马克思主义的大众化，作为当代中国马克思主义大众化的有机组成部分，对于坚持走中国特色社会主义道路，巩固国家统一、维护民族团结、实现边疆稳定具有重大的理论意义、现实意义和长远的历史意义。

第一节 马克思主义大众化的基本理论

一、从马克思主义中国化到马克思主义大众化

所谓马克思主义中国化，就是将马克思主义基本原理同中国具体实际相结合，就是运用马克思主义解决中国革命、建设和改革的实际问题，就是把中国革命、建设和改革的实践经验和历史经验提升为理论，就是把马克思主义植根于中国的优秀文化之中。

马克思主义中国化的内涵应该包括马克思主义与中国实际两个方面。马克思主义不是僵化不变的，而是一个开放的理论体系，是一个不断发展、丰富和完善的过程。中国的具体实际也是不断变化发展的，近代的中国社会是一个急剧变动、不断变革的社会。这就决定了马克思主义与中国实际相结合的复杂性与丰富性，马克思主义中国化也应该与时俱进，是一个不断变化发展的历史过程。

自马克思主义传入中国，就开始了马克思主义中国化的过程。在早期

马克思主义的传播过程中，存在对马克思主义理解片面化的倾向，犯了"左"和"右"的错误。在总结实践经验的基础上，早期的中国共产党人开始积极探索马克思主义与中国实际相结合的正确道路。真正对马克思主义中国化问题进行深入思考则是在遵义会议后。1938年，毛泽东在党的六届六中全会上，首先提出"马克思主义中国化"的命题。毛泽东指出："没有抽象的马克思主义，只有具体的马克思主义。所谓具体的马克思主义，就是通过民族形式的马克思主义，就是把马克思主义应用到中国具体环境的具体斗争中去，而不是抽象地应用它。成为伟大中华民族之一部分而与这个民族血肉相连的共产党员，离开中国特点来谈马克思主义，只是抽象的空洞的马克思主义。因此，马克思主义的中国化，使之在其每一表现中带着中国的特性，即是说，按照中国的特点去应用它，成为全党亟须解决的问题。"

经过延安整风以后，马克思主义中国化的思想成为全党的共识。刘少奇代表中央在党的七大上作的关于修改党章的报告中，对"马克思主义中国化"从理论上作了进一步的阐述，他指出："由于中国社会、历史的发展有其极大的特殊性，以及中国的科学还不发达等条件，要使马克思主义系统地中国化，要使马克思主义从欧洲形式变为中国形式，就是说，要用马克思主义的立场与方法来解决现代中国革命中的各种问题……这乃是一件特殊的、困难的事业。"中共七大通过的《中国共产党党章》在总纲中确定："以马克思列宁主义的理论与中国革命的实践之统一的思想——毛泽东思想，作为我们党一切工作的指针……毛泽东思想，就是马克思列宁主义的理论与中国革命的实践之统一的思想，就是中国的共产主义，中国的马克思主义。"

在毛泽东思想的指引下，取得了新民主主义革命的胜利，建立了中华人民共和国，成功地进行了社会主义改造，确立了社会主义制度，并在此基础上对社会主义建设道路进行了有益的探索。

十一届三中全会以来，党领导人们在改革开放和现代化建设的实践中，继续推进马克思主义中国化，创立了中国特色社会主义理论，形成了包括邓小平理论、"三个代表"重要思想和科学发展观在内的中国特色社会主义理论体系，实现了马克思主义中国化的第二次历史性飞跃，是马克思主义中国化的第二大理论成果。党的十八大以来，以习近平为总书记的党中央高举中国特色社会主义的伟大旗帜，发表了系列讲话，深刻回答了新的历史条件下党和国家发展的重大理论和现实问题，进一步丰富发展了中国特色社会主义理论体系，推进了马克思主义中国化的历史进程。

马克思主义是一个开放的理论体系，它随着中国特色社会主义实践的发展而不断创新。党的十七大报告提出："大力推进理论创新，不断赋予当代中国马克思主义鲜明的实践特色、民族特色、时代特色。开展中国特色社会主义理论体系宣传普及活动，推动当代中国马克思主义大众化……切实把社会主义核心价值体系融入国民教育和精神文明建设全过程，转化为人民的自觉追求。"为进一步推进社会主义核心价值体系的宣传教育活动，党的十八大报告提出："社会主义核心价值体系是兴国之魂，决定着中国特色社会主义发展方向。要深入开展社会主义核心价值体系学习教育，用社会主义核心价值体系引领社会思潮、凝聚社会共识。推进马克思主义中国化时代化大众化，坚持不懈用中国特色社会主义理论体系武装全党、教育人民……推动中国特色社会主义理论体系进教材进课堂进头脑。广泛开展理想信念教育，把广大人民团结凝聚在中国特色社会主义伟大旗帜之下……倡导富强、民主、文明、和谐，倡导自由、平等、公正、法治，倡导爱国、敬业、诚信、友善，积极培育社会主义核心价值观。牢牢掌握意识形态工作领导权和主导权，坚持正确导向，提高引导能力，壮大主流思想舆论。"十七大以来，马克思主义大众化成为意识形态领域的一项重要工作。

二、马克思主义大众化的科学内涵

要理解马克思主义大众化的含义，首先要明白马克思主义中国化与马克思主义大众化的关系。

马克思主义中国化是学习和运用马克思主义的立场、观点和方法，把马克思主义基本原理与中国具体实际结合起来，使马克思主义转化发展为具有中国特色、中国气派的新理论的过程。马克思主义大众化则是把中国化的马克思主义和人民大众的生活、实践结合起来，使中国化的马克思主义为人民大众所掌握、所理解、所认同、所信仰，指导人民大众的具体实践。两者之间相互促进、各有侧重。马克思主义中国化侧重于中国社会主义建设的宏观理论指导、发展道路选择方面，与国家的发展方向相联系；而马克思主义的大众化则侧重于人民群众对马克思主义理论的接受、认同、信仰层面，与人民大众的实际精神生活相联系。马克思主义中国化与大众化又是密不可分的。马克思主义大众化需要马克思主义中国化，中国化是大众化的前提；马克思主义中国化要求马克思主义大众化，大众化是中国化的目的。马克思主义要在中国大地上展现真理的光芒，就必须中国化；马克思主义要对实践发挥巨大的指导作用，就必须大众化。马克思主义中国化的过程同时也是马克思主义大众化的过程。马克思主义中国化与马克思主义大众化是同一过程的两个方面，而不是同一过程的两个阶段，更不是两个孤立的发展过程。

目前，学术界对"马克思主义大众化"的定义并没有一个非常一致的看法。根据学术界的研究，我们可以对其做出这样的一种理解：当代中国马克思主义大众化，就是中国特色社会主义理论体系大众化，就是使这个理论体系由抽象转变为具体，由深奥思辨转变为通俗易懂，由少数人所理解和掌握转变为被广大人民群众所理解和掌握，并使它转化为人民大众的思想观念和价值观念，内化为人民大众自觉的生活方式和行为方式。大众化意味着当代中国马克思主义普及化、通俗化和民族化。

当代中国马克思主义大众化既是一种静态的发展结果，也是一个动态的发展过程。① 作为发展结果的当代马克思主义大众化指的是人民大众对当代中国马克思主义的了解程度、认同程度和信仰程度。作为过程的当代中国马克思主义大众化指的是人民大众了解、认同、信仰、践行当代中国马克思主义的过程。在这个过程当中，不断创新马克思主义的传播方式，采取广大群众喜闻乐见的方式，使马克思主义通俗化，使其受众从少数精英人物扩展到一般群众，使其接受状态由被动灌输转变为自觉接受和实践，成为指导广大群众的价值观念，并内化为自觉的行动。

三、马克思主义大众化的传播机制

从传播学的角度来看，作为动态的当代中国马克思主义大众化有其内在的传播机制。这种传播机制主要包括传播主体、传播客体、传播载体、传播环境这些要素。②

从传播主体来看，马克思主义大众化的传播主体有政治传播主体、民间传播主体、教育传播主体和文化传播主体。政治传播主体主要指政府机构、党委宣传机构、新闻发言人、网络发言人等，是处于主导地位的传播主体。民间传播主体指除政府之外的民间组织，包括各种政治性、学术性、文化性、宗教性的组织机构与社会团体，各种协会、学会、研究会、联合

---

① 何玲玲：《当代中国马克思主义大众化挑战与路径研究》，人民出版社2013年版，第44—49页。

② 李春会：《传播学视域下的马克思主义大众化》，人民出版社2013年版，第104页。

会以及其他企事业单位和个人都在民间传播主体之列，是马克思主义大众化传播的主要力量。随着以网络为标志的新媒体传播手段的发展，使任何个人都成为可能的民间传播主体。教育传播主体指从事思想政治教育的教师和教育工作者。在推进马克思主义大众化的过程中，学校是马克思主义传播的主渠道，发挥着非常重要的作用。教育传播主体是传播内容的设计者、传播方式的主导者和传播活动的执行者，对传播受众产生重大的影响力。文化传播主体指国家和社会文化艺术事业的从业人员，包括新闻、出版、戏剧、影视等从业人员。文化已经成为国家软势力的重要方面，体现了国家的核心竞争力。文化传播主体不仅在文化事业和文化产业发展过程中具有重要地位，而且在弘扬社会主旋律，推进马克思主义大众化的过程中也发挥着非常重要的作用。

传播客体即传播对象或者传播受众。根据不同的分类标准，传播客体可以分为不同的类型。根据身份的不同，可以把传播客体分为领导干部、普通党员、青年学生、基层群众四种类型。领导干部掌握着一定的公共权力，是从事国家治理工作的公务员，也是推进马克思主义大众化的中坚力量，他们的思想觉悟和政治信仰对一般党员及基层群众影响较大，直接影响着社会风气。由于领导干部地位的特殊性和重要性，他们必须为广大群众做出表率。普通党员也是一个特殊的群体，他们选择马克思主义作为自己的政治信仰，并担负着为共产主义奋斗终生的神圣使命，应该比一般群众有更高思想觉悟，在坚定马克思主义信仰、宣传马克思主义理论方面应该起着模范带头作用。青年学生是中国社会的精英，是中国特色社会主义事业的建设者和接班人，代表着国家的未来和希望。他们坚持什么样的政治信仰直接关系到中国未来举什么旗、走什么路的关键问题，他们具备什么样的马克思主义理论水平也是评价马克思主义大众化效果的重要标准。基层群众是一个十分庞大的群体，是中国特色社会主义事业的依靠力量。不断满足基层群众日益增长的物质文化需要，实现好、维护好最广大人民群众的利益需求，增强基层群众对马克思主义和中国特色社会主义的认同感，才能巩固党的执政基础，才能使中国特色社会主义事业立于不败之地。

传播载体主要包括民族文化载体、传统媒体载体、网络新媒体载体和思想政治教育载体。推进马克思主义的中国化、时代化、大众化离不开民族文化载体。马克思主义只有植根于中国传统文化的沃土中，才能实现中国化和大众化。马克思主义和各民族地区的文化相结合，才能推进民族地区的马克思主义大众化。传统媒体载体主要指报章杂志等纸质媒介，在早期马克思主义的传播过程中，纸质媒体发挥了非常重要的作用。今天，纸质媒体仍然是意识形态宣传教育的重要载体。网络新媒体载体包括电子媒体和网络媒体。电子媒体指广播、电视、电影等媒体手段，通过影、像、声来传递信息的方式。网络媒体是以互联网为中心，以计算机技术和信息技术为支撑的新型媒体，不仅改变了传统的媒体手段，甚至已经改变了人们的生活方式。网络新媒体为马克思主义大众化既带来了难得的发展机遇，也造成了极大的挑战。特别是国外敌对势力利用互联网对我国意识形态领域进行的渗透、颠覆活动对于巩固马克思主义的主流意识形态形成了极大的挑战。思想政治教育载体是推进马克思主义大众化的重要形式，也是我国政治信仰教育的传统优势。创新思想政治教育的话语方式、传播方式，优化思想政治教育的接受机制，提高思想政治教育的针对性和实效性，是推进高校马克思主义大众化的重要任务。

传播环境包括国际环境与国内环境。从国际环境来看，全球化加强了国家之间的经济文化交流，密切了国家之间的联系。同时，西方敌对势力加强了对我国"西化""分化"的图谋，大力宣扬西方的价值观念和腐朽的生活方式，宣扬西方的政治制度和意识形态，淡化和削弱了对马克思主义的信仰，冲击了社会主义的核心价值观。从国内环境来看，首先是市场经济体制和社会转型造成了价值观念的多元化，冲击了传统的思想道德体系和社会主义核心价值体系。其次，网络信息化为马克思主义的传播提供了难得的机遇，为个人的自由选择提供了广阔的空间，有利于传播主体之间平等的交流与沟通。同时，网络信息化造成主流意识形态话语的式微，海量的信息使主流意识形态难以彰显，为受众的正确选择造成了困难。总之，从传播环境来看，是机遇与挑战并存。

四、推进当代中国马克思主义大众化的意义

马克思主义大众化是"当代中国"意识形态领域的一项重要任务，其目标指向十分明确，即用马克思主义去"化"大众。人民群众是实践的主体，是历史的创造者。当代中国的马克思主义只有被广大人民群众所掌握，并自觉内化于心，外化于行，马克思主义才能转化为改造现实的物质力量，才能巩固中国特色社会主义的政治信仰。在当前的国际、国内背景下，巩固马克思主义主流意识形态地位十分迫切，推进当代中国马克思主义大众化具有重大意义。

第一，推进当代中国马克思主义大众化有利于进一步创新和发展马克思主义理论。实践的观点是马克思主义理论首要的基本的观点。实践也是促使马克思主义不断发展的动力，同时马克思主义也在人们认识世界、改造世界的过程中不断指导实践。随着中国特色社会主义实践的发展，要求不断创新和发展马克思主义理论来指导实践。推进当代中国马克思主义大众化，使马克思主义理论不仅仅被精英人物所掌握，还要被占社会成员大多数的人民群众所接受，才能发挥它应有的作用，使当代中国马克思主义为广大人民群众所接受，与中国特色社会主义实践相结合，为马克思主义理论增添新的活力,进一步创新和发展马克思主义。

第二,推动当代中国马克思主义大众化有利于巩固马克思主义意识形态的主流地位,增强中国共产党的执政基础,保持社会的和谐稳定。在全球化的大背景下,中西文化交流日益频繁,文化领域也呈现了多元化的特点,导致人们价值观念和价值取向出现了一定程度的混乱,冲击了马克思主义的主流意识形态地位,出现价值认同危机,影响了社会的和谐稳定。十七大提出"开展中国特色社会主义理论体系宣传普及活动,推动当代中国马克思主义大众化",十八大又提出:"用社会主义核心价值体系引领社会思潮、凝聚社会共识。推进马克思主义中国化时代化大众化,坚持不懈用中国特色社会主义理论体系武装全党、教育人民……广泛开展理想信念教育,把广大人民团结凝聚在中国特色社会主义伟大旗帜之下。大力弘扬民族精神和时代精神,深入开展爱国主义、集体主义、社会主义教育,丰富人民精神世界,增强人民精神力量。倡导富强、民主、文明、和谐,倡导自由、平等、公正、法治,倡导爱国、敬业、诚信、友善,积极培育社会主义核心价值观。牢牢掌握意识形态工作领导权和主导权,坚持正确导向,提高引导能力,壮大主流思想舆论。"

积极推动当代马克思主义大众化,对增强中国特色社会主义的凝聚力、保持社会稳定的作用主要体现在三个方面:一是发挥社会主义核心价值体系对社会思潮的引领作用,既尊重差异,包容多样,允许多种社会思潮共存,同时要坚持并巩固马克思主义意识形态的主导地位,有力抵制各种外来错误思潮和腐朽思想的消极影响。二是通过宣传普及活动,使社会主义核心价值体系成为社会全体成员普遍接受、自觉奉行的价值理念,并进而成为全民族奋发向上的精神力量和共同思想基础,增强社会主义的吸引力和凝聚力。三是通过推动当代中国马克思主义大众化,提高了社会成员的政治素质和政治参与意识，也进一步坚定了公民对中国共产党的领导和社会主义制度的信心以及对共产主义的信仰，实现公民信仰和国家主流意识形态的统一，这就为构建一个和谐稳定的社会创造了条件。①

第三，推进当代中国马克思主义大众化有利于进一步实现马克思主义的中国化。马克思主义中国化与马克思主义大众化是辩证统一的关系。马克思主义中国化与马克思主义大众化是同一过程的两个方面。马克思主义中国化是马克思主义大众化的前提和基础，马克思主义大众化是马克思主义中国化的目的和结果。在马克思主义中国化的过程中，中国共产党人围绕"什么是马克思主义、怎样对待马克思主义"，"什么是社会主义，怎样建设社会主义"，"建设什么样的党，怎样建设党"，"实现什么样的发展，怎样发展"这些核心问题，与时俱进，不断进行理论创新，不断深化对马克思主义的认识。十八大以来，面对新形势和时代发展的新要求，新一代领导集体积极倡导富强、民主、文明、和谐，自由、平等、公正、法治，爱国、敬业、诚信、友善的社会主义核心价值观，开展培育和践行社会主义核心价值观的宣传教育活动，进一步推动了当代中国马克思主义的大众化。用社会主义核心价值体系引领社会思潮、凝聚社会共识，不断推进马克思主义的大众化，也必将促使马克思主义和中国实际、中国传统文化相结合，使马克思主义扎根于中国传统文化的土壤中，有利于实现马克思主义的中国化。

总之，当代中国马克思主义大众化将凝聚社会共识，提高中国特色社会主义的凝聚力和向心力，巩固马克思主义主流意识形态地位，实现社会和谐稳定，解决广大群众的政治信仰与政治认同问题。

---

① 郭建：《当代中国马克思主义大众化的内涵及必要性解读》，《理论研究》2009年第3期，第61页。

五、西藏马克思主义大众化的特殊性与复杂性

西藏马克思主义大众化作为当代中国马克思主义大众化的重要组成部分，既具有马克思主义大众化的一般特征，又具有西藏自身马克思主义大众化的特殊面貌与复杂特征。

（一）西藏马克思主义大众化是当代中国马克思主义大众化的重要组成部分

毫无疑问，西藏马克思主义大众化应该是当代中国马克思主义大众化的重要组成部分。这不仅表现在西藏是中国中央政权领导下的一个地方行政区域，也表现在西藏的经济、政治、文化发展一直处于整个中国政治文化的传统之中，西藏面临的反帝反封建的任务决定了西藏马克思主义大众化的必然性。

1.西藏是中国的一个地方行政区域

唐朝时，中原地区的唐朝政权就和当时西藏的吐蕃帝国建立了友好关系。元朝时，元朝政府在中央设立宣政院，管理西藏的宗教政治事务和民族事务，并派遣官员和军队到西藏进行直接管理。明朝在西藏设立"乌思藏行都指挥使司"与"朵甘行都指挥使司"，并设置都司卫所，重用藏人担任都司、卫所等各级官吏，赐给印信，让他们管理藏族事务，征收贡赋，建立僧官制度。明朝政府赐予当地宗教领袖各种封号，并赐印信，利用宗教来统治藏区人民。整个明代，西藏各派势力都拥护中央政府，明政府与西藏的关系是中央和地方的隶属关系。清朝为进一步加强对西藏的管辖，采取了一系列有力的措施。首先实行了册封制度。由皇帝册封五世达赖与五世班禅的封号。以后中国历代政府都沿袭了这一制度。西藏的新任宗教领袖（达赖和班禅）都要经过中央政府的册封才合法。其次，设驻藏大臣办事衙门，派遣办事大臣和帮办大臣二人常驻拉萨，督办西藏事务。第三，设立金瓶掣签制度，规范了以后达赖与班禅的产生办法。清朝对西藏的管理制度已经比较完善，这些制度被以后的民国政府所继承。虽然其间有帝国主义挑拨的西藏分裂活动，但是西藏作为中央政府的一个地方行政区域的隶属地位一直没有变。

2. 西藏的传统文化是中国传统文化的重要组成部分

《西藏和平解放60年》白皮书中这样讲道："大量考古、学术研究表明，藏族与汉族和其他兄弟民族自古就有血缘、语言和文化等方面的密切联系，西藏地方与中国内地的经济、政治、文化往来始终没有中断过。"公元7世纪，文成公主入藏同松赞干布成婚，进一步加快了西藏同内地的经济文化交流。中原地区的汉传佛教也传入西藏，与从印度传入的佛教和西藏当地的原始苯教进行冲突和融合，形成了藏传佛教。另外有研究者认为，中原地区的道教对藏传佛教和苯教也有影响。道教的主要哲学思想"阴阳五行""九宫八卦"为密宗所吸收。另外，中原地区的天文、历算、医药等知识也对西藏文化产生重大影响。当然，西藏的传统文化对中原地区也有深远影响。至今，藏传佛教对青海、甘肃、宁夏、内蒙古、四川、云南等地都有广泛影响，许多群众的日常生活与文化心理仍以藏传佛教为皈依。西藏的传统文化在与中原地区文化的交流融合过程中不断繁荣发展，成为中国传统文化的重要组成部分。

3. 西藏面临着反帝反封建的任务

西藏与内地的密切联系，不仅表现在历史发展过程中不断加强的政治、经济、文化联系，也表现在近代以来，西藏面临着与其他民族相同的反帝反封建的任务。1840年，内地爆发鸦片战争时，西藏也不安宁。1841年，兴起于克什米尔南部的道格拉王室（藏人称之为"森巴"）侵入了西藏阿里地区，遭到藏族军民的坚决抵抗，将侵略势力驱逐出了阿里，维护了领土完整和国家统一。随着英国侵略势力在中国的不断扩张,英国加紧了对西藏的侵略,于1888年和1903年两次发动了对西藏的侵略战争,西藏地方政府和僧俗群众进行了顽强的抵抗,但是由于清政府的软弱妥协,英政府胁迫西藏地方政府签订了不平等条约,英国侵略势力进入了西藏。此后,英印政府策划了一系列的分裂西藏的活动,在中国政府的坚决还击下都失败了。

和平解放前的西藏,既有英、俄、美等帝国主义势力的侵略和破坏活动,也有旧西藏封建农奴制度对广大群众的残酷压榨与剥削。西藏也面临着反帝反封建的双重革命任务。由于阶级局限性和缺少先进的理论作为指导,无论是十三世达赖的新政、龙夏的改革,还是"西藏革命党"的反帝爱国活动,最后都失败了。

近代西藏反对帝国主义侵略和要求变革封建农奴制的斗争,成为中国反帝反封建的新民主主义革命的重要组成部分。1949年,中华人民共和国成立后,十世班禅致电中央"速发义师,解放西藏,驱逐帝国主义势力,巩固国防"。在西藏广大人民的强烈要求下,中国人民解放军开始了和平解放西藏的革命。在中国共产党的领导下,又在西藏进行了民主改革和社会主义改造,最终完成了反帝反封建的任务,建立了社会主义制度。

4.西藏的跨越式发展与现代化进程需要马克思主义的大众化

西藏自治区成立以来,在党中央的领导下,把马克思主义的基本原理与西藏的具体实际相结合,走了一条与内地不同的社会主义改造道路,建立了社会主义制度的经济基础,形成了中央援助西藏的财政体制。改革开放以来,在探索中国特色社会主义道路的过程中,历届中央坚持实事求是的思想路线,坚持一切从西藏实际出发推进马克思主义的大众化。在探索中国现代化道路的过程中,始终把西藏社会现代化问题摆在十分突出的战略地位,在理论和实践上,把探索中国现代化道路和西藏现代化道路作为推进当代中国马克思主义的重大课题,马克思主义中国化在西藏的实践中实现了新的发展。1990年7月,胡锦涛同志在自治区第四次党代会上的报告中提出了党在西藏工作的指导思想:"在党的领导下,团结全区各族人民,凝聚各方面力量,以经济建设为中心,紧紧抓住稳定局势和发展经济两件大事,确保西藏社会的长治久安,确保经济持续、稳定、协调地发展,确保人民群众生活水平明显提高。"概括起来,就是"一个中心、两件大事、三个确保。"1994年7月,中央第三次西藏工作座谈会把"一个中心、两件大事、三个确保"确定为西藏工作的指导方针,2001年6月,中央第四次西藏工作座谈会肯定了这个方针。十七大以来,依据科学发展观的要求,西藏提出坚持走有"中国特色、西藏特点"的发展路子。2011年3月6日,胡锦涛参加西藏代表团十一届全国人大四次会议时,明确地肯定了这一思路,指出:"西藏要坚持中央关于西藏工作的指导思想,走有中国特色、西藏特点的发展路子,切实做好改革发展稳定各项工作,推进西藏跨越式发展和长治久安,在全面建设小康社会进程中迈出更大步伐。"坚持中央关于西藏工作的指导思想就是要在实践上"走出中国特色、西藏特点的自主创新道路,中国特色、西藏特点的新型工业化道路,中国特色、西藏特点的农业现代化道路,中国特色、西藏特点的城镇化道路,中国特色、西藏特点的政治发展道路"①。西藏自治区"十二五"时期国民经济和社会发展规划纲要,明确阐述了"中国特色、西藏特点"道路的基本思想:"坚持党的领导,坚持社会主义制度,坚持民族区域自治制度,坚持走有中国特色、西藏特点发展路子,以科学发展、跨越式发展和长治久安为主题,

---

① 张曦健:《深入学习实践科学发展观 坚持走有中国特色西藏特点发展路子》,2009年2月6日,转载自央视网(http://tibet.cctv.com/20090206/104872_6.shtml)。

以实施'一产上水平、二产抓重点、三产大发展'的经济发展战略、加快转变经济发展方式为主线,以改革开放为动力,以民族团结为保障,以保障和改善民生为出发点和落脚点,以生态环境保护与建设为重要内容……到2020年同全国一道实现全面建设小康社会的宏伟目标。"[1] 由此可见,坚持走有中国特色、西藏特点发展路子,实现西藏的跨越式发展与现代化同样需要马克思主义的大众化。

综上所述,在西藏的新民主主义革命、民主改革、社会主义改造、社会主义建设的发展脉络中,中国共产党从西藏特殊的历史和现实区情出发,始终把马克思主义基本原理与西藏的具体实际相结合,不断推进西藏的马克思主义大众化。因此,西藏马克思主义大众化是当代中国马克思主义大众化的重要组成部分。

(二)西藏马克思主义大众化的特殊性与复杂性

西藏的马克思主义大众化经过了一个特殊的发展过程。这种特殊性又是与西藏的复杂区情相联系的。概括来讲,西藏马克思主义大众化的特殊性与复杂性主要表现在以下几个方面。

1. 多元文化共存的文化背景

西藏虽然交通不便,但由于其特殊的地理位置,自古以来就是多元文化交汇的地区。公元七世纪,印度佛教与中原地区的禅宗传入西藏,与西藏的原始苯教进行长期的冲突融合后形成了藏传佛教。而后,伊斯兰教于14世纪传入西藏,天主教从17世纪开始向西藏进行传教活动。天主教在西藏的传播遭到了西藏人民的抵制,一直到西藏和平解放前,天主教并没有

---

[1] 王春焕:《坚持走有中国特色、西藏特点发展路子——〈自治区"十二五"时期国民经济和社会发展规划纲要〉解读》,2011年3月,新华网(http://tibet.news.cn/gdbb/2011-03/12/content_22267173.htm)。

在西藏群众中产生实质性的影响。1959年代表西藏上层的十四世达赖集团进行叛乱后,民族分裂主义势力与国外反华势力相互勾结,一直是影响西藏社会稳定的重要因素。改革开放以来,西方的基督教文化强势涌入中国,对西藏的青年人也产生了一定的影响。当今西藏,既有处于意识形态主导地位的马克思主义理论,也有千百年来流传下来的藏族宗教文化、民族分裂主义思潮、西方反华思潮、伊斯兰教文化等。"宗教信仰与政治信仰相互交织、民族分裂主义与西方反华势力相互勾结、藏族传统文化与西方文化相互碰撞"。[①] 这些不同文化思潮之间相互冲突、不断融合,特别是民族分裂主义思潮与西方反华思潮对马克思主义的意识形态地位构成挑战。

2. 政教合一体制的深刻影响

藏传佛教在形成的过程中,也逐渐形成了政教合一的制度。当时的地域性家族势力与藏传佛教各教派相结合形成了分散割据的政教势力,这些政教势力分管各地的僧俗民众和庄园。元朝时,由元朝政府册封的萨迦派地方政权统一管理藏区的军民事务。明朝时,由明朝政府册封的帕竹地方政权统一管理卫藏地区的政教事务。清朝时,清政府册封了五世达赖与五世班禅,由五世达赖统一管理西藏的行政、宗教事务。直到1959年西藏民主改革前,这种政教合一的体制一直存在并发挥作用。废除政教合一制度,只是"教权"与"政权"的分离,并不是宗教与政治的分离。实际上,只要宗教存在,宗教对群众的影响就存在,政府仍然要管理复杂的宗教事务。由于西藏政教合一制度的长期影响,当今的达赖喇嘛在西藏群众的日常生活中仍然发挥重要的影响作用。遇到孩子命名、建造房屋、结婚娶妻、子女升学等重要事情,藏区的许多农牧民群众仍然习惯于到寺庙求助于喇

---

① 崔海亮:《政治信仰、宗教信仰与民族认同——关于西藏马克思主义大众化的思考》,《民族论坛》2014年第3期,第44页。

嘛，由喇嘛来决定这些事情。西藏传统的政教体制对当今西藏的教育、政治仍然发挥着重要的影响作用。

3. 全民信教的群众基础

藏民族普遍信仰藏传佛教，基本上是一个全民信教的民族。旧西藏的政教合一制度，享受政权与教权的是上层的喇嘛阶层，普通的老百姓对于藏传佛教只是一种盲目的信仰。"信仰高于理性，来世重于今生"构成了藏族的文化心理结构。"宗教——至少旧西藏的宗教——是一种要求人们盲目服从的、非理性的意识形态。当它和用权力强迫人们无条件服从的专制政治结合在一起，变成政教合一的精神——世俗力量时，便拥有不容怀疑、不容挑战的绝对权威。"① 在西藏，随处可见手拿转经筒的信教群众，虽然他们看不懂经文，但对藏传佛教的信仰却很虔诚。从本质上讲，宗教是一种唯心主义的世界观，与马克思唯物主义的世界观是对立的，对藏传佛教的宗教信仰与对马克思主义的政治信仰很难协调。因此，西藏马克思主义大众化的群众基础很薄弱。

4. 马克思主义传播先天不足

新中国成立前，西藏是全国唯一没有建立中国共产党组织。长征时期，红军在川康藏区播下了马克思主义的火种，但是对西藏并没有实质性的影响。解放军进藏时，由于上层贵族的妖魔化宣传，藏族群众对中国共产党的理解都是非常消极的印象。以至于以后西藏工委在相当长一段时期都是以不公开的党组织的身份进行活动，并没有面向社会发展党员团员。马克思主义在西藏传播的先天不足，大大增加西藏马克思主义大众化的难度。改革开放后，党中央全面落实宗教信仰自由政策，使西藏的宗教事业得到

---

① 徐明旭：《雪山下的丑行：西藏暴乱的来龙去脉》，四川教育出版社2010年版，第55页。

迅速发展，同时也出现了宗教狂热和宗教政治化的趋势①，特别是1989年以后，"藏独"活动猖獗，一些干部群众对马克思主义的政治信仰淡化，客观上对马克思主义在西藏的传播又起着消极作用。

5. 藏独分裂势力与国外反华势力的渗透颠覆

1959年第十四世达赖丹增嘉措叛逃出境以后，就没有停止过分裂祖国的活动。他们在境外成立了自己的政府组织、军队，也成立了一些搞民族分裂的社会组织，如"藏青会"等。这些民族分裂势力在西藏和内地其他藏区策划了一系列的打、砸、抢、烧暴力事件和僧人自焚等恐怖事件，严重影响了藏区的稳定和发展。而且第十四世达赖丹增嘉措的民族分裂活动得到了美国、印度等国家的大力支持，他们相互勾结，炮制了所谓的"西藏问题"。西方敌对势力利用人权问题、宗教问题干涉中国内政，为丹增嘉措集团提供政治避难和活动经费，阴谋使"西藏问题"国际化。这些境外的敌对势力不仅公然支持丹增嘉措集团的民族分裂活动，而且利用报纸、电台、网络、学术交流等方式操纵国际舆论，诋毁中国共产党的西藏政策，向西藏群众（特别是西藏青年）散播西方的民主价值观念和人权标准，使西藏群众在思想上产生混乱，极大地增加了西藏马克思主义大众化的难度。

第二节　西藏马克思主义大众化研究综述

党的十七大以来，关于马克思主义大众化的研究全面展开，学术界围绕马克思主义大众化的科学内涵、必要性、历史进程、根本原则、路径选择、经验教训等问题进行研究，取得了不少研究成果。相对于马克思主义大众

---

① 许德存：《西藏佛教五十年的发展特点及其存在的问题》，《西藏研究》2001年第2期。

化的整体研究，民族地区马克思主义大众化的研究还很薄弱。西藏马克思主义大众化研究成果更少，只有少数几篇论文。本书立足于民族地区马克思主义大众化研究成果，对西藏马克思主义大众化研究现状进行简要述评。

当今学界对民族地区马克思主义大众化的研究成果，主要是为数不多的单篇论文。目前，只看到阎占定、陈静合著的《民族高校推进马克思主义大众化研究》，还没有看到民族地区马克思主义大众化的专著出现。通过CNKI检索发现，有关马克思主义大众化的论文有3676篇，有关民族地区马克思主义大众化的期刊论文只有52篇，硕士论文7篇。有关西藏马克思主义大众化的论文只有3篇（截止到2014年8月）。可见，对于民族地区马克思主义大众化的研究还十分薄弱。从这些研究成果来看，民族地区马克思主义大众化的研究主要表现在以下几个方面：

一、民族地区马克思主义大众化的意义

杨满心认为，民族地区马克思主义大众化有利于民族团结；有利于增强民族地区党和群众的联系，巩固党的执政地位；有利于民族地区统一思想，坚定社会主义信念；有利于推动民族地区小康社会建设，构建社会主义和谐社会；有利于马克思主义理论自身的完善与发展，进一步推动马克思主义中国化。①

唐曼莲认为，民族地区马克思主义大众化的实践意义主要表现在五个方面：第一，能促使民族地区民众掌握中国特色社会主义理论体系，掌握马克思主义民族理论、民族观、党和国家的民族政策，运用其理论武器和精神力量，加快发展，实现各民族共同繁荣。第二，能促使民族群众树立和运用正确的祖国观、民族观、文化观，实现对伟大祖国的认同、对中华

---

① 杨满心：《民族地区马克思主义大众化研究》，硕士学位论文，西南大学，2011年，第10–15页。

民族的认同、对中华文化的认同、对中国特色社会主义道路的认同。第三，能激励民族群众自觉维护民族团结、祖国统一、人民利益和法律尊严，以实际行动建设伟大祖国，振兴伟大中华。第四，能推进民族群众运用马克思主义立场、观点和方法分析批判"三股势力"的恶劣性，挫败"三股势力"的破坏。第五，民族地区马克思主义大众化的经验对于解决其他地区类似课题可提供参考和借鉴。①

另外，杨晓梅的《民族地区当代中国马克思主义大众化路径选择》和张燕的硕士论文《内蒙古民族地区马克思主义大众化研究》的"导论"部分，都对民族地区马克思主义大众化的意义有相关论述，都认识到民族地区马克思主义大众化对于各民族的团结、国家稳定具有重要意义。

二、民族地区马克思主义大众化面临的主要问题

汤超珍的硕士论文《民族地区马克思主义大众化面临的主要问题及对策研究——以广西壮族自治区为例》，以民族地区为切入点，在解析马克思主义大众化内涵，阐述意义的基础上选取广西壮族自治区作为典型案例，分析了马克思主义大众化在这一民族地区发展的现状、遇到的突出问题，在分析问题的基础上对如何实现民族地区的马克思主义大众化提出了意见和建议。作者认为民族地区马克思主义大众化面临的主要问题有以下几个方面：第一，对马克思主义大众化的认知程度不高；第二，在思想多元化的背景下，民族地区群众马克思主义信仰不够坚定；第三，宣传工作创新不足，通俗化程度不够。②

---

① 唐曼莲：《民族地区马克思主义大众化的意义重大而深远》，《全国商情》2010 年第 12 期，第 118 页。

② 汤超珍：《民族地区马克思主义大众化面临的主要问题及对策研究——以广西壮族自治区为例》，硕士学位论文，广西师范学院，2012 年，第 24–26 页。

杨晓梅认为当代中国马克思主义在民族地区大众化的困境主要体现在四个方面：第一，宗教信仰的群众性与长期性，导致宗教认同与马克思主义意识形态认同的冲突；第二，民族意识的觉醒与增强，消解了当代中国马克思主义的影响力；第三，西方敌对势力的渗透与颠覆活动，削弱了马克思主义主导意识形态的吸引力和凝聚力；第四，民族地区经济社会发展不平衡性，阻碍了民族群众对中国特色社会主义道路的认同。①

三、民族地区马克思主义大众化的规律与途径

唐曼莲认为民族地区马克思主义大众化要把握以下几个规律：全国共性与民族地区个性相结合，马克思主义理论与民族地区优秀文化相结合，民族团结稳定与促进发展相结合，按照知、情、意、信、行相统一去"化"民族地区干部民众，民族地区马克思主义的理论大众化与实践大众化有机结合，传承文明与创新成果相结合。②

杨满心认为民族地区马克思主义大众化的实现路径主要有五个方面：第一，坚持三个"务必"，为民族地区马克思主义大众化创造先决条件；第二，加强经济建设，为民族地区马克思主义大众化奠定经济基础；第三，加强基层党建，为民族地区马克思主义大众化奠定组织基础；第四，合理采用媒介，为民族地区马克思主义大众化提供高效宣传渠道；第五，加强教育宣传，为民族地区马克思主义大众化提供平台保障。③杨晓梅认为民族地区马克思主义大众化的路径选择可以从以下几个方面考虑：第一，正确认识和处理宗教信仰与马克思主义指导地位的关系，努力实现宗教信仰

---

① 杨晓梅：《民族地区当代中国马克思主义大众化路径选择》，《宁夏党校学报》2010年第6期。
② 唐曼莲：《民族地区马克思主义大众化的规律探讨》，《湖南社会科学》2010年第6期。
③ 杨满心：《民族地区马克思主义大众化研究》，硕士学位论文，西南大学，2011年，第10-15页。

与当代马克思主义主导意识形态的统一;第二,关注现实,让更多的民族群众享受到改革发展的成果,是推进马克思主义大众化的根本途径;第三,大力培养德才兼备的少数民族干部,以夯实马克思主义大众化的基础力量。① 另外徐慧明的《民族地区如何实现马克思主义的大众化》,对实现民族地区马克思主义大众化的规律与途径也有初步的探讨。

四、民族地区马克思主义大众化的个案研究

这方面的研究主要表现在两个方面:一是对不同民族地区马克思主义大众化进行专门研究,一是对民族地区马克思主义大众化的特定受众进行专门研究。

(一)对不同民族地区马克思主义大众化的专门研究

杨满心的硕士论文《民族地区马克思主义大众化研究》,以湖北省恩施土家族苗族自治州为个案,采取抽样问卷、座谈、访谈等方法,对恩施土家族苗族地区马克思主义大众化作了一个较为客观的分析。他的论文共分三部分:民族地区马克思主义大众化的涵义及重大意义;民族地区马克思主义大众化的现状分析;加快民族地区马克思主义大众化的实现路径。②

张燕的硕士论文《内蒙古民族地区马克思主义大众化研究》,以内蒙古地区主体少数民族蒙古族为例,力图了解蒙古族聚集区马克思主义大众化现状与存在问题,寻求解决蒙古民族聚集区马克思主义大众化的途径,对于民族地区马克思主义大众化具有十分重要的借鉴意义。值得一提的是,该文还总结了西方国家处理民族问题的经验教训,并总结其对增强我国民族地区国家认同与政治认同的启示。③ 郝慧婷的硕士论文《青海藏区当代

---

① 杨晓梅:《民族地区当代中国马克思主义大众化路径选择》,《宁夏党校学报》2010年第6期。
② 杨满心:《民族地区马克思主义大众化研究》,硕士学位论文,西南大学,2011年,第2页。
③ 张燕:《内蒙古民族地区马克思主义大众化研究》,硕士学位论文,山西财经大学,2011年,第31-33页。

中国马克思主义大众化问题研究》，以青海藏区为例，分析了青海藏区当代中国马克思主义大众化存在问题和制约因素，探讨了实现青海藏区当代中国马克思主义大众化的途径。该文对于西藏马克思主义大众化研究具有十分重要的借鉴意义。①

李年鑫的论文《贵州民族地区推进马克思主义大众化的现状分析》，论述了贵州民族地区马克思主义大众化的重要意义，分析了该地区马克思主义大众化现状及存在问题，最后针对贵州民族地区推进马克思主义大众化提出了对策性的思考。作者认为，要建设文化素质过硬的基层干部队伍，为推进贵州民族地区马克思主义大众化提供人才保障；要运用通俗易懂的民族语言，为推进贵州民族地区马克思主义大众化营造文化氛围；要大力发展可持续经济，为推进贵州民族地区马克思主义大众化创造物质基础；要创新宣传教育体系，为推进贵州民族地区马克思主义大众化巩固传播阵地。②

（二）对民族地区马克思主义大众化的特定受众的专门研究

黄远卓的硕士论文《少数民族地区青年马克思主义大众化研究》，针对少数民族地区青年这一特殊群体，论述了少数民族地区青年马克思主义大众化的重要意义，分析了调查研究的结果，肯定了少数民族地区青年马克思主义大众化取得的成绩，突出强调了少数民族地区青年马克思主义大众化面临的问题。文章分析了少数民族地区青年马克思主义大众化出现问题的主要原因，并针对出现的问题及原因提出了相应的对策思考。作者认为推进少数民族地区青年马克思主义大众化，要加强马克思主义信仰教育，

---

① 郝慧婷：《青海藏区当代中国马克思主义大众化问题研究》，硕士学位论文，云南农业大学，2013年，第2页。

② 李年鑫：《贵州民族地区推进马克思主义大众化的现状分析》，《胜利油田党校学报》2011年第3期。

要创新符合青年特点的马克思主义大众化宣传方式,要搭建多方位的少数民族地区青年马克思主义大众化平台,要充分发挥少数民族地区青年党员的带头作用。①

刘珍珍的硕士论文《民族地区干部马克思主义大众化研究》,从五个方面对民族地区干部马克思主义大众化进行了较为深入的研究。第一部分,界定了民族地区干部马克思主义大众化的涵义。第二部分,论述了民族地区干部马克思主义大众化的必要性与可能性。第三部分,分析了民族地区干部马克思主义大众化的现状。第四部分,对民族地区干部马克思主义大众化存在问题进行了原因分析。第五部分,主要从科学定位民族地区干部马克思主义大众化、健全民族地区干部马克思主义大众化的保障体制、切入实情搞好民族地区干部马克思主义大众化的宣传教育和创新民族地区干部马克思主义大众化的教育内容四个方面论述了推进民族地区干部马克思主义大众化的对策。②

五、西藏马克思主义大众化研究

关于西藏马克思主义大众化研究成果很少,结合目前有限的研究成果,西藏马克思主义大众化研究主要表现在以下几个方面。

(一)西藏马克思主义传播史研究

根据现有的研究资料,马克思主义在藏区的传播最早是在红军长征时期。徐万发的论文对红军长征时期马克思主义在川康藏区的传播进行了研究,他认为红军长征把马克思主义传入藏区,其传播过程具有显著特点,

---

① 黄远卓:《少数民族地区青年马克思主义大众化研究》,硕士学位论文,西南大学,2012年,第2页。
② 刘珍珍:《民族地区干部马克思主义大众化研究》,硕士学位论文,西南大学,2012年,第2页。

即通过军队文艺宣传队宣传和红军官兵自身的革命行动宣传马克思主义。红军长征时期把马克思主义传入藏区为以后西藏的和平解放和全国新民主主义革命的全面胜利奠定了基础,为深受宗教文化影响的藏区文化注入了现代科学精神,也奠定今天以马克思主义理论改造和指导藏区宗教文化发展的基础。①

徐志民对马克思主义在西藏的传播史进行了简明的论述,他认为马克思主义在西藏的传播历程,主要经历了以下四个阶段:西藏和平解放前马克思主义与西藏各族人民的有限接触,和平解放至1959年西藏叛乱时马克思主义在西藏的间接传播,平叛改革至"文革"前夕马克思主义在西藏的积极传播,以及"文革"时期马克思主义在西藏的传播高潮。通过马克思主义在西藏的传播,马克思主义在西藏各族人民心中的生根发芽,为改革开放后西藏的各项社会主义建设事业奠定了坚实的思想、组织和社会基础。②

刘波认为西藏基层党组织早期发展经过了四个阶段:1950—1955年,奠定基础,暂不在社会上发展党员和建立基层党组织;1956—1959年,冒进中做出在社会上发展党员的尝试;1959—1961年,"第一支部"的出席及党建在民主改革中"积极慎重"地推进;1961—1962年,贯彻稳定发展方针的同时做好建立基层党组织工作。西藏早期党组织的创立与发展,既是中国共产党西藏基层党组织初期发展史上的标志性事件,也是西藏地方现当代史上的重要历史事件,具有重大历史意义。③

---

① 徐万发、钟金慧:《红军长征与马克思主义在藏区的传播》,《西藏民族学院学报》2000年第2期。

② 徐志民:《马克思主义的西藏传播史研究——以20世纪50—70年代为中心》,《杭州师范大学学报》2012年第1期。

③ 刘波:《西藏地区中共基层党组织的创建及其意义(1950—1962)》,《西南民族大学学报》2011年第6期。

（二）西藏马克思主义大众化受众研究

虽然西藏马克思主义大众化的研究成果不多，但是许多学者都关注西藏大学生的政治信仰教育问题。

崔海亮认为，西藏青年大学生坚持什么样的政治信仰直接关系着西藏社会发展的方向。西藏青年大学生坚持马克思主义的政治信仰，有利于保持马克思主义的指导地位，维护我国意识形态的安全，为西藏反渗透反分裂斗争提供思想保证，抵御民族分裂和西方非马克思主义思想的渗透，保证西藏稳定和各民族团结。由于西藏特殊的政治文化环境，西藏大学生政治信仰教育面临的社会环境十分复杂。必须加强西藏大学生科学文化知识的学习和思想政治理论教育，不断推进思想政治课教学改革，积极开展多元文化教育和民族团结教育，扩大西藏大学生政治参与实践的途径，为他们树立中国特色社会主义的政治信仰培育良好的社会环境。①

曹含梅认为，藏区高校要加强少数民族大学生的爱国主义教育，培养他们坚定的政治信仰，强化马克思主义的国家观、民族观、宗教观、历史观，强化党的民族政策和宗教政策的教育，牢固树立"八荣八耻"的社会主义荣辱观，树立投身民族地区发展的远大抱负。②

此外，也有学者对藏族大学生的思想政治教育进行专门研究的。③

（三）西藏马克思主义大众化途径研究

曹水群认为，2011年在西藏开始的"强基惠民"活动为西藏马克思主义大众化带来了良好机遇，它有利于更好地理论联系实际、了解群众以及

---

① 崔海亮：《西藏大学生政治信仰教育的途径与方法》，《西藏民族学院学报》2013年第6期。
② 曹含梅：《藏区高校少数民族大学生的爱国主义教育》，《学理论》2012年第24期。
③ 参见邵二辉《藏族大学生思想政治教育探究》，《学校党建与思想教育》2008年第12期；宋兴川、乐国安《藏族大学生精神信仰现状研究》，《青海师范大学学报》2009年第2期；王建国《论藏独背景下加强藏族大学生思想政治教育》，《经济与社会发展》2008年第6期。

深刻认识西藏民族传统文化。依托"强基惠民"活动，有利于更好地推进西藏的马克思主义大众化。知民情、解民忧是西藏马克思主义大众化的重要途径；宣传演讲、会议报告和绘制墙报是西藏基层马克思主义大众化的主要途径；艺术活动和文艺表演是西藏马克思主义大众化的有效途径。①

（四）西藏马克思主义大众化主要问题研究

西藏由于特殊的区情，使这一地区马克思主义大众化产生许多困难和问题，崔海亮对西藏政治信仰、宗教信仰与民族认同问题进行研究，他认为西藏的马克思主义大众化面临着十分复杂的形势：宗教信仰与政治信仰相互交织、民族分裂主义与西方反华势力相互勾结、藏族传统文化与西方文化相互碰撞。要想做好西藏的马克思主义大众化工作，就必须正确处理好西藏政治信仰、宗教信仰与民族认同的关系。为此，必须充分认识到政治信仰的重要作用，积极引导藏传佛教与社会主义相适应，加快推进藏传佛教改革，建立"爱国益人"的公民宗教。②

另外，一些关于政治学、民族学研究的成果对于研究西藏马克思主义大众化也具有借鉴意义。

这些研究成果都对民族地区马克思主义大众化研究进行了初步的探索，为以后的研究打下了基础。但是客观来看，这些研究还存在一些不足。主要表现在对民族地区马克思主义大众化的研究缺少一个多元文化视野，对民族地区马克思主义大众化的关键问题，即民族地区传统文化与马克思主义、国外非马克思主义的关系很少涉及，特别是对于如何解决民族地区

---

① 曹水群：《依托"强基惠民"活动推进西藏马克思主义大众化》，《西藏大学学报》2012年第2期。

② 崔海亮：《政治信仰、宗教信仰与民族认同——关于西藏马克思主义大众化的思考》，《民族论坛》2014年第3期。

的政治信仰与宗教信仰的关系问题缺乏深入的研究。因此，从多元文化视野角度深化对西藏马克思主义大众化的研究还是十分重要的一个课题。

第三节 本选题的研究意义

"西藏的马克思主义大众化"是当代中国马克思主义大众化的有机组成部分。做好这一方面的工作，对于坚持走中国特色社会主义道路，巩固国家统一、维护民族团结、实现边疆稳定具有重大的理论意义、现实意义和长远的历史意义。

一、本选题研究的理论意义

1. 从意识形态角度而言，有利于保持马克思主义的指导地位，维护我国意识形态的安全。有利于拓展西藏马克思主义中国化这一领域的研究，为西藏反渗透反分裂斗争提供思想保证。

2. 从文化学角度而言，可以为西藏文化大发展大繁荣提供精神动力。在当今文化多元化的国际大背景下，民族地区面临着少数民族文化、马克思主义文化、西方非马克思主义文化、中华民族传统文化等多种文化思潮的冲突与交融。只有以马克思主义为指导，继承民族优秀文化传统，吸收世界先进文化，不断推进文化创新，才能促进各民族的融合与发展。

3. 从传播学角度而言，可以为西藏马克思主义传播提供智力支持。马克思主义在西藏的传播包含着马克思主义基本原理、中国化的马克思主义与西藏实践、西藏历史、西藏文化的结合和互动。通过明确传播主体，优化传播内容，净化传播环境，拓宽传播途径，推进西藏马克思主义更广泛的传播。

4. 从政治学、社会学、民族学、藏学的角度而言，推进西藏的马克思主义大众化，有利于民族区域自治政策和宗教信仰自由政策的贯彻，有利于西藏基层民主政治的发展，促进西藏的长治久安。

二、本选题研究的现实意义

1. 有助于边疆地区稳定和各民族团结。马克思主义在民族地区的大众化程度，直接影响着民族地区经济、政治、文化和社会建设。实现民族地区的马克思主义大众化，让马克思主义成为民族地区广大人民的思想武器，就有利于抵御民族分裂思想和西方非马克思主义思想的渗透，有利于民族团结与社会稳定。马克思主义大众化所生成的知识体系、价值观念、思想信念和行为规范，将会成为凝聚和激励民族地区广大人民的巨大力量。

2. 有助于巩固民族地区中国共产党的执政地位。推动民族地区的马克思主义大众化，有利于保持党同少数民族群众的血肉联系，坚持和改善党的领导，巩固党的执政地位。进而实现好、维护好、发展好少数民族地区广大人民的根本利益。

3. 有助于中国形象的传播。马克思主义大众化长期以来在少数民族地区是缺位的，其大众化的效度还不尽满意。尤其表现在覆盖面窄、实现路径单一、传播环境复杂。在西藏问题的国际传播镜像中，由西方话语体系所主导的舆论宣传，歪曲中国西藏问题的事实真相，对达赖分裂集团采取"一边倒"的同情与支持的态度，使西方舆论肆意攻击中国西藏的人权状况，挑动民族分裂势力，极大地影响西藏的稳定。如何使马克思主义在民族地区的大众化有效力、有效率、有效益、有效应，如何正确处理马克思主义与少数民族文化、汉族传统文化、西方文化的关系，使西方媒体能够客观真实地传播西藏的历史与现状，将有助于国际社会对中国民族主义和民族政策采取正确的审视态度。

4. 有助于西藏实现长治久安。深入研究西藏马克思主义大众化，有利于贯彻中央第五次、第六次西藏工作会议精神，使西藏成为重要的国家安全屏障，成为重要的中华民族特色文化保护地、重要的世界旅游目的地等定位，全面落实"六个必须"的治藏方略，确保西藏的长治久安。

第四节 本选题的研究思路

一、本选题的研究目标

本课题主要以多元文化为视角对西藏马克思主义大众化进行专题研究。重点考察西藏的各种社会思潮和文化，并分析这些文化思潮与马克思主义的关系。通过探讨马克思主义在西藏传播的历史进程、经验总结、重要意义、复杂环境、多重主体、实现路径等，试图找到西藏马克思主义大众化的若干特点和规律，从而进一步推进西藏马克思主义的中国化、时代化、大众化，为实现西藏地区经济社会跨越式发展和长治久安提供精神动力和智力支持。

二、本选题的研究思路

1. 认真研读相关的马克思主义理论、民族学、文化学、藏学、传播学等文献，初步拟定本课题的基本框架和实地调研的内容。

2. 召开小型专家座谈会，最终确定本课题的基本框架和实地调研的内容。

3. 深入实地调研，选拔有调查经验的西藏各地区本科生和马克思主义理论、民族学学科的研究生，赴藏对广大群众、领导干部、青年学生等进行相关调研，并对宣传、教育、党建等政府部门的工作人员进行访谈，深入有代表性的村镇进行个案研究，并利用各种机会赴西南和西北高校进行调研，掌握马克思主义大众化的第一手资料，从而保证本课题研究的内容和结论的真实可靠性。

4.理论构建。分析马克思主义在民族地区大众化的机遇和挑战,以马克思主义为指导,以多元文化为视角,结合西藏的实际情况,构建西藏马克思主义大众化研究的理论框架,总结西藏马克思主义大众化的经验教训,并对西藏地区马克思主义大众化的发展前景做出展望。

第一章　西藏马克思主义大众化的社会历史背景

19世纪末20世纪初，当欧洲和俄国的共产主义运动如火如荼地开展的时候，西藏仍然还是处于政治上十分保守的封建农奴制社会。近代的西藏并非是某些人想像中的"香格里拉"，不过，西方殖民主义者对西藏的窥视与蓄谋侵略由来已久。随着西方殖民主义势力不断渗入，西方的宗教文化、科学技术也传入西藏，对西藏传统的政教体制、思想观念都产生了重要影响。为顺应这些变化，西藏地方政府也采取了一些改革措施，推动了西藏向现代社会的转变。中华民国时期，为维护祖国统一，反对西藏独立，中央政府联系西藏广大爱国僧尼与英俄殖民主义者和亲英反动势力进行了长期的斗争，虽然在形式上维护了西藏服从中央的现状，但是由于客观形势的复杂性和政策的失误，造成了藏汉民族之间的隔阂，为以后的所谓"西藏问题"埋下了隐患，也为后来西藏马克思主义的传播和中国共产党的西藏治理造成了障碍。

第一节 宗教文化对西藏社会的影响

浓厚的宗教文化氛围是西藏的一个显著特点。在当今西藏，除了苯教、藏传佛教外，还有伊斯兰教和天主教。藏传佛教是印度传入的佛教与西藏原始苯教相结合的产物，成为当今绝大多数藏族群众所信仰的宗教。藏传佛教对西藏社会产生了深远的影响，至今西藏广大群众的价值观念、生活态度、风俗习惯、思维方式仍然受到藏传佛教的影响。另外，当今西藏还存在着伊斯兰教和天主教。西藏伊斯兰教和天主教的教徒虽然人数不多（伊斯兰教徒大概有5000人，天主教徒大概有500人），但是已经成为当今西藏多元文化的重要组成部分。而且伊斯兰教和天主教能够在西藏存在并与藏传佛教和谐发展至今天，充分体现了西藏传统文化的包容性与开放性，对于今天推进西藏的马克思主义大众化也有借鉴意义。

一、藏传佛教对西藏社会的深远影响

佛教大约在7世纪传入西藏。传入的途径主要有两个：一是从印度和尼泊尔传入，二是从当时中原内地传入。从内地传入西藏的佛教基本上是已经中国化的禅宗，禅宗主张顿悟成佛，与从印度传入的渐修成佛的理论不同。在公元8世纪的时候，西藏佛教历史上出现了"顿渐之争"。一派以印度僧人莲花生为代表，另一派以内地禅宗僧人摩诃衍为代表，经过激烈争论，内地的顿悟派失败，其传教力量又退回到内地。不过，从印度传入的佛教发展并不顺利，也经过了一个本土化的过程。当时从印度传入的佛教与西藏当地的原始苯教在基本教义方面存在着很大不同。二者之间经过冲突和斗争，特别是经过后弘期的兴佛运动，佛教不断吸收了西藏本土的苯教的思想文化资源，形成了藏传佛教，并产生了不同

的教派。这些教派为了自身的发展，不断寻求地方政治势力的支持。9世纪左右，逐渐形成了政教合一的体制，寺庙成了西藏社会的政治文化中心，对西藏广大僧俗群众的生活产生了重大影响。蒙元时期，这些不同的教派都依附于蒙古王室，为了争权夺利，各教派之间战火不断，僧侣也无心于佛教义理的研究与修行，不守戒律，恣意妄为。在这样的背景下，14世纪末，宗喀巴进行了宗教改革，消除了藏传佛教发展中的消极腐败现象，创立格鲁派。格鲁派强力参与政治，并形成了达赖和班禅两大活佛转世制度，使政教合一制度得到进一步的完善。藏传佛教在实现西藏社会稳定的同时，也使得西藏在以后几百年的时期内封闭僵化，发展缓慢。

概括来讲，藏传佛教对西藏社会的影响主要表现在以下几个方面：

（一）世界观、人生观、价值观方面

藏族群众形成了神本主义的世界观，认为世界是有神灵存在的，这些神灵能主宰人们的生活。至今西藏广大群众中仍然存在"神山圣水"的观念，与"神山圣水"相关的树木花草、鸟兽虫鱼等都是人们所不能触碰和冒犯的，不然便会招致灾祸。农牧业的收成好坏也与神灵是否保佑相关。通过朝圣和一些祈福活动能给他们带来好运。所以，在西藏随处可见手拿转经筒的信众，在一些宗教圣地和朝圣的路上，也可以看到五体投地进行跪拜的信众。

藏族群众形成了出世主义的人生观，宣扬"六道轮回"和"因果报应"，认为今生的命运是由前世决定的，来生的福报是由今生决定的。讲求众生平等，慈悲为怀，扶危济贫，利他助人，今生多做善事，来生才能有好的福报，才能成佛。所以，我们看到的藏族群众都是非常乐观开朗的，他们不注重现世的物质利益享受，把绝大部分财产捐献给寺庙，而自己却过着简朴的生活。

藏族群众形成了重视精神信仰的价值观。对于藏族群众来说，藏传佛教才是他生命的核心，唯有虔诚的信仰才能带来他心灵的安宁。无论他的家境状况、生活境遇如何，每天的宗教活动都是少不了的。特别是遇到节日，都要放下其他事情，全身心投入宗教活动中去。

（二）思维方式方面

藏族群众的思维方式也受到宗教文化的深刻影响。从致思趋向上看，在思维活动中始终以成佛为指归，以探求人与佛的关系为中心，关注的是成佛的途径。这种致思特点，使思维主体进行思维时紧紧围绕人何以成佛这一问题展开思考。这种思维的旨趣与归宿，在于通过幻想，使主体从现实"苦海"中解脱出来，达到与佛合一的理想精神境界。以佛为中心的致思趋向，是藏族传统宗教思维方式中最为重要的因素。① 藏族群众关注的是人与神的关系，而不是现实生活中人与人的关系。重视直觉体验的虚幻的精神解脱，而不是针对现实的理性思考。这一思维方式也决定了藏族群众很容易被人蛊惑和利用。

（三）日常生活方面

在生活态度方面，藏族群众基本上是安于现状，不思进取，缺乏竞争意识与名利观念。性格率真、质朴、开朗，为人坦荡、侠义、豪爽。因为他们认为自己的今生已经在前世就被决定了，所以今生的努力并不能改变命运。藏族群众的日常生活处处都能看到藏传佛教的影子。广大僧俗群众都要以藏传佛教的戒律和伦理道德原则作为为人处世的准则，在衣着、饮食、居住和行为举止方面都受宗教戒律的影响，婚嫁观念与丧葬习俗也受藏传佛教的深刻影响。直到今天，藏族群众遇到建房、孩

---

① 江巴吉才、潘建生：《藏族传统思维方式初探》，《西藏研究》1992年第1期。

子取名、婚丧嫁娶、邻里纠纷等重大事情，还是习惯于到寺庙求喇嘛来裁决。

（四）社会稳定方面

藏传佛教伦理道德的核心理念是去恶从善、平等慈悲、自利利他，主张众生平等、团结互助、扶贫济困，要求人们为人诚实、宽厚待人、孝养父母等。这些伦理道德理念涉及的内容，涵盖了社会公德、家庭美德和个人道德的基本要求，与社会主义公民道德的基本要求相一致，对提高公民道德水平，净化社会风气，促进人际关系和谐，预防和减少犯罪等方面发挥着积极的作用。

许多藏族群众把藏传佛教作为自己的宗教信仰，作为安身立命的精神家园，有利于强化人们对疾病、贫困、失败等挫折和困境的心理承受能力。藏传佛教具有的心理调适功能可以让信众获得情绪宣泄和心灵慰藉，缓解内心压力，实现个体身心的和谐，客观上也有利于人与人、人与社会之间的和谐，起到稳定社会的作用。

此外，藏传佛教"神山圣水"的观念和群众的日常生活禁忌，有利于维护生态，实现人与自然的和谐和经济社会的可持续发展。

二、伊斯兰教在西藏的传播与发展

阿拉伯帝国与吐蕃帝国同时崛起于公元7世纪，两个国家之间曾经有过战争，也为了共同对付唐朝而进行过军事联合。虽然现存史料还没有充分证据表明吐蕃帝国时期伊斯兰教在西藏是否有过传播，但是阿拉伯商人通过"丝绸之路"与吐蕃进行商业贸易则是存在的。阿拉伯文化通过商业贸易逐渐传入西藏。学者们普遍认为13世纪伊斯兰教已推进到青藏高原的四缘，为伊斯兰教传入青藏高原提供了条件。从14世纪开始，伊斯兰教从与西藏阿里地区毗邻的克什米尔地区传入西藏。① 阿里位于西藏的西部，北接新疆，西与克什米尔接壤，西南又与尼泊尔毗邻。阿里与新疆和克什米尔交接地区曾经是"丝绸之路"的要冲，自古以来就是多元文化交汇的中心地带。伊斯兰教和天主教主要通过这一区域传入西藏。

伊斯兰教传入西藏是与拉达克与古格王朝联系在一起的。拉达克位于克什米尔的东南部，历史上是西藏的一部分。吐蕃王朝分裂后，王室后裔尼玛衮退居阿里，其三子分别为"阿里三围"之王。长子日巴衮盘踞玛城，后形成拉达克王系；次子扎喜衮盘踞布让，后被古格所灭；三子德尊衮盘踞象雄，后形成古格王系。② 17 世纪初，拉达克被巴尔蒂斯坦（今巴基斯坦境内）征服，伊斯兰教传入了拉达克。靠近克什米尔的拉达克西部地区大部分改宗了伊斯兰教，在首府列城建立了清真寺。

古格王朝建立于 10 世纪，1630 年被拉达克王森格南吉所灭。首府扎布让在今阿里地区扎达县境内。14 世纪以后，随着阿里毗邻的克什米尔地区伊斯兰化的完成，已有穆斯林进入古格活动。进入古格境内活动的主要是克什米尔、印度、拉达克的穆斯林商人。这些穆斯林商人后来在拉萨定居，逐渐形成了一个新的族群，被称为"卡切"。1630 年拉达克吞并了古格。17 世纪末拉达克势力被驱逐出境，阿里地区置于西藏噶厦政府的管辖之下，首府扎布让变成了一片废墟（今古格遗址），但穆斯林在阿里地区的活动仍在继续。当时藏传佛教的格鲁派十分兴盛，压制了伊斯兰教的传播。1841 年，兴起于克什米尔南部的道格拉王室（藏人称之为"森巴"）

---

① 参见周传斌、陈波：《伊斯兰教传入西藏考》，《青海民族研究》2000 年第 2 期；房建昌《西藏穆斯林的来源及生活》，《宁夏社会科学》1986 年第 3 期。

② 周传斌、陈波：《伊斯兰教传入西藏考》，《青海民族研究》2000 年第 2 期，第 104 页。

胁迫拉达克人与巴尔蒂斯坦人侵入了阿里地区，驻藏大臣与西藏地方政府密切配合，广大西藏僧尼群众大力支持，西藏人民的反侵略战争取得了胜利。西藏地方政府对1000多森巴俘虏采取了宽大处理的政策，除212名森巴官员和大小头目被遣返道格拉外，其余近千名俘虏都被西藏收留，并且得到妥善安置。这些俘虏几乎遍布于整个西藏，后来与当地藏民结婚安家，除了保持他们的伊斯兰教信仰外，基本上被藏族所同化。① 虽然当时西藏盛行的是格鲁派的藏传佛教，压制了来自克什米尔的伊斯兰教的发展，但是伊斯兰教最终在西藏生根并发展起来。一个重要的原因是穆斯林所从事的商业贸易和屠宰业满足了藏族群众世俗生活的需要，而藏族人受藏传佛教观念的影响，经商意识淡薄，忌讳杀生。现实生活的需要，最终促使伊斯兰教在西藏得以存在。

在今天的拉萨还存在一些具有地方特色的清真寺。主要有河坝林大清真寺、绕窗巷小清真寺和位于西郊的卡基林卡东、西清真寺。目前无论是来自克什米尔的穆斯林还是来自内地的穆斯林都能与藏族同胞友好相处，他们的生活方式基本上已经藏化。此外，日喀则、昌都也各有一座清真寺，当地教众亦能与藏族同胞和睦相处。

三、天主教在西藏的传播与发展

根据现有史料，天主教最初经过印度传入西藏的阿里地区。

在印度莫卧尔帝国时期，1624年，其宫廷传教士安德拉德（Andrade）和马可斯（Marcus）神父经过印度东北部，抵达阿里的古格首府扎布让。当时的古格王国实行的是"两权分立"的政教体制。一派是以国王为首的行政首脑，另一派是以大喇嘛为首的世俗宗教权力。"古格国王想利用安德拉德

---

① 伍昆明：《西藏近三百年政治史》，鹭江出版社2006年版，第163页。

所宣扬的天主教吸引民众,增强自身权力,达到集政教两权于一身,以便压制格鲁派,削弱僧侣集团势力。于是支持'西方喇嘛'在古格传教。"① 由于得到了古格国王的支持,安德拉德和马柯斯神父于1626年在古格首府扎布让创建了西藏的第一座天主教教堂,大力开展传教工作。由于古格王压制藏传佛教以及传教士大力抨击藏传佛教,引起藏传佛教上层的强烈反对。古格王室开展灭佛运动,强迫僧人还俗,导致双方矛盾进一步激化。1630年,藏传佛教僧俗发动武装暴动,并联合邻国拉达克力量,推翻了古格王朝。天主教堂被藏传佛教信徒摧毁,天主教在阿里地区的传教活动中止。

大约与此同时,在1628年,意大利传教士卡西拉(Kasira)、卡布拉尔(Cabral)从不丹进入西藏日喀则地区,开始在日喀则开展传教活动。虽然他们设法取得了当地噶举派首领藏巴汗对他们传教活动的支持,但由于受到藏传佛教噶举派僧众的强烈反对,不久,他们在日喀则的传教活动失败。

随后,天主教在拉萨开展了长期的传教活动。1661年,奥地利传教士白乃心(Jean Grueber)和比利时传教士吴尔铎(Albert d'orville)进入拉萨,在拉萨进行了天文观察活动,并绘制了布达拉宫的草图、达赖喇嘛和身穿当地服装的男女画像。这些活动前后持续了一个月,但并未开展传教活动。18世纪初,意大利的卡普清修会先后两次派遣了11名传教士进入拉萨,这些传教士积极学习藏语文,并免费给拉萨各阶层人士看病,通过这种方式赢得了群众的尊敬和信任,也曾经开展了一些传教工作。后来由于资金缺乏,结束了在拉萨的传教活动。随后,卡普清修会又多次派遣传教士到拉萨传教,虽然得到拉藏汗和达赖喇嘛的支持,但传教士公开批驳藏传佛教教义的做法遭到了上层僧人的激烈反对,捣毁了教堂,驱逐了

---

① 董莉英:《天主教在西藏的传播(16—18世纪)及其影响——兼论中西文化的交流与碰撞》,《西藏大学学报》2004年第3期,第62页。

传教士。1745年，拉萨传教站被永远关闭。从1624年到1745年，西方天主教在西藏活动了一个多世纪，仍然没有站稳脚跟，最后以失败结束。

由于西方传教士在拉萨等西藏中心地区的传教活动遭到挫折和失败，19世纪以后，西方天主教传教士开始转向四川、青海、云南等其他藏族地区。当时天主教主要在四川的理塘、巴塘和打箭炉等藏族地区进行传教活动，但其传教活动同样遇到当地藏族人的坚决抵制，天主教的活动并没有多大进展。在这些地区发生了多起天主教与藏传佛教之间的冲突事件，最后天主教的传教计划并未实现。但是，在四川巴塘与西藏交界的偏僻地区——西藏昌都芒康县盐井纳西族乡里，最终保存下来一座天主教教堂。至于其具体创建年代，现在已经很难考证。经过两个多世纪的努力，西方天主教传教士在西藏的偏远地区，终于留下了天主教的一个传教点。今天，盐井保留有一座完整的小教堂，拥有大约500多名藏族天主教信徒。这是当今西藏自治区境内唯一的天主教教堂。

天主教在西藏的传教活动虽然失败了，但客观上却加强了藏族文化与西方文化的交流。传教士带来了西方的数学、地理、天文等科学知识，也传播了西方宗教和哲学领域的人文思想。同时他们研究西藏的风俗与宗教，写了大量关于西藏政治、经济、宗教、文化、地理、交通等方面的信件和书籍，通过著书立说把西藏文化介绍到西方，成为西方人了解和研究西藏文化的宝贵文献。"这些包罗万象的关于西藏社会、宗教、历史、地理、文化等'文献'的文字，不仅记录了他们在那个时代的独特西藏见闻，还以自己的文化视角开始了中西文化最初的碰撞，使西方了解西藏，西藏了解西方，为人类不同观念的多元文化的形成、发展产生了重大影响。"① 西方传教士

---

① 董莉英：《天主教在西藏的传播（16—18世纪）及其影响——兼论中西文化的交流与碰撞》，《西藏大学学报》2004年第3期，第66页。

对西藏近乎完美的"香格里拉"式的描述，使诱人的西藏在西方人的心目中留下美好和神秘的印象，客观上也刺激了西方殖民主义侵略西藏的欲望。

总体而言，天主教在西藏的传播活动是失败的。与伊斯兰教在西藏的传播相比，天主教遭到了藏族僧众的激烈反对。其原因是多方面的。从传播目的来看，天主教传教士主要是伴随着西方殖民主义的侵略扩张而进行的，有一定的政治目的和利益诉求，这也是后期天主教在西藏传播遭到坚决抵制的主要原因。而伊斯兰教的传播主要是通过商业贸易互惠互利的方式附带传播。从传播方式来看，天主教主要通过教皇组织派遣传教士到各地传教，而伊斯兰教的传播主要是通过穆斯林移民为载体而传播到各地。从基本教义来看，天主教表现出了明显的排他性，公开驳斥藏传佛教的基本教义，伤害了广大僧众的感情。而逊尼派、什叶派穆斯林的神秘主义与藏族原始苯教、藏传佛教等更具有相似性。① 不过，从根本上讲，主要还是由于穆斯林的商业活动和屠宰工作已经融入了藏民族的日常生活，而来自克什米尔和内地的穆斯林最终被藏化，当今的藏族穆斯林亦能和信仰藏传佛教的藏族群众和睦相处，通过自然的民族交融最终形成了多元一体的文化格局。西藏天主教与伊斯兰教的传播对于我们今天如何制定民族政策有重要的参考价值，对于西藏马克思主义大众化研究也有借鉴意义。

第二节　英国对西藏的侵略战争及其对西藏社会的影响

自19世纪末以来，英国先后对西藏发动了两次比较大规模的侵略战争，后来又对西藏东南部进行武装侵略，虽然西藏人民对英国的侵略战争进行

---

① 周传斌、陈波：《伊斯兰教传入西藏考》，《青海民族研究》2000年第2期，第103页。

了英勇的抵抗,也沉重地打击了英国的嚣张气焰,但是由于清政府的妥协退让,压制西藏人民的抗英斗争,导致战争失败,西藏地方政府被迫签订不平等条约,使英国获得了许多物质和政治上的利益,严重损害了中国的主权。清政府的退让姿态客观上进一步助长了英国的侵略野心,使英国的侵略势力得以渗透到拉萨,并图谋策划分裂西藏的活动,产生了所谓的"西藏问题",对西藏的政教形势和社会变革都产生了深远的影响。

一、英国第一次侵略西藏的战争

在英国侵略并控制尼泊尔、不丹、锡金后,下一步的目标就是侵略西藏。英国借通商为名,派马科蕾（MaCaulay）带3000人的卫队进藏。虽然得到清政府的允许,但在驻藏大臣文硕的支持下,西藏地方僧俗群众坚决抵制英国使团进藏,并在隆吐山设卡防堵英人侵略。1888年3月,英军发动了侵略西藏的隆吐山战役,遭到藏军的坚决抵抗。清政府坚持妥协退让政策,撤掉了坚持抗英的驻藏大臣文硕,任命升泰为驻藏大臣。升泰下令藏军后撤,解散军队,抗英战争失败。1890年,清政府与英国的印度总督签订《中英会议藏印条约》,1893年又签订《中英会议藏印续约》,其条款严重损害了中国主权及西藏地方的经济利益。

英国第一次侵略西藏的战争,使西藏人民认清了清政府的腐败本质,对清政府失去了信心。西藏人民得不到清政府的支持,难以应对英俄等国的侵略活动。英国逐步排除了抗英的障碍,加紧了分裂西藏的活动。

二、英国第二次侵略西藏的战争

英国通过第一次侵略西藏的战争获取了许多权益,导致俄国与英国争夺在西藏的权益。俄国侵略西藏的政治目的是企图控制西藏的藏传佛教来控制信仰藏传佛教的蒙古,因此就加紧了与英国争夺西藏。

西藏僧俗群众在十三世达赖喇嘛的领导下,坚持守土卫藏的决心,不承认清政府与英国签订的不平等条约,并积极与沙俄联系,努力寻求外援。甲午战争后,英国为了获得西藏更多的财富和资源,图谋把西藏变成英国的殖民地,并扼制沙俄在西藏的扩张势力,策划再次发动侵略西藏的战争。1903年,英国第二次侵藏战争爆发,十三世达赖率领西藏僧俗群众积极抵抗,但未能有效阻止英军的进攻。1904年,英军进攻江孜,西藏地方政府组织了江孜保卫战,有效地打击了英军,由于装备的落后以及战略上的失误,江孜失守。英军很快攻入拉萨,驻藏大臣有泰与英签订了《拉萨条约》。英国获得了更多的特权与利益。英印政府企图从军事、政治、经济等方面控制西藏,想把西藏变成其势力范围和附属国。

不过,西藏人民的抗英斗争也沉重打击了英国的嚣张气焰,使其以后改变了侵略方式。主要采用拉拢和扶持上层亲英势力,挑拨达赖与班禅关系等方式分裂西藏。这也使得西藏以后的政治形势更为复杂。

三、英国侵略西藏策略的改变

由于英国侵略西藏的战争受到西藏人民的激烈抵抗和严厉谴责,也遭到了沙俄等帝国主义国家的反对,英国逐渐转向依靠拉拢西藏上层和培养亲英势力来分裂西藏,策划了一场拉拢九世班禅以分裂西藏的阴谋活动。

英印政府认为,控制了班禅就可以控制西藏。英印政府利用当时班禅与达赖的矛盾,向班禅许诺可以提供物质和道义上的支持,诱劝班禅绕过中国政府的批准而擅自赴印面见英王太子。九世班禅未向驻藏大臣请示批准,于1905年11月赴印,受到了类似于不丹、锡金等国君主的礼遇。不过九世班禅在面见英王太子时,并未像不丹、锡金等国小邦君主一样行跪拜礼。1906年1月,九世班禅从印度返回西藏。班禅没有认清英国分裂中国西藏的阴谋,未经中国政府允许擅自赴印,矛盾公诸英人,为英国分裂西藏提供了机会。但是在维护祖国统一的立场上,班禅并未丧失原则,也未与英国签订出卖西藏领土与主权的条约。英国的目的并未达到。不过,英印政府通过培植西藏内部亲英势力来控制西藏的既定政策仍未改变,而是逐渐转向在前藏拉拢达赖以实现其控制西藏的目的。

在1904年英军的第二次侵略西藏的战争中,清政府压制西藏人民的抗英斗争,达赖决定北上库伦(今蒙古国首都乌兰巴托)请求俄国援助以抵抗英国。由于当时沙俄忙于日俄战争,没有答应达赖的要求。驻藏大臣有泰借机诬陷达赖,参劾达赖"无事则挑衅邻封,有事则潜踪远遁",要求革除其"达赖"封号。达赖返藏途中进京数次朝见清朝慈禧太后和光绪皇帝,请求清政府援助西藏抵抗外来侵略,保护黄教,并享有直接向皇帝呈送奏折的权力。清政府为配合张荫棠在西藏筹办新政,出于"收回主权"的考虑,没有完全答应达赖的要求,而是进一步削弱达赖的世俗权力,引起达赖极度不满,使达赖对清政府完全丧失了信心。由于得不到俄国与清政府的支持,达赖开始寄希望于列强。在京期间,达赖派特使拜访了英、美、法、德、日、俄等国使馆,表示亲善。特别注重主动和英国改善关系。英国此时也利用达赖对清政府的不满,拉拢达赖。后来,达赖返藏后选派学生赴英学习,表明达赖已经在亲英的道路上越走越远。

达赖出走内地前对英国十分仇恨,视为仇敌且坚决抵抗,其出走的重要目的也是为寻求援助而抵抗英国,但出走的结果却是达赖对英国不断亲近、和善甚至依靠。出现这种"亲者痛、仇者快"的结果,并非是达赖没有认清英国的侵略本质,清政府和驻藏大臣的错误决策应负主要责任。十三世达赖由抗英而亲英的转变,个中原由值得深思。可惜,这样类似的错误后来也没有避免。

四、英国侵略西藏的影响

英国侵略西藏的战争对清政府及西藏地方政教势力都产生了重大影响，采取了一系列新政措施，促使西藏传统观念的改变，也加速了西藏向现代社会转变的进程。

（一）赵尔丰川边改土归流

英国侵略西藏的根本目的是以西藏为跳板进一步侵略我国的四川、云南、青海等广大西南地区，从而使英国的侵略势力遍及中国，真正将中国变成其殖民地。为防止英国侵略势力的扩张，清政府加强了川边地区的经营。

四川西部地区历来是由川入藏的交通要道，川边地区主要由土司和活佛管辖，割据一方，政令难以协调和统一，不断发生争权夺利的斗争，影响了川、藏地方的安定。四川总督赵尔丰当政期间，着手开展改土归流工作。废除了土司制度，将土司管辖地区归边务大臣直接管理，设府、州、县来加强治理。赵尔丰在巴塘、理塘、察隅、珞渝等地实施改土归流，加强了清政府对川边藏族地区的管理，密切了内地与藏区的经济文化联系，有利于川边地区政局的稳定与社会发展。改土归流消除了川边地区土司割据状态，使川藏联为一体，有利于扼制英国侵略者向西藏和其他藏区扩张。

（二）张荫棠新政

英国第二次侵略西藏的战争结束后，通过签订的不平等条约，加紧对西藏的侵略与掠夺，并试图与达赖直接接触，排斥中央对西藏的主权。不仅西藏有被分裂的危机，而且川、滇、陇、内外蒙古亦有被蚕食之可能。在外患日趋，民族危机不断加重的情况下，清政府派张荫棠查办藏务。

张荫棠首先参劾了驻藏大臣有泰等腐败的藏汉官员，将其革职查办。大力改革西藏政务，改革了西藏政治体制，设立交涉、督练、财政等九局，作为推行新政的办事机构，加强军备，兴办农工商各业。张荫棠还极力宣扬改良思想，亲自撰写《藏俗改良》和《训俗浅言》两本小册子，试图以儒家传统伦理来改良藏族的落后风俗。

张荫棠的新政方案有利于西藏地方的稳定发展和边防的巩固，得到西藏人民的拥护。他采取的对外挽回主权，对内加强对西藏的管理等政策，有力地抵制了英俄分裂西藏的阴谋，对于维护国家主权和领土完整具有重要意义。

（三）联豫新政

联豫与张荫棠一样，也具有资产阶级改良思想。1907年张荫棠离藏后，新政由联豫主持并坚持下来。与张荫棠相比，联豫的新政措施更为系统，主要包括练兵筹饷、监造银币、兴办学堂、创办藏文报纸与译书局、发展邮政电信、设立巡警局等方面。

联豫新政得到清政府和西藏群众的支持，但是遭到了十三世达赖为首的上层的抵制。联豫上奏清政府剥夺达赖封号的提议也进一步激化了联豫与达赖地方政府的矛盾，最终导致达赖出走印度，造成了十分消极的后果。由于当时形势的复杂性以及联豫自身的错误，导致新政进展受阻，收效甚微。不过，这些带有洋务色彩的新政措施将科学思想和先进观念传入了封闭落后的西藏，求变自强、抵御外侮的思想影响深远，而且对十三世达赖的新政也有直接影响。

（四）第十三世达赖喇嘛新政

十三世达赖作为西藏的政教领袖，具有重大的民族责任感和使命感，他也想在清政府的支持下，通过自身的努力使西藏富强起来，使藏族的宗教文化得以传承下去。不过，英国的侵略以及清政府的腐败无能使十三世达赖最终丧失了依靠清政府的幻想，产生了依靠自身力量改革以自强的维新思想。十三世达赖新政可以看作是在外敌入侵下，西藏自身政教系统做出的适应性的变革，在西藏近代史上具有重要的意义。

十三世达赖在流亡印度期间，英印政府挑拨达赖与清政府的关系，笼络达赖。达赖在印度受到了西方先进科技文明的影响。1913年，达赖返回西藏后，开始推行新政措施，得到了西藏上层开明贵族与中下层贵族的支持。达赖选派贵族子弟到英国学习科技与军事，还请英、日、俄、锡金等国教官教授军事技术，训练警察。

达赖的新政主要有整顿宗教，严肃戒律，建电报局、邮政局、造币厂、发电厂，设立医院，改革法律与税收制度，推行官员薪金制度等方面。

达赖的新政措施具有进步的意义，但其目的是为了巩固原有的制度，加强自己的统治，在不触动旧的政教制度前提下，改革步履艰难，收效甚微。

在推行新政的过程中，西方的民主思想得以传播，与西藏旧的政教制度产生冲突，这一点则是达赖所没有预料到的。突出表现为龙夏的政治改良事件。龙夏在1913年曾率西藏贵族子弟赴英留学，也到过法国、意大利等国游览，了解了西方的科学技术，也羡慕西方的民主政体。龙夏以出色的才能得到十三世达赖的器重，进行了一些比较激进的改革，损害了上层贵族的利益。十三世达赖去世后，西藏政局不稳，龙夏成立了一个"吉求贡吞"组织，吸收同道加入此组织，鼓吹民主选举噶伦，改革原来的政教体制。噶厦政府指控龙夏"企图杀害一位噶伦并阴谋推翻噶厦政府，用布尔什维克制度来取代它"。① 实际上，龙夏的目的是想用民主选举的方式来改革噶厦政府，而并非是用布尔什维克制度来取代它。但即使这样，龙夏的改革仍然为西藏上层的保守势力所不容，遭到了噶厦政府的逮捕，被挖去双眼，支持者被流放。

龙夏事件说明在西藏实行几百年的政教合一制度已经不适应新的时代

---

① [美]梅·戈尔斯坦：《喇嘛王国的覆灭》，杜永彬译，中国藏学出版社2005年版，第150页。

发展要求，必须进行改革。不过，在支撑这一制度的意识形态——藏传佛教还没有改革的情况下，触动政教合一制度的政治变革是很难成功的。

第三节 中华民国政府反对西藏分裂的努力

在辛亥革命到中华人民共和国成立这一时期内，虽然中国的政局动荡，但是不论是北洋政府，还是南京国民政府，都能坚持孙中山提出的"五族共和"的立场，西藏始终是中国不可分割的一部分，中国政府拥有对西藏不可争辩的主权。

一、北洋政府反对英国分裂西藏的活动

1911年的辛亥革命对西藏也产生了影响。1911年11月，进藏川军中的同盟会员发动武装起义，日喀则、江孜、亚东驻军也发动武装起义，西藏政局十分混乱。在此情况下，英国策划达赖等西藏亲英势力驱逐中央驻藏军队，阴谋建立由英国控制的西藏地方政府。藏军与中央军进行激烈战斗，在英国的支持下，中央军被迫撤出西藏，西藏由亲英的达赖势力所控制，为英国分裂西藏创造了条件。

面对英国策划的分裂活动，北洋政府采取妥协退让的政策。这就进一步加剧了英国分裂西藏的活动。1914年，英国策划了"西姆拉会议"，并和西藏地方政府炮制了"西姆拉条约"，把我国藏族地区划分为"内藏""外藏"，否认中国对西藏的主权，妄图把西藏变成英国的附属国。"西姆拉条约"严重侵犯了中国的主权，遭到了中国政府和人民的坚决反对。后来，中国中央政府代表陈贻范拒绝在此"条约"的正约上签字，并发出声明："中国政府对英藏之间本日或他日单独签订之条约或类似文件，中国政府概不承认。""西姆拉会议"破产，英国分裂西藏的阴谋未能得逞。

二、国民政府西藏治理及其隐患

南京国民政府成立后，非常重视对西藏、新疆、蒙古的治理，1928年，成立了蒙藏委员会作为管理蒙古、西藏的专门机构。九世班禅发表了拥护南京政府、贯彻五族共和、谋求西藏自治的宣言。此时，十三世达赖也逐渐认清了英国分裂西藏的本质，加强同南京新政权的联系，谋求同中央关系的改善。西藏与中央的关系趋于正常，并协商九世班禅返藏的具体事宜。

1933年，十三世达赖圆寂，由热振活佛摄政。国民政府代表黄慕松率代表团进藏致祭十三世达赖喇嘛，比较圆满地完成了任务，进一步改善了中央政府与西藏地方的关系。后来，在班禅返藏问题上，西藏噶厦地方政府与英国横加阻挠，国民政府不敢与英国发生正面冲突，导致班禅返藏事情一波三折，直至1938年，九世班禅圆寂亦未能返藏，使西藏失去了维护国家统一，加强民族团结的大好时机，也为以后达扎活佛的亲英分裂活动埋下了隐患。

热振活佛摄政时期，不断加强同中央政府的联系。在中央政府的监督与主持下，热振摄政圆满地举行了十四世达赖喇嘛转世灵童坐床大典，西藏政教大局比较稳定。

达扎活佛摄政后，与中央政府不合作，并逐渐走上亲英的立场。在热振活佛返政的问题上，虽然南京政府持支持的立场，但是英国从中作梗，挑拨达扎摄政与热振和中央的关系，达扎摄政逮捕了热振及其支持者，驻藏办事处与南京中央政府在营救热振事件上软弱无力，导致热振被迫害死于狱中。南京政府的软弱态度使达扎摄政在英国的支持下有恃无恐，在亲英的道路上越走越远。

三、西藏革命党的活动

关于对西藏革命党的研究，近来出现了一些成果。但是由于资料的缺乏和研究者的视角不同，对于该党的评价差异较大。有人认为是革命性的政党，推动了西藏的社会变革，有人认为是民族分裂主义者的同盟军，与噶厦地方政府的独立主义倾向并无二致。①

西藏革命党的主要发起者是邦达饶干。他于1934年参加过反抗拉萨当局的政变，反抗活动失败后，他前往南京，得到蒋介石的赏识，在南京国民政府蒙藏委员会任职。1939年，他同更敦群培、江乐金、土登贡培、罗凝札在印度的噶伦堡（Kalimpong）开始筹建西藏革命党。其政治纲领是推翻西藏政教合一的专制政府，并对西藏的政治制度和社会进行改革和重建。该党尊奉三民主义，在组织上接受国民党中央的领导，总部设在重庆，在四川康定和印度噶伦堡设立分部。他们计划通过筹办报纸等舆论宣传，号召康藏人民进行革命工作，激发藏人革命精神，攻击西藏地方政府，伺机夺取政权。邦达饶干的革命活动得到了蒋介石的支持，并由蒙藏委员会名义提供活动经费10万元。1946年，该党活动暴露，邦达饶干被怀疑从事间谍活动被英国人抄了家，从他家里查出了该党的章程等文件，主要内容有"服从蒋委员长、奉行三民主义"，不论中央政府是否帮助，我们都应该顺应国际发展，在西藏推行民主制度。后来邦达饶干等人从印度被驱逐出境，在拉萨的更敦群培则被捕入狱，直到1951年才获释。西藏革命党受到国民政府的经济援助，企图推翻西藏地方政府，在拉萨建立一个隶属于中华民国的西藏民主政权。这样的努力最终还是失败了。

西藏革命党的指导思想是驳杂的，除了三民主义思想之外，还表现出

---

① 参见杜永彬的《更敦群培与西藏革命党》，《西藏研究》1999年第2期；郭克范的《本世纪上半叶西藏政事的现代性分析》，《西藏研究》1999年第4期；陈谦平的《西藏革命党与中国国民党关系考》，《历史研究》2002年第3期。亦可看看梅·戈尔斯坦的《喇嘛王国的覆灭》一书中引用的《噶伦堡西藏革命党简要协定》等部分章节内容。

了共产主义的思想倾向。在搜捕邦达饶干等人的过程中,印度警方发现西藏革命党的党徽标记上有镰刀与斧头的形状,这与苏联共产党的党徽标记非常相似。后来,邦达饶干谈到革命党的结局时也说到,他一直拥有一本马克思的《共产党宣言》的复制本,但是并没有将它译成藏文,也没有来得及按照《宣言》的要求去组织这个政党。更敦群培曾受马克思和列宁政治哲学的影响,从印度回到拉萨时,他随身携带的箱子里还有一张斯大林的像。① 因此,可以推断,共产主义思想对西藏革命党的主要人物也产生了一定的影响。

本章小结

通过本章的叙述,我们可以明白,近代的西藏存在多种社会思潮与意识形态。除了西藏本土化的藏传佛教与原始苯教之外,还从克什米尔与中国内地传入了伊斯兰教。伊斯兰教通过移民与经济贸易的方式加强了与藏族群众的联系,最终融入了藏族群众的日常生活,成为当今西藏众多宗教文化中的一种。从印度和克什米尔地区传入西藏的天主教,伴随着十分强烈的侵略扩张的意图,一开始就得到了藏族广大群众的反对与坚决抵制,先后经过三个世纪的传播,天主教并未在西藏扎下根基,对普通群众基本没有产生实际的影响。伴随着天主教的传播与英国的殖民侵略,西方的科学技术、民主政体对西藏也产生了一定的影响,清政府与西藏地方政府都采取了学习西方的新政措施,由于这些措施触动了西藏上层保守贵族的利益,这些新政措施都失败了。虽然在西藏实行千余年的政教体制的影响根

---

① 杜永彬:《一代藏族学术大师研究中的新发现——访更敦群培的妻子和女儿》,《中国西藏》1998年第1期。

深蒂固,但是这些新政和改革对此政教体制也产生了一定的冲击,西藏政教体制内部也产生了裂痕,在内忧外患的背景下,西藏的一些有识之士也在不断探求西藏的出路。国民政府时期,龙夏改革事件可以看作是一场具有资产阶级改良性质的政治变革,结果遭到西藏地方保守势力的反对而失败。西藏革命党所进行的革命活动,以谋求推翻西藏地方政府,建立一个隶属于中华民国的西藏民主共和政权为目的,可以看作是具有资产阶级革命性质的政治运动,结果遭到了英殖民者和西藏地方政府的共同镇压而失败。这些运动最终证明了这样一个道理:在近代的西藏,无论是封建农奴主阶级的洋务运动和新政,还是具有资产阶级改良性质的政治变革,抑或具有资产阶级革命性质的共和国方案,都没有给西藏的发展找到出路。时代呼唤新的理论,西藏革命最终选择马克思主义也是历史的必然。

第二章 西藏马克思主义大众化的发展过程

西藏马克思主义大众化发展过程的分期问题，涉及如何看待西藏的新民主主义革命与社会主义革命。朱晓明认为，西藏和平解放 60 年来的社会变迁，可以概括为"上下两篇""四个时期""两大跨越"。"上篇"指的是民主革命时期，"下篇"指的是走社会主义道路时期。上篇的民主革命以 1959 年为界限，1951—1959 年的"前八年"是和平解放时期，1959—1965 年的"后八年"（实际上是六年）是民主改革时期。下篇的走社会主义道路时期以十一届三中全会为界限，十一届三中全会以前为社会主义建设时期，十一届三中全会以后为改革开放时期。"两大跨越"指的是社会制度的跨越和经济发展水平的跨越，但是朱晓明教授并没有说明这两大跨越实现的具体时间。① 朱晓明教授"四个时期"的划分没有区别西藏的新民主主义革命与社会主义革命，只是笼统地称为"民主革命"。与

---

① 朱晓明：《西藏前沿问题研究》，中国藏学出版社 2014 年版，第 2—3 页。

朱晓明教授的看法不同，徐继增教授认为，西藏社会制度的变革经历了新民主主义革命与社会主义改造两个阶段。从新民主主义革命的视野考察，西藏民主革命的实践过程，经历了和平解放与贯彻协议、平息叛变与民主改革以及稳定发展等几个相互紧密衔接的阶段，从1951年和平解放到1965年西藏自治区成立，历时14年。从1965年到1976年，是西藏社会转变及实现社会主义改造的10年，也是西藏继民主改革之后的又一次跨越式发展。西藏民主革命的完成，实现了政治制度的跨越，西藏社会主义改造的完成，实现了经济制度的跨越。西藏社会主义改造的完成，使西藏实现了新民主主义向社会主义的跨越。① 杨维周等人也有与徐继增教授类似的观点。② 如果承认西藏经过了新民主主义革命和社会主义改造时期，朱晓明教授把西藏1965—1978年这一段时期称为"社会主义建设时期"是不太恰当的，因为一直到1976年，西藏才完成了社会主义改造，真正建立了社会主义制度。根据中国共产党的新民主主义革命理论，1965年，西藏完成了新民主主义革命的任务，1976年，西藏才完成了社会主义革命的任务。根据学术界的研究成果，我们可以对西藏马克思主义大众化的发展过程分为和平解放前、和平解放时期、民主改革时期、社会主义改造时期、改革开放新时期五个阶段。

目前，关于西藏马克思主义大众化的研究还十分薄弱，结合当前有限的研究成果，我们可以对西藏的马克思主义传播史做出以下简单描述：在

---

① 参见徐继增教授的两篇文章，《西藏的社会主义改造与社会的跨越式发展》，《西藏民族学院学报》2002年第1期；《新民主主义革命视阈下的西藏民主改革》，《西藏民族学院学报》2009年第3期。

② 参见杨维周、姚俊开：《西藏社会实现历史性跨越的五十年》，《西藏民族学院学报》2001年第2期。

红军长征时期，马克思主义在川康藏区有零星传播[①]；西藏和平解放后，进藏的党组织以不公开的身份间接传播马克思主义；西藏民主改革后，党组织才在西藏积极传播马克思主义，促进了马克思主义在西藏的广泛传播[②]。改革开放后，党中央全面落实宗教信仰自由政策，使西藏的宗教事业得到迅速发展，同时也出现了宗教狂热和宗教政治化的趋势[③]，特别是1989年以后，"藏独"活动猖獗，一些干部群众对马克思主义的政治信仰淡化，客观上对马克思主义在西藏的传播起着消极作用。十七大以后，西藏马克思主义大众化进入了一个新的阶段。

第一节 西藏和平解放前马克思主义的传播

20世纪初，马克思主义通过俄、日、德等国传入中国，特别是在中国共产党成立后，马克思主义在中国内地得到了广泛的传播，许多地方都成立了中国共产党的支部。但是在西藏，一直到西藏和平解放前，都没有中国共产党的党组织。"解放前的西藏，是全国唯一没有中国共产党组织和共产党员的省区"。[④]解放前的西藏，是否存在马克思主义的传播呢？由于史料的缺乏，这个问题已经很难考证清楚。至于前文所说的西藏革命党，其组织已经接触到了马克思主义理论，但是由于该组织是隶属于中国国民党，而且其活动区域主要在印度的大吉岭和噶伦堡，其目的是推翻西藏地

---

① 徐万发、钟慧：《红军长征与马克思主义在藏区的传播》，《西藏民族学院学报》2000年第2期。

② 徐志民：《马克思主义的西藏传播史研究——以20世纪50-70年代为中心》，《杭州师范大学学报》2012年第1期。

③ 许德存：《西藏佛教五十年的发展特点及其存在的问题》，《西藏研究》2001年第2期。

④ 《解放西藏史》编委会：《解放西藏史》，中共党史出版社2008年版，第35页。

方政府,建立一个隶属于中华民国的西藏共和政权,其性质、宗旨与中国共产党都有本质的不同,而且客观上该组织在西藏内地也没有产生实际的影响就被摧毁了。根据目前的研究成果,解放前与西藏相关的马克思主义传播主要有四川早期共产主义组织、红军长征时期在藏区传播马克思主义、西藏革命党的活动以及平措旺杰的马克思主义传播活动。

一、四川省重庆共产主义组织与藏区马克思主义的传播

在共产国际保存的关于中共"一大"的档案资料里,有一份《四川省重庆共产主义组织的报告》,其中涉及马克思主义在西藏的传播问题。根据这个《报告》的内容,"四川省重庆共产主义组织"于1920年3月12日成立,该组织主要由一些拥护马克思主义的教师组成,由马克思主义研究会发展而来,后来又有一批大学生和工人加入。其组织机构包括书记处和宣传部、财务部、出版部,有近40个成员和60多个候补成员。该组织在川东、川东南、川北、川西、川西南都建立了支部,分布在重庆、顺庆(今南充)、雅州(今雅安)、成都、叙府(今宜宾),而重庆是这个组织的总部。四川省重庆共产主义组织代表工人、农民的利益,并提出要建立一支红军队伍,取代军阀队伍。该组织的成员向大学生和工人散发各种宣传共产主义的小册子,经常秘密地传播共产主义思想。

该报告提到了他们在西藏建立党组织的计划:"明年我们打算在西藏建立一个组织,为此,我们有两个同志正在学习藏文。因为英国的资本家注视着西藏,并向我国投资,四川的同志知道,这对我国西部是危险的,因此在制定防止令人痛恨的外国资本主义侵入的计划。我们希望你们对这个地方的工作提出意见。"⑤ 由于相关资料的缺乏,我们现在无法知道这

---

⑤ 李蓉:《对〈四川省重庆共产主义组织的报告〉的再考察》,《中共党史研究》2011年第1期。

个计划的具体情况和后来是否得到执行。但这个历史资料使我们了解到我国早期马克思主义者一开始就关注西藏问题,并把西藏革命问题作为马克思主义者认识中国革命总问题的一部分。今天,我们研究西藏的马克思主义大众化,应该明白,早期中国共产党组织是非常重视西藏的马克思主义传播问题的,虽然由于各种原因,一直到西藏和平解放前也没有建立党组织,但是西藏马克思主义的传播,在马克思主义中国化的过程仍然具有十分重要的地位。

二、红军长征与藏区马克思主义的传播

有学者认为"马克思主义开始逐步地传入藏区是在红军长征时期,主要是在藏区东部"[①]。这里的"藏区东部"并不是当今的西藏自治区,而是红军长征时期所经过的川康藏区。

在红军长征的两年时间里,所经过的彝、藏民族聚居区就占长征路程的一半。红军在经过这些藏族居住区的时候,也向当地群众零星地传播了马克思主义。"长征中红军宣传马克思主义的方式主要有两种,即通过军队文艺宣传队宣传和红军官兵自身的革命行动宣传。"[②]红军各部队成立有专门的宣传队,他们采用快板、顺口溜、诗歌等老百姓喜闻乐见的文艺形式来鼓舞士气,做群众工作,宣传着马克思主义。红军长征时还创办了多种报刊,如《红星报》《前进报》《战士报》等。这些宣传报刊,紧密结合变化着的革命形势和民族地区的实际,把党的战略方针政策及时传达给广大指战员,也把马克思主义理论向广大指战员宣传。为了顺利通过川

---

① 徐万发、钟慧:《红军长征与马克思主义在藏区的传播》,《西藏民族学院学报》2000年第2期,第14页。

② 徐万发、钟慧:《红军长征与马克思主义在藏区的传播》,《西藏民族学院学报》2000年第2期,第15页。

康藏区，红军特别向当地藏族同胞进行思想宣传。1935年第2期《前进报》上发表了《中国共产党中央委员会告康藏西番民众书——进行西藏民族革命运动的斗争纲领》，明确宣告"中国共产党的民族政策是主张解放被压迫民族，因此主张彻底的民族自决，建立自由的选举的革命政府，并积极帮助一切的革命的民族运动"。当时中国共产党的具体政策有："康藏民族自决建立人民革命政府""取消一切苛捐杂税""政教分立，人民有信仰宗教的自由""提高康藏民众的文化，运用康藏自己的语言文字设立学校"等。显然这些宣传并不仅仅是针对川康藏区群众的，也是针对整个西藏的藏族群众的。这些宣传对藏族群众进行了马克思主义民族观和民族政策的教育。

红军还以自身的行动宣传了马克思主义。长征时期的红军战士，绝大多数都有比较高的政治觉悟，对马克思主义有比较坚定的政治信仰。他们明白必须用武装革命推翻剥削阶级的统治，解放广大劳苦大众的道理，对于藏区的老百姓也具有朴素的无产阶级感情。红军在经过藏区时，部队规定了严格的纪律。比如：不拿藏族群众的一切东西，所需物品必须用钱买。红军对贫困藏民要尽力给予救济。红军不能居住在藏民的家里，无论藏族人民如何对待红军，红军绝对不能开枪等规定。广大红军战士严守纪律，身体力行地执行正确的民族政策，赢得了广大藏族群众的信任和拥护，使藏族人民明白红军是穷苦人民的军队，是为广大被压迫群众谋利益的军队。

红军的马克思主义宣传活动也取得了明显的成效，得到了藏族群众的拥护和支持，有些藏族群众参加了红军，为革命做出了贡献。1935年8月，红军在甘孜地区遭到国民党军队的围剿，受到了重创，处于断粮的状态。但是红军严明的纪律和英勇战斗的精神感动了藏族同胞，甘孜的格达活佛见红军缺粮，便组织甘孜等地藏族同胞积极支援红军，捐献了大量的青稞、豌豆,使红军渡过了难关。1936年,红四方面军在大金川支持藏族人民建立中华苏维埃中央"博巴"自治政府,多德任主席,格达活佛任副主席。在红军北上抗日时,格达活佛还组织藏族群众保护了3000多红军伤病员,为革命保存了力量。一些藏族群众被红军的革命精神所感动,自觉要求参加红军,有的还成为领导骨干。如西藏和平解放时任西藏工委委员的天宝等。有的藏族群众虽然没有参加红军,也积极支持革命工作,为红军捐献和筹备粮食,充当红军的翻译和向导,也为革命做出了贡献。红军得到藏族群众的理解和支持,使藏族群众对红军的认识逐步深化。通过对红军的认识,藏族群众理解了共产党的性质与宗旨,从而对马克思主义有了初步的了解。

红军长征时对马克思主义的传播还局限于藏区东部,但它已经开始把马克思主义的革命理论和现代民主科学的新思想传入到藏区宗教文化的控制范围内,使藏族群众开始接触并初步了解了中国共产党和马克思主义。有些藏族青年加入了红军,积极支援红军革命,使红军能顺利地通过藏区,为以后长征的胜利奠定了重要基础。同时,红军长征时在藏区的马克思主义传播也为以后西藏的和平解放奠定了基础。

三、西藏革命党与马克思主义

在西藏和平解放前,西藏人民除了受三大领主的压迫和剥削外,还受到英俄等国侵略势力的控制,西藏面临被分裂出去的危险。清政府和民国政府都为了祖国统一和西藏的稳定做出了很大的努力,西藏地方政府和西藏的有识之士也在积极探求西藏富强的发展道路。不同的理论思潮也传入西藏,其中有兴办洋务的思想,有实行选举的民主思想,有建立资产阶级共和国的观念,也有马克思主义的革命理论。

在西藏,以更敦群培为代表的原西藏革命党的部分成员,较早地接触了马克思主义。更敦群培是一位博学多才的僧人，也是近代西藏著名的思想家。他曾在印度游学 12 年，期间读过马克思的《共产党宣言》等著作，接受了马列主义的政治哲学和反对殖民侵略的思想，产生了推翻西藏地方政权统治的革命观念。后来他结识了信奉孙中山三民主义思想的邦达绕干。邦达绕干曾在国民政府的蒙藏委员会任职。邦达绕干联络更敦群培、土登贡培、江乐金等人，从 1939 年开始筹划组建"西藏革命党"。西藏革命党虽然在组织上接受了中国国民党的领导，但其指导思想是多元的，不仅有三民主义，也有马克思主义。这一时期马克思主义对他们已经产生了重要影响。因此，他们的活动引起了英印政府极大警觉。1946 年，英印政府勾结西藏地方政府，联合镇压了西藏革命党，其成员被流放或逮捕。[①] 当然西藏革命党主要在境外活动，对西藏普通群众并没有产生多大实际的影响。不过，通过西藏革命党的活动，西藏的上层对马克思主义有了一定的了解。

四、平措旺杰的马克思主义传播活动

在西藏的早期马克思主义传播、和平解放、民主改革及社会主义改造过程中，平措旺杰都做出了重要贡献。也可以说，他亲眼目睹、亲身经历了西藏由封建农奴制社会转变为社会主义社会的过程。

平措旺杰，藏族，1922 年生，四川巴塘人。早年组建共产主义小组，积极传播马克思主义。1951 年，他作为翻译参加了"十七条协议"的和平谈判。1950 年后，先后任中共康藏边境地区工委书记、中共昌都分工委副书记、中共西藏工委统战部副部长、西藏自治区筹备委员会副秘书长、国家民委政法司副司长、中国社会科学院民族研究所副所长等职。他是第一

---

① 陈谦平：《西藏革命党与中国国民党关系考》，《历史研究》2002 年第 3 期。

届全国人大代表,第五、六、七届全国人大常委、民族委员会副主任委员。14岁时,平措旺杰进入国民党中央政治学校附设的蒙藏学校读书,倾向革命,要求进步。在此期间,他阅读了列宁、斯大林的著作,树立了社会主义革命和共产主义的理想信念,并确立了为藏族争取民族解放的奋斗目标。1939年,他联合志同道合的同学根曲扎西、昂旺格桑、喜饶等秘密组建"藏族共产主义革命运动小组",并以西藏共产主义革命运动小组的名义,给斯大林和毛泽东写信,表明了要在青藏高原展开共产主义运动的愿望。他还组建了"各地藏族青年旅渝同学会",作为共产主义小组的外围组织,并积极开展活动。在去革命圣地延安和莫斯科的计划失败后,平措旺杰回到了故乡川康藏区。他购买了大批的马列经典著作,把许多进步的藏族青年,团聚到自己周围,阅读进步书籍,成立了"星火社"组织,传播共产主义思想。大约在20世纪40年代初期,平措旺杰来到拉萨,他把莫斯科出版的汉文版《列宁选集》等马列著作和进步书刊带到拉萨,稍后在拉萨组建了"高原共产主义运动小组",成员除了原来的昂旺格桑、刀登等外,又发展了益西曲批、阿多、车列尼玛等同志。在拉萨,他们用藏文传唱着《义勇军进行曲》《游击队之歌》《延安颂》《假如战争明天来临》《风之曲》等革命歌曲。他们说服了一批具有民族民主意识的上层贵族青年和开明人士,跟他一起向噶厦当局上书请愿。在请愿书中,他们提出了对外反对帝国主义侵略,对内反对国民党的民族压迫政策,在西藏实施民主改革、减轻民众负担、改善广大藏民生活现状的主张。不过,平措旺杰的这些活动并没有得到西藏地方政府的支持。

抗日战争胜利后,平措旺杰一度在云南西北的德钦藏区活动。他们与倾向中共的滇西北游击支队取得联系,并策划准备武装起义。后计划泄露,起义夭折。1947年底和1949年初,平措旺杰又两度回到了拉萨,继续从事地下革命活动。1949年7月初被噶厦政府以其有共产党秘密工作人员嫌疑武装押送从亚东出藏。之后他绕道印度加尔各答,返回云南。在这里他和滇西北中共地下党组织取得联系,正式办了入党手续。他领导下的其他藏族共产党人也同时一律转为正式中共党员。遵照上级的指示,平措旺杰赶到自己的故乡巴塘,组建中共康藏边地工委,并由他任工委书记。在发展藏族党员的同时,他还创建了党的外围组织"东藏民主青年同盟"。在他的引导和教育下,一大批藏族优秀青年,迅速走上了革命道路,成为尔后进军西藏、解放西藏以及进行藏区的民主改革、社会主义建设的骨干。①

平措旺杰在藏区(包括西藏在内)传播马克思主义的活动,代表了藏族进步青年对西藏民主革命所进行的积极探索,虽然他的活动影响还有限,但其对西藏社会主义道路的探索历程则具有典型意义,在西藏马克思主义大众化的历史上具有重要地位,应该值得我们进一步去研究。

五、西藏和平解放前的政治环境

在西藏和平解放前夕,英国加紧了分裂西藏的活动。英国特务黎吉生(Richardson)挑拨西藏的亲英势力与国民党和共产党的关系,对共产党进行了妖魔化的宣传。黎吉生散布谣言说拉萨的汉人中有许多共产党员,他们将会充当内应,把解放军引进到西藏来。因此,必须把汉人驱逐出西藏,才能保证西藏的安全。黎吉生拟定了一份共产党员名单交给当时西藏地方政府外交局局长柳霞·土登塔巴,蓄意挑拨藏汉关系和民族矛盾。西藏地方政府的摄政达扎·阿旺松绕听信了黎吉生的谣言,立即召集全体噶伦和重要官员召开紧急会议,决定立刻驱逐在拉萨的一切汉人。1948年7月8日,国民党驻藏办事处人员以及在藏汉族、回族人员100多人被驱逐离开西藏。

---

① 王凡、东平:《特别经历——10位历史见证人的亲历实录》,中共党史出版社2008年,第218–252页。

这就是所谓的"驱汉事件"。西藏地方政府还聚集僧俗人员,举行以诅咒汉人共产党的"扣锅"等宗教活动,念经诅咒共产党。在人民解放军尚未入藏前,帝国主义分子和西藏上层反动势力对共产党进行的妖魔化宣传,为西藏和平解放后的马克思主义传播产生了十分消极的影响。

针对英帝国主义和西藏亲英势力所策划的"驱汉事件",中国共产党进行了揭露的批判。1949年9月2日,新华社发表了《决不容许外国侵略者吞并中国的领土——西藏》的社论,其中明确指出,"驱汉事件"是在英、美、印等国的策划下发动的,其目的是阻止中国人民解放军解放西藏,妄图把西藏变成帝国主义国家的殖民地。9月7日,《人民日报》又发表了题为《中国人民一定要解放西藏》的社论,进一步指出,西藏人民应该团结起来,揭穿英美等帝国主义的阴谋,摆脱帝国主义对西藏的束缚,迎接解放军进军西藏,解放西藏。1949年9月8日,参加过红军长征的藏族同志天宝,在《人民日报》上发表了题为《西藏全体同胞,准备迎接胜利的解放》一文,揭露西藏地方政府勾结帝国主义势力制造驱汉事件的阴谋,控诉帝国主义侵略西藏的罪恶历史,呼吁西藏人民迎接西藏的解放。

1949年10月1日,中华人民共和国宣告成立,藏族同胞积极响应。在青海境内的第十世班禅大师代表西藏人民于10月1日致电毛泽东、朱德,表示拥护中央人民政府,希望早日解放西藏。尚未解放的西康藏族同胞,在中共地下党的领导下,升起五星红旗,宣传党的民族宗教政策,准备迎接解放。甘孜的格达活佛等地方知名人士也派代表到北京,庆祝新中国的成立。

然而,以达扎·阿旺松绕为首的西藏地方政府,在英美帝国主义的支持下加紧分裂活动,坚持与人民解放军相对抗。1949年11月,达扎政府炮制所谓的"西藏独立宣言",赴美、英、印、尼四国和联合国总部,要求四国提供军事、经济援助,支持"西藏独立",要求联合国承认"西藏独立"。达扎政府还决定派代表团赴北京,向中央表示"西藏不属于中国",设立"西藏广播电台",用藏、汉、英三种语言造谣惑众,煽动西藏群众武装抵抗人民解放军。①

面对达扎地方政府勾结帝国主义抑制西藏解放的活动,中共中央考虑到西藏民族宗教问题的特殊性和复杂性,制定了和平解放西藏的方针,并指示西南局和西北局着手推进和平解放西藏的工作。

第二节 西藏和平解放时期马克思主义的传播

西藏广大群众坚决拥护中共中央的决定,十世班禅、格达活佛、喜饶嘉措等爱国宗教人士纷纷发表支持中央的讲话,并督促达扎地方政府与中央谈判和平解放西藏的问题。中央制定了"以打促和"的和平解放西藏的方针。1950年初,为了协调好解放西藏和经营西藏的工作,中央要求西南局成立一个党的领导机关,并决定入藏的部队及领导经营西藏的负责干部。

西南局按照中央的指示,拟定以第二野战军的第十八军入藏,并成立以张国华为统一领导核心的西藏工作委员会。其组成人员主要有:张国华(军长)、谭冠三(政委)、王其梅(副政委)、昌炳桂(副军长)、陈明义(军参谋长)、刘振国(军政治部主任)、天宝(藏族干部、全国政协代表)。张国华任书记,谭冠三为副书记。

中共中央于1950年1月24日正式批准西藏工委组成人选的报告,在复电中还提请西北局考虑是否还有其他人可以加入此委员会的问题。1950

---

① 中共西藏党史征集办公室编:《西藏三十五年纪事》(上册),中共西藏党史征集办公室1985年版,第3、5页。

年1月27日至30日，受领了进军西藏任务的十八军党委在四川乐山召开第一次扩大会议。会上宣布了中央的决定。中国共产党西藏工作委员会正式成立。后来西藏工委又增加平措旺阶和李觉为委员。

1950年9月，昌都战役前，西藏工委决定建立昌都地区党组织和临时政权。西藏工委决定设立西藏工委办事机构。在以前的政策研究室和西藏工作团的基础上，组建了办公室，下设秘书科、组织科、宣传科、保卫科和统战科等五科。后来，又增设了秘书处。昌都战役前，西藏工委和第18军党委根据西南局的指示，确定了进军西藏后各地的分工委（即后来的地委）书记的名单。11月，昌都工委成立，王其梅为书记，惠毅然为副书记，吴忠、陈竞波、阴法唐和平措旺阶为委员。[①] 西藏工委于1950年1月组成后，在中共中央西南局的直接领导下，贯彻和执行中央和西南局的指示，在深入调查研究西藏情况，提出制定具体政策措施，开展上层统一战线工作，培养少数民族干部，组织筑路运输生产等方面，进行了大量复杂艰苦的工作，从而领导和保证了人民解放军进军西藏，完成了祖国大陆统一大业。这个时期的西藏工委不仅为争取西藏的和平解放做出了重大贡献，还为西藏后来党的工作全面展开奠定了坚实的基础。

1951年初，西北局也在筹建西藏工委（西北西藏工委）。3月上旬，西北局决定西北西藏工委由范明、慕生忠、牙含章、白云峰组成，范明为书记。6月7日，西北局组织部补发了《关于西藏工委组成及主要干部配备的通知》。通知指出，西北局决定"由范明、慕生忠、牙含章、白云峰等四位同志组成西藏工作委员会，并由范明同志任书记"。西北西藏工委在兰州正式组建成立。西北西藏工委下设机构主要有组织部、民运部、宣

---

① 宋月红：《中共西藏工委的创建与组织沿革考述》，《中共党史研究》2007年第6期，第96页。

传部、青委、统战部、秘书处、妇委、财委，以及公安、司法、文教、联络、交际等工作部或处。①

1951年5月23日，中央人民政府和西藏地方政府签订了关于和平解放西藏的《十七条协议》，西南西北两个工委合并的问题提上了议事日程。

1951年11月底，范明率西北西藏工委抵达拉萨。1951年12月19日中共中央批复西南局同意组成统一领导的中国共产党西藏工作委员会。

1952年1月10日中国共产党西藏工作委员会在拉萨召开干部大会，宣布中共西藏工委的组成及各部委人员名单。西藏工委以张国华为书记，张国华、范明、牙含章、慕生忠、谭冠三、昌炳桂、王其梅、陈明义、李觉、刘振国、平措旺杰等11人为委员。

1952年3月7日，中央确定由张经武任西藏工委书记，张国华任第一副书记，谭冠三、范明为第二、第三副书记。至此，基本奠定了此后西藏工委的内部组成和工作格局。

西藏工委合并统一以后，西藏有了统一的中央领导机构。西藏工委认真贯彻《十七条协议》，为西藏自治区筹备委员会的成立、拉萨平叛和民主改革以及西藏自治区的成立都发挥了重要作用。1965年，西藏自治区成立后，经中共中央批准，中共西藏工作委员会自9月1日起改为中国共产党西藏自治区委员会，西藏工委结束了其历史使命。

在西藏工委的领导下，西藏的马克思主义传播活动也通过多种方式展开，概括来讲，主要有以下几个方面。

一、人民解放军以自身的行动展现出马克思主义的优良品质

西藏和平解放时期，由于西藏地方政府和帝国主义反动分子对中国共

---

① 宋月红：《中共西藏工委的创建与组织沿革考述》，《中共党史研究》2007年第6期，第98页。

产党的妖魔化宣传，使西藏群众对共产党有恐惧心理，这样一种局面非常不利于马克思主义的传播，中央决定共产党的组织暂不公开。"当时进藏的中共党员和人民解放军指战员，虽然践行着马克思主义的理论与宗旨，但在相当长的时间内没有公开共产党员和党组织的身份，没有在社会上发展党员，只是间接地向西藏各族人民传播马克思主义。"①西藏工委虽然在1950年就已经成立了，但还是以部队的名义发布命令，直到1955年4月，中央才同意西藏工委和各地分工委对外公开，但仍然限制在一定的范围内。

在西藏和平解放过程中及和平解放初期，十八军执行中央关于"进军西藏，不吃地方"的指示，克服高寒缺氧、道路艰险、运输补给无法保障等难以想象的困难，充分发扬了"一不怕苦，二不怕死"的革命英雄主义精神，严格遵守人民军队的纪律，不拿群众一针一线，充分尊重藏族群众的宗教信仰与风俗习惯，宁可露宿或搭帐篷宿营，也绝不进喇嘛寺或进民房借宿。特别是新疆军区独立骑兵师先遣连，在阿里改则县被风雪围困240多天，他们把自己从新疆带来的布匹、衣服、粮食、茶叶等物资救济了当地灾民，而先遣连有50多名战士却因寒冷、饥饿、肺水肿而牺牲了生命。人民解放军以马克思主义者的优秀品质，赢得了藏族同胞的信任和爱戴，获得了"菩萨兵"的称誉。在后来的昌都战役中，西藏群众向解放军支援了大量的粮食、牲畜、草料，当地藏族青年积极参加人民解放军，为昌都战役的胜利奠定了坚实的群众基础。

西藏和平解放后，人民解放军按照西藏工委的指示，尽力帮助西藏地方群众发展生产。他们克服高寒缺氧等种种困难，开荒种粮、种菜，支援地方建设，得到人民群众的欢迎和爱戴。1952年的藏北雪灾和1954年的

---

① 徐志民：《马克思主义的西藏传播史研究——以20世纪50-70年代为中心》，《杭州师范大学学报》2012年第1期，第43页。

江孜洪灾期间，人民解放军舍己救人、抢险救灾的英勇表现，赢得了民心，赢得了西藏上层爱国人士对共产党人的信任。中国共产党员和人民解放军向西藏各界群众展现的马克思主义者的优秀品质，逐渐消除了帝国主义对共产党妖魔化宣传的消极影响，改善了中国共产党和人民军队在藏族同胞心中的形象。

二、组建党团组织

在西藏工委成立后的相当长一段时期，党组织以不公开身份的形式进行活动，按照中央的指示，暂时不在西藏社会上发展党员，以便稳定西藏封建农奴主的情绪。1956年，西藏工委提出要在一年内发展2000名藏族党员和5000名藏族团员的目标。这一个工作目标，激起了西藏上层的恐慌，引起了西藏社会的动荡。鉴于当时西藏不太稳定的形势，1957年5月14日，中央对西藏工委《关于今后西藏工作的决定》做出批示，明确要求不在西藏社会上发展党员。西藏工委遵照中央指示，不在社会上发展党员，只在条件成熟的地方不公开地传播马克思主义。

1952年，中国新民主主义青年团西藏工作委员会在拉萨成立。当时的主要任务是：为实现"关于和平解放西藏办法的协议"，为解放西藏人民，巩固西南国防，建设新西藏而努力。当年底，全区共有24名专职团干部、37个团支部，团员近千名。1953年，拉萨市爱国青年文化联谊会成立。1954年，中华民主青年联合会常务委员会接收拉萨市爱国青年文化联谊会为全国青联会员。1955年，青年团西藏工委发布"建团宣传提纲"第一部分初稿。这一部分对青年团的性质、任务，党与团的关系、团与青年群众的关系进行了简明扼要的阐述。拉萨、日喀则先后开始了建立少先队的工作，在小学成立了"建队委员会"。毛主席接见了第二次西藏青年参观团。1956年，拉萨市各机关团体、学校中第一批加入青年团的221名藏、回族青年,在拉萨大礼堂举行了庄严的入团宣誓仪式。日喀则地区第一批藏族儿童戴上红领巾。西藏第一届少先队夏令营在拉萨举行,拉萨、昌都、江孜等六个分区的296名少先队员参加了夏令营。西藏第一次青年代表大会在拉萨召开。参加会议的代表756人,应邀参加大会的各界青年和来宾450人。大会以"团结统一、爱国主义"为旗帜,大会的任务是:总结西藏青年运动,交流各地青年工作经验;确定当前西藏青年工作的方针和任务;成立统一的西藏爱国青年联谊会;制定西藏爱国青年联谊会会章;选举西藏爱国青年联谊会的委员及其常务委员会。1957年,西藏团校正式开学,926人参加第一期学习。中国新民主主义青年团第三次全国代表大会将中国新民主主义青年团改名为中国共产主义青年团,团西藏工委随之改名为中国共产主义青年团西藏工作委员会,简称共青团西藏工委。当年统计全区已有8个团总支,252个团支部,515个团小组,5680名团员。

在这一时期,西藏工委的主要工作是巩固西藏和平解放的成果,团结上层,稳定局势。为了稳定西藏上层的情绪,西藏工委没有在社会上公开发展党员,党组织在西藏社会中的影响并不大,特别是对藏族群众的影响还是非常有限的。到1958年11月3日,西藏和平解放8年来仅发展了1190名藏族党员,1934名藏族团员,人数相当有限。①

三、组建培训机构和学校

在西藏和平解放前,为准备进军西藏,中央民族事务委员会在北京开办了藏族训练班,西北军区也开办了藏民训练班。1950年《中共中央、中央军委关于进军西藏的指示》中说:"据德怀(彭德怀)同志说西北局藏民干部训练班有数百学生受训,此训练班情形如何,望西北局注意检查

---

① 徐志民:《马克思主义的西藏传播史研究——以20世纪50-70年代为中心》,《杭州师范大学学报》2012年第1期,第45页。

督促，在三月间结束学习，以便能在四月间派到十八军随军前进。又，北京现有藏民训练班二十余人，已经开学，两个月毕业，亦准备在毕业后送西南局分配工作。"①为做好进军西藏的准备工作，提高干部的理论素质和处理民族问题的能力，中央高度重视培训班的工作，1950年4月27日，周恩来亲自接见中央民族事务委员会举办的藏族训练班学员，并向他们讲授马克思主义理论和党的民族政策。他在讲话中指出："我们各民族要团结起来，打倒共同的敌人……解放军必须进入西藏，目的是赶走英美帝国主义势力，保护西藏人民，使其能实现自治，像内蒙古、新疆一样……关于实现共同纲领中的民族政策问题。最主要的是民族区域自治。凡少数民族在各地都有自治权力，在统一法令之下，自己管理自己。"周恩来重点讲了党的民族政策与宗教政策，要求大家要向毛主席学习，"毛主席的理论就是要把马列主义中国化，合乎中国的道理"，他教育学员们要将学到的马克思主义理论与少数民族地区的实践结合起来，做好民族地区的工作。后来，这一批藏族训练班学员赶往四川甘孜、德格等地，以及甘肃、青海两省，参加进藏部队，将自己学习的理论转化为和平解放西藏与建设西藏的实践，也将马克思主义理论影响了藏族群众。

西藏和平解放后，中央非常重视西藏干部的培训工作。1952年12月16日，中共中央在对西藏工委培养民族干部五年计划的指示中，同意西藏工委开办长期和短期学校以培养藏族干部。培养的对象以僧俗爱国知识分子和有影响的中上层人物为主。中央在《指示》中指出："在条件成熟的地方，如昌都、日喀则地区可以办理短期的政治训练班或学校，吸收当地在职人员带职学习……此外，还可考虑办理不脱离生产和不妨碍生产的业

---

① 中共中央文献研究室、中共西藏自治区委员会：《西藏工作文献选编》（1949—2005年），中央文献出版社2005年版，第12页。

余学校。"①1956年，在原西藏军区干校的基础上成立了西藏地方干部学校。1958年，在陕西咸阳成立了西藏公学、西藏团校。当年共有藏族、珞巴、门巴等少数民族和汉族学员3000多名。另外还有藏族群众被送往兰州、成都、北京等地民族学院进行培养。到1958年底，藏族等少数民族干部增加到6128人。通过培训，这些群众接受了马克思主义民族理论与政策教育和爱国主义教育，成为以后西藏民主改革的社会主义改造的骨干。

四、成立爱国社团组织

西藏和平解放后成立了一批爱国社团组织。当时西藏成立的爱国团体主要有：1952年5月4日成立的中国新民主主义青年团西藏工作委员会，1953年1月31日成立的拉萨市爱国青年文化联谊会，1954年3月8日成立的拉萨市爱国妇女联谊会，1956年9月28日成立的西藏爱国青年联谊会，1956年11月22日成立的爱国妇女联谊会筹委会等。为了让西藏人民了解祖国内地社会主义建设的新成就，增强西藏人民坚定社会主义道路的信心，这些爱国团体组织向内地派遣了一些参观团、致敬团等。这些参观团、致敬团到达北京后，一般都能受到中央领导人的接见，并在随后的全国各地参观中获得内地社会主义建设的直观感受。1952年10月8日，毛泽东接见西藏致敬团代表时发表谈话，指出："党对宗教采取保护政策，信教的和不信教的，信这种教的或信别种教的，一律加以保护，尊重其信仰……共产党实行民族平等，不要压迫、剥削你们，而是要帮助你们，帮助你们发展人口、发展经济和文化。"②毛泽东主席向他们阐述了中国共产党的

---

① 中共中央文献研究室、中共西藏自治区委员会：《西藏工作文献选编》（1949—2005年），中央文献出版社2005年版，第92-93页。

② 中共中央文献研究室、中共西藏自治区委员会：《西藏工作文献选编》（1949—2005年），中央文献出版社2005年版，第92-93页。

宗教政策和民族政策，取得了很好的宣传与教育效果。这些西藏参观团、致敬团的成员，在这一过程中，受到了比较深刻的社会主义教育。

其他形式还有通过广播电台、报刊等媒体，宣传党的政策和马克思主义理论。

总之，在这一时期，由于形势的复杂性，马克思主义在西藏的传播并没有产生很大的影响。1959年，在西藏上层贵族的蛊惑下，在美、英、印等国的援助下，第十四世达赖叛逃到印度。西藏开始进入"边平叛，边改革"的民主改革时期。

第三节　西藏民主改革时期马克思主义的积极传播

1959年，西藏上层发动了武装叛乱。根据中央"边平叛，边改革"的方针，西藏工委在领导平叛工作的同时，积极培养平叛改革中涌现出的积极分子，对他们进行马列主义、毛泽东思想教育，并在社会上积极建立各级党组织，发展党团员。同时，西藏工委还通过"三反双减"（反叛乱、反乌拉差役、反奴役和减租减息）运动，建立各级农牧民协会，开展社会主义教育，提高了广大农牧民的思想觉悟，为西藏进行社会主义改造奠定了思想基础。西藏建党建团活动得到了中央的肯定，西藏各族人民高举马列主义、毛泽东思想伟大旗帜，促进了马克思主义在西藏的传播。这主要体现在以下几个方面。

一、积极组建基层党组织

在西藏平叛改革的过程中，广大群众热烈拥护中央的决定，积极支持人民解放军，出现了许多支持平叛改革的积极分子。面对发展的大好形势，西藏工委积极开展建党建团工作，加强党的基层组织建设。1959年4月

28日，西藏军区党委发出指示，要求平叛部队组织地方工作队，广泛发动群众，配合山南、江孜、昌都等平叛地区建立各级人民政权和党的基层组织。西藏工委也要求，在民主改革完成后，要有计划、有步骤地在农村中发展新党员，建立党组织。

1959年11月，为加强对各民主改革地区的领导和巩固民主改革成果，西藏工委发出了《关于在农村中进行建党工作的指示》（以下简称《指示》），其中指出："为了进一步加强党同群众的联系，加强党对群众的领导，保证党的各项任务和政策的圆满贯彻执行，本着'积极慎重'的建党方针，在民主改革中结合做好建党的准备工作，并在民主改革完成的基础上，紧接着经过试点，有计划、有步骤地在农村中发展新党员，建立党的组织，已经成为西藏一项严重的政治任务和组织任务。"① 按照《指示》中的规定，在民主改革未完成前，农村中不发展党员。《指示》对民主改革完成后发展新党员、建立基础党组织的步骤和方法做了详细的规定。其中指出，在民主改革完成后，应在基层积极发展党员，各级党委应以乡为单位建立临时党支部。《指示》规定该年冬天应在拉萨、山南、江孜和昌都等民主改革已完成的地区，进行建党试点，工委要选派一批兼职和专职的建党指导员，指导民主改革已完成地区的建党工作。《指示》发出后，拉萨市委、日喀则、山南、江孜等各分工委结合本地民主改革的实际情况，着手开始进行建党工作。到1959年底，已经完成民主改革的山南、拉萨等地，遵照西藏工委指示，有计划地发展新党员，建立了基层党组织。

西藏山南地区乃东县昌珠镇克松村被称为"西藏民主改革第一村"，也是西藏历史上成立第一个农村基层党支部的村子。克松村组建基层党组

---

① 西藏自治区党史资料征集委员会、西藏军区党史资料征集领导小组编：《西藏的民主改革》，西藏人民出版社1995年版，第181页。

织的过程，也是西藏基层党组织发展的一个缩影。

1959年3月，平息叛乱后，西藏百万农奴获得了解放。当平叛的解放军部队到达克松村的时候，农奴主都逃走了，大部分农奴也跑到附近的一个村庄躲了起来，全村只有3户人家没有跑。但是和广大农奴所想象的完全不同，解放军来了以后，纪律严明，秋毫无犯。于是，这3户人家就把附近的农奴都叫了回来。解放军和工作组给农奴开了会，讲明了共产党队伍的性质与宗旨，赢得了农奴的信任。在山南工委的领导下，克松村率先进行了民主改革，农奴们烧毁了与农奴主签订的人身契约，没收了农奴主索康家的土地，按农奴家庭劳动力的多少分给农奴，从此克松村的农奴翻身做了主人。1959年5月，山南分工委和乃东县委派出工作组在克松村进行"三反双减"（反叛乱、反乌拉差役、反奴役和减租减息）试点工作。1959年7月5日，克松乡农民协会成立，这是在西藏建立的第一个农民协会。

1959年7月10日，乃东县召开第一次农民代表会议，建立了西藏历史上第一个由人民群众按照自己的意愿民主选举产生的农民协会，该协会由克松村443个农奴组成。由于农奴文化水平低，普遍不识字，在选举农民协会主任时就采取了一种特殊的"投豆子"的方式。在投票现场，每个候选人的身后放一个碗，投票人向碗里扔豆子，谁得的豆子多谁就当选。经过民主选举，广大农奴行使了当家做主的权利，翻身成了国家的主人。他们发展生产、改善生活的积极性大大提高。1959年8月15日，在山南分工委和乃东县委的协助下成立了全县第一个农村互助组——克松朗生互助组。在8月27日，全县第一次在克松村开始了划分阶级成分工作。

根据国务院划分阶级成分的规定和西藏工委的相关政策，经过充分调研和放手发动群众，克松村开始了划分阶级成分工作。当时，克松村共有70户，其中堆穷10户、差巴18户、朗生42户，经过阶级成分认定，被划分为领主及代理人2户、中农13户、贫农31户、农奴22户、手工业者2户。在政府的帮助下，50多名朗生安了家，他们分到了土地、房屋、牲畜和其他生产资料，过上了安居乐业的生活。克松村农奴得到了彻底的翻身解放。

1959年12月2日，克松村成立了西藏历史上第一个农村基层党支部，丹巴坚参任临时党支部书记。一年以后，尼玛次仁成为正式党支部书记，是西藏历史上第一位基层党支部书记。克松村基层党支部的第一批党员有阿旺、次旺扎西、白玛顿珠、其加、多吉5名党员，这些昔日的贫困农奴成了光荣的中国共产党党员。从此，山南地区有了党的农村基层组织，克松村的民主改革走在了西藏的前列。

克松村党支部的组建有着重要的意义。在克松村党支部的榜样带动下，在总结克松村经验基础上，西藏工委在发展党员、动员群众、开展党组织活动等方面，都探索出了一条在西藏发展基层党员、党组织的独特发展道路。西藏工委认真总结克松村的经验，在其他完成民主改革的农区，发展农奴出身的积极分子入党，推进了基层党组织的建设，为以后西藏基层党建活动奠定了基础。

1960年8月4日，克松村建立了农业生产合作社。同年12月，根据西藏工委关于停止试办农村合作社的指示，克松村停办了合作社，改办互助组。1965年10月7日克松村建立了西藏第一个人民公社——克松人民公社。自治区党委第一书记张国华到会祝贺并发表了重要指示。

经过民主改革，克松村人民翻身成了国家的主人。他们生产的积极性空前高涨，农业生产连年丰收，人民生活水平得到了较大提高。

民主改革后，克松村人民享受到了广泛的民主自由权利，在克松党支部的领导下积极进行社会主义革命和社会主义建设。

克松村人民行使民主权利主要有两个方面：一是各组织领导和成员都

由民主选举产生；二是人民代表也由民主选举产生。在1959—1965年和1984—1987年这两个时期，两次民主选举了本乡人民代表，召开两次乡人民代表大会。1987年克松改为村以后，逐步实行并完善了村民自治这一民主制度。在民主选举村民委员会组成人员的基础上，实行村务公开，民主决策。当今的克松村居委会党支部仍然是全西藏的先进党支部。2010年7月20日，中共中央政治局委员、中央书记处书记、中央宣传部部长刘云山在克松村视察指导工作时指出："克松村是西藏高原一面鲜艳的红旗，是一块坚强的阵地、红色的阵地，一定要挖掘好、保护好、利用好这里的红色资源，将其打造成一流的爱国主义教育基地，发挥示范带动作用，让爱国主义旗帜更加鲜艳、永远飘扬！"

西藏工委采取"慎重稳进"的方针和扎实谨慎的态度，使西藏的建党工作有了很大的发展。1960年9月15日，中央组织部在对西藏工委组织部的批复中指出："在新的地区接受党员和建立党组织，必须严肃慎重，宁缺毋滥，确实保证把党的组织根子扎正。"[①] 根据这一指示，针对在民主改革中涌现出来的大批农村积极分子干部，进行重点培养，向他们进行马列主义和毛泽东思想教育，使西藏翻身农奴在民主改革和生产运动中，能够不断提高阶级觉悟和思想水平。截至1961年7月，西藏已有1000多名农民加入中国共产党，各地农村普遍建立了党的基层组织。到1965年5月5日，西藏农牧区已有8000多名青年加入共青团，已建立1000多个共青团基层组织。[②] 随着西藏农牧区普遍建立党团组织，马克思主义、毛泽

---

① 中共西藏自治区委员会党史研究室：《中国共产党西藏历史大事记（1949—2004）》（第一卷），中共党史出版社2005年版，第175页。

② 中共西藏自治区委员会党史研究室：《中国共产党西藏历史大事记（1949—2004）》（第一卷），中共党史出版社2005年版，第190、223页。

东思想逐渐深入到农牧民心中。

二、广泛开展社会主义教育运动

民主改革开始后,如何加强对农牧民的引导和教育,就成为摆在西藏工委面前的一项紧迫任务。1960年3月30日,西藏工委认为:"为了引导农民逐步走向共同富裕的社会主义道路和不断提高农民的觉悟水平,推动各项工作的胜利前进,在民主改革已经完成的地区,有领导、有计划地向农民开展社会主义教育运动是十分必要的。"①西藏工委指示要在民主改革完成的地区逐步开展社会主义教育运动。1961年4月21日,《中共中央关于西藏工作的指示》指出,在彻底完成民主改革后,"向群众深入进行民主改革的政治思想教育,进行爱国主义教育和社会主义前途教育"。②根据中央的指示,西藏工委在1961年6月15日《关于农村中若干具体政策的规定》(简称《农村26条》)中指出:"要对广大农民群众进行社会主义前途教育,既要使广大农民明确现阶段党的方针政策,安心而又积极地发展生产,又要使广大农民群众明确方向,看到社会主义的远景。所有在农村工作的干部,要深入生产第一线,和群众同吃、同住、同劳动、同商量,坚决依靠群众,认真贯彻执行阶级路线和群众路线,加强调查研究,一切从实际出发,踏踏实实,埋头苦干,坚决按照党的方针政策办事,紧紧依靠党的领导,密切联系群众。"③在西藏工委的认真部署下,西藏农村中的社会主义教育运动广泛开展起来。

---

① 中共西藏自治区委员会党史研究室:《中国共产党西藏历史大事记(1949—2004)》(第一卷),中共党史出版社2005年版,第168页。

② 中共中央文献研究室、中共西藏自治区委员会编:《西藏工作文献选编》(1949—2005年),中央文献出版社2005年版,第254—255页。

③ 中共中央文献研究室、中共西藏自治区委员会编:《西藏工作文献选编》(1949—2005年),中央文献出版社2005年版,第271页。

这次西藏农村的社教运动取得明显的成效。1962年4月，西藏工委对前一阶段社会主义教育运动进行总结，认为以前制定的农区26条和牧区30条都已得到广泛的贯彻执行，农牧民的思想政治觉悟得到明显提高，他们的政治热情和生产积极性也大大提高，他们对党的政策是拥护的，对党是信任的。党的各项方针政策也得到了西藏广大群众的拥护，农牧区基本稳定下来。部分农区、牧区都建立了党、团支部，巩固了党的群众基础，培养了大批藏族基层干部。农村的社会主义教育运动和党建工作都取得了明显成效。在总结以往经验的基础上，西藏工委提出1962年的工作任务是继续贯彻执行稳定发展的方针，加强基层工作，"整顿、巩固和建立、健全基层组织。对现在已有的党团支部、乡政府、互助组等继续进行整顿"，"根据'积极慎重'的方针，加强建党建团工作，发展一批党员和团员"。

由于社会主义教育运动的有效开展和马克思主义的积极传播，经过中央的同意和批准，1965年西藏各地开始了人民公社化试点运动。在1965年7月18日，西藏工委在堆龙德庆县邦堆乡试办了第一家人民公社。中央对西藏建立人民公社提出了一些慎重推进的方针，要求西藏在建立人民公社时，准备得要更充分些，时间要长些，搞得更稳妥些。这一时期西藏的人民公社尚处于试办阶段，真正完成人民公社化则是在"文革"时期。中央能够同意西藏试办人民公社和开始社会主义改造事业，也说明了西藏的马克思主义传播已经初步具备了人民公社化的思想条件和社会基础。

三、积极培养民族干部，不断拓宽传播渠道

在西藏平叛改革的过程中涌现出许多积极分子，中央和西藏工委对这些积极分子作为民族干部重点培养。1959年3月22日，中央指示："必须注意从积极参加斗争的藏族劳动人民中,培养和提拔大量的藏族干部。"①西藏工委遵照中央的指示要求各地工委积极培养藏族干部,特别是要重视藏族干部政治上的进步,把他们放在适当的领导岗位上,担负起领导职责。到1964年初,西藏全区培养出本地民族技术干部1000多人,另外有3000多名青年正在内地学习各种专业知识,全区共培养藏族干部12,000多人,其中绝大部分是在民主改革后成长起来的。这些民族干部在培训的过程中受到了社会主义教育的影响,逐渐接受了马克思主义。

(一)西藏民族学院培养民族干部的贡献

西藏民族学院被称为"西藏干部的摇篮",在培养民族干部方面做出了突出贡献,在西藏马克思主义大众化过程中也有重要地位。

西藏民族学院的前身为"西藏公学",是西藏和平解放后建在内地的第一所高校。旧西藏的文化教育十分落后,在1951年西藏和平解放后迫切需要大量的具有一定文化水平的少数民族干部。1956年西藏自治区筹备委员会成立后,西藏上层反动集团反对西藏社会制度的变革。西藏民主改革面临很大困难,急需政治立场坚定,理论水平高的民族干部。针对西藏当时的实际,1957年3月,经过周恩来总理的批示,邓小平同志主持召开中央书记处会议,决定西藏要在内地办学,培养民族干部,为以后的民主改革储备干部人才。根据党中央的决定,西藏工委于同年6月开始筹建西藏公学。在选择校址的问题上,几经周折,1957年10月,中央批准将位于陕西咸阳的原西北工学院的校址作为西藏公学的校址。1958年1月,原十八军军长、中共西藏工委副书记张国华同志兼任西藏公学校长。原十八军西藏问题政策研究室研究员、西藏工委组织部副部长杨东生兼任副校长,

---

① 中共中央文献研究室、中共西藏自治区委员会编:《西藏工作文献选编》(1949—2005年),中央文献出版社2005年版,第137页。

原十八军政治宣传部副部长王静之、宣传科科长汤化陶任副校长。从当时西藏公学的领导组成来看，创建西藏公学的主体是十八军中的知识分子。西藏公学创建后，以十八军为主体所凝聚而成的"老西藏"精神也在学校得到了传承和发扬，成为以后西藏民族学院办学的精神财富。

1958年9月15日，西藏公学在咸阳的原西北工学院校址上举行隆重的开学典礼。当时，共有学员3415人，教职工716人。西藏公学正式成立。

关于西藏公学的办学方针，西藏工委也有明确的要求。1957年10月31日，西藏工委明确规定："培养藏族干部的方针应该是根据勤俭办学的原则，培养共产主义的民族干部，为将来西藏的社会改革和社会主义建设服务。""学制暂定为五年，前三年以学文化（含自然常识、算术）为主，政治教育为辅，后两年加强政治课比重。政治教育方针应着重进行阶级教育和马克思列宁主义民族观的教育，树立学生的共产主义世界观和人生观。"学员在前三年主要进行阶级教育，党的民族政策、爱国主义和增强民族团结的教育，后两年适当增加了中共党史、社会发展史和西藏社会情况、阶级分析方面的教育。由于西藏公学是培训干部性质的学校，学员的基础又比较差，当时规定学员毕业达到初中程度就可以了。最主要的目的是提高学员的思想政治素质，使他们养成爱祖国、爱劳动、爱学习、团结互助、艰苦朴素的优良作风。

1958年9月中共中央和国务院发布了"教育必须为无产阶级政治服务，必须同生产劳动相结合"的指示。根据中央精神，西藏公学党委明确了西藏公学是一所少数民族干部政治学校。它的任务是本着勤工俭学，勤俭办学的方针，通过政治文化教育、生产劳动锻炼，在一到三年内培养一批忠于祖国，忠于社会主义，忠于西藏人民的有社会主义觉悟的，有文化的劳动者。

根据全国教育方针并结合西藏的具体情况，1958年10月25日西藏公学党委重新修订了学校的办学方针，向西藏工委上报了《关于学校教育方针的补充和修改意见》并获得了批准。这个新的教育方针强调了政治思想教育、阶级教育、肃清地方民族主义的教育以及破除迷信，进而进行共产主义人生观、民族观、道德观和政策教育。此后，西藏公学坚持并落实这个教育方针，紧紧掌握政治教育和文化教育并重，教学和辅导并重，由浅入深，由近及远，学用结合的原则，逐步提高学生的政治文化素质，完成培训任务。① 这一方针，在以后西藏公学、西藏民族学院的办学过程得到贯彻执行。

西藏公学贯彻正确的教育方针，尤其重视政治思想教育和共产主义人生观教育，大大提高了学员的政治觉悟和马克思主义理论水平。广大学员精神饱满，学习积极性很高。1959年3月，西藏上层发动武装叛乱后，西藏公学和西藏团校的广大学员要求参加平叛战争。西藏工委同意了学员们的请示，决定让这两所学校的3000多名学员提前毕业，返藏参加平叛。这样，刚入校半年的西藏公学的第一批学员就开始投入到西藏平叛改革的斗争中。这一批学员绝大部分是出身于农牧民家庭的藏族青年，他们阶级立场坚定，拥护中国共产党的领导，成了平叛改革中的重要的新生力量。其中500名进步青年直接投入平叛的军事行动。他们作战勇敢，许多人都立功受奖。经过平叛斗争的锻炼和考验，这些藏族青年后来成长为优秀的解放军干部。

1959年9月，根据当时形势发展的要求，西藏公学创办了藏语文专修科，成为西藏历史上创办最早的专业，标志着西藏公学由培训性质的教育开始

---

① 白云峰：《忆西藏民族学院的前身——西藏公学的筹建》，《西藏民族学院学报》1988年第3期。

向专业教育转变，成为西藏高等教育的起点。1960年，西藏民主改革取得胜利，西藏进入社会主义过渡时期。为了适应西藏革命和社会主义建设事业发展的新形势，西藏公学在继续培养政治干部的同时，开始培养西藏急需的专业技术人才。西藏公学的专业教育又有了进一步的发展。在开设藏语文专修科的基础上，又先后创办了师范、会计、卫生、农业、畜牧兽医、邮电等专业，为西藏输送了一大批掌握专业技术的民族干部。1963年10月，西藏公学成立专业系科，办学方向逐步向专业教育和综合院校发展。1965年7月1日，经国务院批准，西藏公学更名为西藏民族学院。郭沫若同志为学院题写了校名。

西藏民族学院长期坚持"爱国、兴藏、笃学、敬业"的校训，坚持社会主义的办学方向，重视学生政治思想的教育，帮助学生牢固树立维护祖国统一、维护民族团结的思想，50年来，共培养了近4万名政治可靠、业务过硬的优秀毕业生。这些毕业生靠得住、用得上、下得去、留得住，其中许多优秀毕业生已经成为西藏自治区的领导干部。目前在职的西藏自治区省区级和地厅级干部中，约有1/3毕业于西藏民族学院，县级干部中的比例更大，还有相当一部分人成为西藏各行各业的专业技术骨干和高级人才。这些干部在促进西藏经济社会的跨越式发展，维护社会稳定和民族团结方面发挥着非常重要的作用。

（二）电影报刊等媒体在马克思主义传播方面的作用

在这一时期除了普通学校、业余学校、职业学校培训民族干部和传播马克思主义外，西藏的电影、报刊中也增加了传播马克思主义的内容。这一时期，西藏全区共有121支电影放映队，主要放映从内地传至西藏的各种历史革命题材的"红色"电影。当时反映封建农奴制的著名影片《农奴》在拉萨公映，影片揭露了残酷、黑暗、落后的封建农奴制的罪恶，深刻地教育了广大群众，获得很好的演出效果，一直影响了好几代人。

1959年3月10日，为了保持西藏的农奴制，抵制民主改革，西藏上层发动武装叛乱。在西藏人民群众的大力支持下，中央政府迅速平定了叛乱。1959年3月28日，周恩来总理签署了中华人民共和国国务院令，宣布解散原西藏地方政府，由西藏自治区筹备委员会行使原西藏地方政府职权。从此，西藏百万农奴在中国共产党的领导下，同全国各族人民一样成为国家和社会的主人，获得了宪法和法律规定的政治权利、生存权利和发展权利。歌曲《翻身农奴把歌唱》反映了西藏广大农奴获得人身自由后的喜悦以及对中国共产党的感恩之情。这首歌曲创作于1961年，作者准确地把握住了时代的脉搏，对新西藏和广大翻身解放的藏族人民有着深刻的同情与理解，它简明形象地反映了新西藏的新气象，生动地表达了翻身农奴的深层心理和深厚情感，通过对幸福生活的歌颂，对毛主席共产党感恩之情的深情抒发，强烈感染了广大人民群众，影响了藏族群众几代人，在时间长河中保持了旺盛的艺术生命力。

第四节　西藏社会主义改造时期马克思主义的广泛传播

"1965年到1976年，是西藏社会转变及实现社会主义改造的十年，也是西藏继民主改革之后的又一次跨越式发展，由此，西藏终于与全国各族人民一道在政治经济与文化结构相统一的基础上，实现了建立完全的社会主义制度的宏伟目标。"[①] 西藏的社会主义改造正好是在"文化大革命"的大背景下发生的，与全国的社会主义改造相比，表现出了自身所具有的

---

① 徐继增：《西藏的社会主义改造与社会的跨越式发展》，《西藏民族学院学报》2002年第1期。

特殊性与复杂性。徐继增教授认为西藏社会主义改造的特殊性主要在于：一是持续时间长。它是在新中国成立将近15年之后进行的，而且其社会主义改造持续十年之久，时间跨度之长超过国内各地区和其他少数民族地区；二是社会主义改造内容不同于内地。西藏的社会主义改造主要是对传统农牧业的改造，当时西藏社会的经济基础较我国其他地区社会主义改造的经济基础更为薄弱；三是正值十年"文革"时期，西藏社会主义改造的成果与当时党的全局性工作的失误历史地交织在一起。①

一、马克思主义广泛传播的社会基础

西藏和平解放后，党中央强调要充分考虑西藏民族和宗教的特殊性，西藏的民主改革和社会主义改造都要从西藏的具体实际出发，采取"慎重稳进"的方针。这一方针在后来成了中国共产党关于西藏民主革命和社会主义革命与建设的基本指导思想。1954年，毛泽东在接见西藏自治区筹备委员会主要成员的谈话中，提出西藏的社会主义改造首先要走民主革命道路，然后再走社会主义道路。由于西藏的特殊性和复杂性，决定了西藏的社会主义改造不能简单照搬内地经验。考虑到西藏社会发育程度相对落后于内地的特殊情况，在完成民主革命后，并没有立即进行社会主义改造，而是先让西藏的农牧民个体所有制经济稳定发展一个时期，才开始向社会主义阶段过渡。

西藏民主改革后，经过几年时间的发展，逐步奠定了实现社会主义改造的政治、经济、文化基础。从1960年开始，西藏就逐步建立了县、乡各级人民民主政权，封建农奴制度的统治基础被彻底摧毁。通过实行民主选举，到1961年，全区已经实现普选的乡占乡总数的92%以上。1965年9月，

---

① 徐继增：《西藏的社会主义改造与社会的跨越式发展》，《西藏民族学院学报》2002年第1期。

西藏自治区成立，社会主义政治制度在西藏确立。"全区少数民族党员有7135名，其中农牧民党员4274人，在城镇和农牧区建立党的基层支部组织1540个。在社会主义改造中，结合建社整社工作，党的基层组织进一步得到健全，到1974年7月，农牧区80%的乡、社建立了党的基层组织，全区党员人数比1965年前增加118%，其中少数民族党员占83.7%，从而使党带领广大农牧民坚定地走社会主义道路有了重要的组织保证和政治保证。"① 这些都为西藏马克思主义的传播提供了前提条件。

二、马克思主义广泛传播的内容与方式

这一时期马克思主义的传播活动主要采取以下几种方式。

（一）活学活用毛泽东思想的学习运动

与全国的发展形势一样，"文革"一开始，西藏也掀起了学习毛泽东思想的运动。1966年10月，西藏自治区党委发出《把我区活学活用毛主席著作群众运动推向新阶段的通知》决定："每星期四上午为区党委的同志带着问题学、带着问题讨论的时间。机关一定要保证每天早晨有一个小时的自学时间，每星期四讨论学习，要雷打不动。开会时要根据会议内容选有针对性的语录会前读，印发文件根据文件内容印上毛主席语录，并要认真物色培养典型、树立样板。力争明春前后，使家家户户有'毛主席语录'，充分发挥语录牌的作用，逐步做到'到处有、到处带'，等等。"② 自治区党委的这一规定使西藏兴起了活学活用毛泽东思想的学习运动，并在实施的过程中逐步常态化。另外为方便藏族同胞学习，藏汉对照的《毛主席语录》和翻译成藏文的毛泽东著作，也分发给西藏各族同胞。1970年

---

① 徐继增：《西藏的社会主义改造与社会的跨越式发展》，《西藏民族学院学报》2002年第1期。

② 中共西藏自治区委员会党史研究室：《中国共产党西藏历史大事记（1949—2004）》（第一卷），中共党史出版社2005年版，第243页。

11月25日,《实践论》《矛盾论》《关于正确处理人民内部矛盾的问题》《在中国共产党全国宣传工作会议上的讲话》《人的正确思想是从哪里来的》等五篇毛泽东的著作汇编本,已翻译成藏文出版,[①]并陆续分发给各地藏族同胞学习。1972年5月22日,来自各条战线的工农兵代表和职业文艺工作者,以及参加西藏军区和拉萨市业余文艺会演的代表1000多人在拉萨集会,纪念毛泽东《在延安文艺座谈会上的讲话》发表30周年。[②]1975年9月7日,毛泽东亲笔题字的《西藏自治区画集》出版发行,该《画集》"形象地反映了24年来,西藏人民在毛泽东思想指导下所走过的历程和取得的辉煌胜利"[③]。这些有关毛泽东著作的纪念活动、题字《画集》和藏文语录等,极大地便利了藏族同胞学习和了解毛泽东思想,使马克思主义向西藏基层社会普及成为了可能。

（二）通过斗批改运动改造了一部分人的落后思想

1966年,"文化大革命"发动后,中央民族学院和西藏民族学院的红卫兵也掀起了"破四旧"的高潮。他们不但批斗了十世班禅,而且带领藏族群众捣毁了绝大多数寺庙,以前的贵族、噶厦官员、活佛及其家属被当作"阶级敌人"遭到批斗,寺庙的僧尼也遭到批斗,甚至被迫还俗,一些宗教典籍被焚毁,正常的宗教活动也被禁止。1967年初,西藏红卫兵开始夺权,许多厅局机关被造反派所控制。此后,派别斗争不断,西藏陷入混乱之中。1968年2月26日在北京创办的西藏自治区的"毛泽东思想学习

[①] 中共西藏自治区委员会党史研究室:《中国共产党西藏历史大事记(1949—2004)》(第一卷),中共党史出版社2005年版,第260页。

[②] 中共西藏自治区委员会党史研究室:《中国共产党西藏历史大事记(1949—2004)》(第一卷),中共党史出版社2005年版,第266页。

[③] 中共西藏自治区委员会党史研究室:《中国共产党西藏历史大事记(1949—2004)》(第一卷),中共党史出版社2005年版,281页。

班"即是思想改造的主要形式。该学习班是一个有军队干部、群众组织负责人和地方干部参加的"三结合"性质的学习班,是为成立西藏自治区革命委员会做准备的。1968年9月,西藏自治区革命委员会成立,成为统一领导西藏"文化大革命"的机关,在西藏革委会的领导下,对"阶级敌人"进行了批斗和思想改造。1969年10月,西藏自治区革委会将全区大部分机关干部、职工5000余人,集中到林芝、松宗参加"毛泽东思想学习班"(即五七干校),一边劳动改造,一边清队、整党,进行思想改造。思想改造的主要内容就是清除封建农奴主落后思想和小资产阶级腐朽思想,树立马克思主义、毛泽东思想的指导地位。这个学习班到1973年9月结束,占西藏"文革"史的将近一半时间。同时,西藏其他一些地方也举办了毛泽东思想培训班或学习班,以改造西藏中上层人士的旧有思想和传播马克思主义。不过,这种与斗批改运动结合在一起的思想改造,也曾伤害了部分西藏中上层爱国人士的情感和利益。

(三)内地对西藏马克思主义传播的影响

"文革"发生后,内地的少数红卫兵以及援藏医疗队、教师等进藏,从外部向西藏传播马克思主义,也对"文革"时期西藏马克思主义的扩散起到了推进作用。

在"文革"开始不久就有一小部分内地的红卫兵串联至西藏,在西藏自治区党委大院内开展大辩论。同时,内地大量的"文化大革命"运动传单也寄到西藏,据西藏自治区党委"文革"领导小组办公室整理的《全国各地寄来我区的传单及处理情况》称:截至1966年11月22日,寄至西藏的传单已达1400余种,约11万份。[①] 这一时期,内地大中专院校也在

[①] 中共西藏自治区委员会党史研究室:《中国共产党西藏历史大事记(1949—2004)》(第一卷),中共党史出版社2005年版,第245、281页。

西藏招收工农兵学员，对他们既传授现代的科学文化知识，也进行马克思主义教育。1971年12月5日，中央民族学院和西藏民族学院开始在西藏招生，但招收的主要是工农兵学员。1972年4月，北京大学等大专院校首次在西藏工农兵中招收300名学员。此后，内地上百所大中专院校相继又在西藏招收近千名工农兵学员。这些院校在传授现代科学文化知识的同时，也依据毛泽东著作、报纸文章介绍马克思主义和时事政治。所以，这些西藏的工农兵学员在学习科学文化知识的同时，也在内地接受了马克思主义教育。工农兵学员在内地高校接受马克思主义教育，成为马克思主义向西藏传播的特殊渠道。

除了这个途径之外，还有中央及全国各地的赴藏医疗队、教师等援藏人员从祖国内地向西藏传播马克思主义。"文革"开始后，中央先后于1969年9月、1973年9月、1974年12月、1975年5月、1976年4月等派出几次规模较大的全国赴藏医疗队。这些赴藏医疗队不仅促进了西藏医疗卫生事业的发展，而且在治病救人的同时，也向西藏各族同胞践行和宣传了马克思主义。另外，援藏教师也在西藏传播了马克思主义。1974年4月19日，国务院科教组在《关于内地支援西藏大、中、专师资问题意见的报告》中，指出派出支援教师的重要任务之一是："宣传毛泽东思想、党的各项方针政策和贯彻执行毛主席关于教育工作的一系列指示，同西藏当地教师一起，搞好批林批孔和教育革命。"① 这些援藏教师在教学中同时也宣传了党的路线、方针、政策和马克思主义理论。其他一些进藏或援藏的科技人员、干部、工人等，也在一定程度上承担着向西藏传播马克思主义的任务。

---

① 中共中央文献研究室、中共西藏自治区委员会编：《西藏工作文献选编》（1949—2005年），中央文献出版社2005年版，第292页。

三、马克思主义传播的效果评价

这一时期，由于马克思主义在西藏的广泛传播，提高了西藏广大干部群众的政治觉悟和思想认识水平，进一步推动了西藏的建党工作。广大群众对马克思主义也有了朴素的感性认识。当时西藏的许多农牧民家中悬挂着毛泽东照片，城市机关、生产企业的各族工作人员，甚至普通的孩子也都在胸前别上了毛泽东像章，这在某种程度上反映了西藏各族人民对毛泽东、共产党的深厚感情，也反映了马克思主义普及西藏的千家万户。在当时，加入中国共产党成为衡量人们政治进步的标准，也成为当时西藏各族人民追求的政治理想。据统计，截至1974年7月1日，西藏自治区的党员比"文革"前的1965年增加了118%，其中少数民族党员占83.7%。80%的乡、社建立了党的基层组织。① 由此可知，这期间，西藏的新党员中绝大多数都是少数民族党员，这也反映了马克思主义在西藏各族人民心中已产生了广泛影响。

西藏和平解放以来，中央采取"慎重稳进"的工作方针，并没有在社会上大张旗鼓地公开宣传马克思主义，而是考虑到西藏实际，特别是考虑到西藏上层和宗教思想的影响，稳妥渐进地发展党组织。在民主改革时期，马克思主义的影响才逐渐深入到农牧区，建立了一些基层党组织，为马克思主义在西藏的广泛传播创造了条件。"文革"期间，受整个国家"左"倾思想的影响，西藏的马克思主义传播逐渐偏离了中央"慎重稳进"的方针，通过发动群众运动，使毛泽东思想与各种政治运动相结合，但在客观上也促进了马克思主义在西藏的广泛传播。在此过程中，西藏自治区党委和政府正常的工作机制被打乱，一些党员干部，包括党的高级干部和宗教人士，

---

① 中共西藏自治区委员会党史研究室：《中国共产党西藏历史大事记（1949—2004）》（第一卷），中共党史出版社2005年版，273-274页。

如张国华、十世班禅等都受到不合理的批判。以"清理阶级队伍""一打三反"等名义迫害汉藏干部、职工与农牧民，编造"死不改悔的走资派""达赖特务"等罪名，制造了大量的冤假错案。另外又推翻了民主改革时期不公开划分阶级的政策，补划"富农""富牧""资本家"等，人为地制造了阶级敌人。搞人民公社运动，不顾西藏实际，照搬内地经验，种植小麦等不适合西藏的农作物，损害了农牧民的利益。另外，捣毁寺庙、批斗僧尼、焚烧经书等活动也伤害了信教群众的宗教情感，使他们丧失了精神寄托。"广大藏民既失去了民改的胜利果实，又失去了传统宗教的安慰，许多人受到迫害，生活水平下降，在一些人心中产生了不满情绪。"① 不过，这一时期并未阻止马克思主义的传播。

第五节 改革开放新时期西藏的马克思主义大众化

改革开放30多年来，在中央政策的扶持下，在全国人民的大力援助下，经过西藏全体人民的努力奋斗，西藏经济社会得到了快速发展，人们生活水平有了较大的提高。为了实现西藏的跨越式发展，中央主持召开了六次西藏工作座谈会。这30多年来，西藏马克思主义的大众化发展也经历了一个曲折的发展过程。根据这一时期不同阶段的特点，以1987至1989年"拉萨骚乱"和2008年3·14暴乱为节点，可以分为1978—1989年、1989—2008年、2008年以来三个阶段。

一、1978—1989年，指导思想上的松懈

改革开放为西藏的发展提供了机遇，但是由于在"文革"期间西藏的

---

① 徐明旭：《雪山下的丑行：西藏暴乱的来龙去脉》，四川教育出版社2010年版，第143页。

社会主义改造工作做得并不扎实，特别是受"文革""左"倾错误思想的影响，损害了广大农牧民的利益，使潜在的民族、宗教问题开始显现。1976年，"文革"结束的时候，西藏的许多工作都陷入瘫痪，人们的思想比较混乱，特别是许多农牧民由于不理解"文革"产生的原因，对党的政策产生怀疑。1978年，党的十一届三中全会召开，随即在全国开展了关于真理标准问题的大讨论，思想领域空前活跃，出现了许多新气象。但是，对于改革开放的大变革，西藏显然缺乏思想准备。因此，对于真理标准问题的大讨论，自治区政府并没有具体部署，也没有普遍开展。许多干部包括自治区的领导干部思想上存在一些模糊的认识，并没有深入领会十一届三中全会的精神。直到1980年，第一次西藏工作座谈会召开后，干部们的思想才开始解放，工作中心逐渐转移到经济建设。

"文革"期间，西藏自治区党和政府机构都瘫痪了，政协也终止了工作。直到1977年12月，经选举产生了政协第三届西藏自治区委员会，日常事务才确定由西藏自治区党委统战部分管处理，主要是落实民族、宗教等政策。

在自治区党委的领导下，当时主要做了以下几项工作。

第一，落实对敌斗争政策。在西藏自治区党委统一部署下，对于"文革"期间所有因政治、宗教原因受到迫害的人都予以平反。在民主改革、社教运动和"文革"中被定性为阶级敌人的农奴主、富农、牧主、资本家等全被摘帽，甚至1959年参与叛乱而被判刑的敌对分子也被释放，以前被定性为反革命组织的案子也不予追究。

第二，落实统战政策，优待西藏上层。西藏和平解放以来，由于西藏上层的特殊地位和影响力，我们非常重视上层的统战工作，这样的策略也取得了明显成效。西藏上层主要是贵族或者是西藏旧政府的官员，其中大多数是爱国的，但是也有一些是敌对的。1959年的叛乱主要是上层的蛊惑、支持和参与。"文革"后，在落实统战政策的时候，不分对象，全部予以平反，把大批旧西藏的官员、贵族、喇嘛安排进各级人大、政府、政协、佛协。到1978年底，这些上层人士中，除老弱病残外，90%以上都安排了工作。1980年4月，西藏550名上层人士中有258名（占46.9%）被选为全国和西藏自治区各级人大代表、政协委员，有150人（占27%）被安排在西藏自治区政府、政协和企事业单位担任领导职务。在1980年前，对西藏2300多名上层人士补发了770余万元的赎买金。① 另外这些上层人士的子女也被送到中央民族学院、西藏民族学院学习，毕业后安排工作。

第三，进一步落实民族宗教政策。

1980年3月，中央在北京召开了第一次西藏工作座谈会，提出了西藏工作的中心任务和奋斗目标。中心任务就是发展经济，提高西藏人民生活水平。奋斗目标是调动一切积极因素，从西藏实际出发，建设边疆、巩固国防，有计划步骤地使西藏兴旺发达、繁荣富裕起来。

1984年2月，中央在北京召开了第二次西藏工作座谈会，会议强调了西藏工作的特殊性，并列出了西藏特殊性的四大表现：地处世界屋脊、长期政教合一的农奴制、单一藏族聚居区、全民信仰喇嘛教。会议要求西藏广大干部要解放思想，重点做好三方面工作。第一，千方百计把经济搞上去；第二，继承和发扬西藏的传统文化；第三，高度重视和切实做好统战工作、民族工作和宗教工作，特别要团结上层代表人物，发挥他们的积极作用。会议提出："我们应该充分相信，西藏藏汉等各族干部和人民是坚决拥护和坚持四项基本原则的。在党的马克思主义路线的指引下，在西藏

---

① 任荣：《原西藏党委书记任荣回忆"文革"后西藏如何拨乱反正》，2009年8月，西藏人权网（http://www.tibet328.cn/yw/200908/t390341.htm）。

实行符合实际情况的特殊政策，正是为了加快社会主义建设，坚持和巩固党的领导，发展安定团结的政治局面。所以，这样做不必担心是不是在搞社会主义，是不是会削弱党的领导，是不是会使宗教影响越来越大，是不是会再发生大的叛乱。如果在这些问题上顾虑多了，就很难真正解放思想，切实研究新情况，解决新问题，努力开创新局面。"

第二次西藏工作座谈会后，在指导思想上继续反"左"。1985年6月，中央对西藏自治区主要领导进行调整，由民族干部伍精华接替阴法唐任区党委书记。随即，自治区党委召开区党委扩大会议，集中批评"左"的思想，在会上列举"左"的表现，大谈"左"的危害，深挖"左"的原因。会议还提出要"进一步彻底否定'文化大革命'，进一步清除'左'的思想影响，进一步端正思想路线"（简称"三个进一步"）。为了达到纠"左"效果，自治区党委1985年12月提出以"三个进一步"为工作指导方针，重新开展全区性的清"左"、批"左"活动，时间长达1年零9个月。① 当时还组织大批工作组深入到全区农牧区及机关单位进行以否定"文化大革命"为由的运动。从1985年下半年开始的大规模的"清'左'"、"批'左'"运动，导致西藏在指导思想上的混乱，严重影响了西藏经济社会健康发展，在西藏马克思主义大众化的历史上留下了深刻的教训。

一方面，西藏自治区领导大力批"左"的错误思想并没有得到及时纠正。另一方面，又开始了进一步落实民族宗教政策，在促进西藏宗教事业迅速发展的同时，也出现了宗教狂热的势头。"文革"结束后，开始全面落实宗教信仰自由政策，中央拨出巨款修复寺庙，许多毁坏的寺庙得到重建。20世纪80年代中期，自治区政府在落实宗教政策的同时，放松了对

---

① 王小彬：《经略西藏——新中国西藏工作60年》，人民出版社2009年版，第248页。

宗教的依法管理，一些地方出现滥建寺庙，乱收僧尼，甚至个别地方出现人为纵容宗教狂热的现象。而我们的许多党政干部对此现象不敢管、不会管、不想管，甚至个别领导干部参与宗教活动，产生很坏影响，助长了宗教狂热的发展。在这样的情况下，达赖集团趁机加强了民族分裂活动，加紧向西藏的寺庙渗透。采取多种措施和手段蛊惑群众，与我们争夺接班人。当时西藏出现这样的情况："利用宗教搞破坏活动增多，宗教干预生产、行政和教育情况不断发生，有些党团员因为不信教受到孤立和打击，有些已摆脱宗教影响的党员思想回潮，有些党员参加念经、求神、朝佛、转经等，农牧区参与宗教活动的党员占 20%，有的地方高达 50%，极少数党员要求退党。"①西藏局势基本上被境内的民族分裂势力与境外的达赖集团所控制，他们相互勾结，从 1987 年到 1989 年，他们制造了 100 多起的骚乱事件，严重影响了西藏的社会稳定。

二、1989—2008 年，复杂的国内外背景下的艰难探索

这一时期长达 19 年，西藏的马克思主义大众化在复杂的国内外环境下取得了大发展。期间中央先后于 1994 年和 2001 年召开了第三、第四次西藏工作座谈会。西藏社会稳定，经济快速发展，这一时期被称为是"一个转折点，两个里程碑"的西藏经济发展的"黄金时期"。但是还是在 2008 年发生了 3·14 暴乱事件。所以认真总结这一时期西藏马克思主义大众化的经验教训，对于加强和改善党的领导，保持西藏的稳定，具有重要的意义。这一时期以两次座谈会为标志，又可以分为三个小阶段。

（一）1989—1994 年，总结经验教训

1987 至 1989 年西藏发生了上百起骚乱事件，根本原因是什么？自治

---

① 西藏自治区党史资料征集委员会编：《中共西藏党史大事记（1949—1994）》，西藏人民出版社 1995 年版，第 280 页。

区领导与中央领导的认识是不一样的。自治区领导认为当时骚乱的原因主要是由于达赖集团与国外反华势力相勾结,而中央主要负责人则认为,由于西藏干部中间存在的"左"倾思想阻碍了中央宗教政策的落实,给西藏群众精神上造成创伤,成为不稳定因素,诱发了骚乱。1988年,乔石到西藏考察,发表的讲话中指出:落实政策不能没有边,不能没完没了,永远落实下去……对寺庙落实政策的同时,要加强寺庙的管理,不能管理混乱,失去控制,在落实政策的同时,又使寺庙成为骚乱的据点。① 后来,西藏自治区政府虽然对寺庙进行了政治清理,但并没有扼制住宗教分裂势力的嚣张气焰。1989年3月5日至7日,西藏又发生了严重的骚乱事件。

1989年1月,胡锦涛被任命为西藏自治区党委书记后,就开始着手进行稳定西藏的工作。通过深入调查研究,逐渐明确了工作了方向,确定了"一个中心,两件大事,三个确保"的指导思想,使西藏的工作出现了历史性的转折。这一阶段主要做了以下几方面的工作。

1. 指导思想的逐步明确

1989年4月20日,在庆祝西藏民主改革30周年的大会上,胡锦涛在讲话中指出:"今后西藏的工作必须正确处理好改革、建设与稳定的局势的关系,这是做好西藏工作的一个十分重要的问题。西藏在任何时候都要坚定不移地以经济建设为中心……坚持一手抓经济建设,改革开放,一手抓稳定局势和反分裂斗争,这是今后一个时期西藏工作总的指导思想。"② 这个讲话表明西藏的指导思想开始转变。1990年7月11日,西藏自治区

---

① 西藏自治区党史资料征集委员会编:《中共西藏党史大事记(1949—1994)》,西藏人民出版社1995年版,第338页。

② 中共西藏自治区委员会党史研究室:《中国共产党西藏历史大事记(1949—2004)》(第一卷),中共党史出版社2005年版,第536页。

第四次党代会召开，胡锦涛在会上提出了具有深远影响的西藏工作指导思想，"在党的领导下，团结全区各族人民，凝聚各方面力量，以经济建设为中心，紧紧抓住稳定局势和发展经济两件大事，确保全区社会的长治久安，确保经济持续、稳定、协调发展，确保人民生活水平有明显提高"。①1990年7月24日，在拉萨千人干部大会上，江泽民在讲话中明确肯定了西藏自治区党委提出的"一个中心，两件大事，三个确保"的指导思想。并强调西藏以后要抓好五个方面的工作：第一，继续稳定局势；第二，加快经济发展；第三，积极培养民族干部；第四，继续全面正确地贯彻党的民族、宗教、统战政策；第五，坚持党的领导，加强党的建设。②这表明中央对西藏的指导思想也进一步明确。在后来召开的第三、第四次西藏工作座谈会上，"一个中心，两件大事，三个确保"都被确定为西藏工作的指导思想。

2. 开展"双清"工作

"双清"即清理、清查1987年以来骚乱事件中的犯罪分子。1989年7月27日，自治区党委、政府联合发出《关于彻底清查、坚决打击分裂主义分子和其他严重犯罪分子的工作方案》，指出："对骚乱事件策划者、组织者的阴谋活动，已经发现的线索要逐一查清；对骚乱事件中的重大打、砸、抢、烧、杀案件，要逐件查清；对潜逃外地的犯罪分子要缉拿归案……把隐藏的分裂主义分子坚决挖出来；进行寺庙整顿，加强寺庙管理；认真清理内部，纯洁干部、职工队伍。"③在全区开展的"双清"活动对分裂

---

① 中共西藏自治区委员会党史研究室：《中国共产党西藏历史大事记（1949—2004）》（第一卷），中共党史出版社2005年版，第571—572页。

② 中共西藏自治区委员会党史研究室：《中国共产党西藏历史大事记（1949—2004）》（第一卷），中共党史出版社2005年版，第575-577页。

③ 中共西藏自治区委员会党史研究室：《中国共产党西藏历史大事记（1949—2004）》（第一卷），中共党史出版社2005年版，第542页。

主义分子起到强大的震慑作用，有效地打击了分裂主义势力。这一工作持续不断，到1994年的时候，自治区纪检、检察机关发布文件，要求各单位要认真开展内部清理工作，进一步纯洁党员干部队伍。

3. 民族、宗教、统战工作

自治区党委认为西藏的各项工作必须充分依靠广大人民群众，并充分重视发挥上层爱国人士的作用。在落实政策方面宜粗不宜细，严格按照政策执行。主要解决那些明显处理错了的案件，不是全面复查，不允许否定1959年平叛斗争和民主改革，不允许搞一风吹。1989年9月21日，自治区党委和政府联合发出《关于加强寺庙管理、进行寺庙整顿的意见》，要求按照相关法律法规加强对寺庙的管理并进行必要整顿。要通过宣传教育，提高僧尼的政治觉悟。对凡有僧尼参与骚乱的寺庙，要严肃整顿，认真清理寺庙僧尼队伍。通过这些措施，民族、宗教工作逐步走向正常。1990年11月27日，全区统战工作会议在拉萨召开，会议提出，要在爱国主义旗帜下，实现最广泛的团结，爱国与否是最大的政治分野。服从、服务于党的中心工作是统一战线唯一正确的方向。要在统一战线内部，进行以维护祖国统一，反对分裂倒退为主要内容的爱国主义教育，进行社会主义教育、民族团结教育和法制教育。

4. 党建宣传思想工作

这一时期，汲取了以前忽视马克思主义理论宣传教育的教训，非常注重党建工作和政治思想的宣传教育工作。

1989年4月6日，在拉萨召开了全区党建工作会议。会议强调要一手抓稳定局势，一手抓经济建设。要加强党的自身建设，发挥政治优势。同年的12月25日，又召开了全区党建宣传思想工作会议。在会上，胡锦涛强调了党建宣传思想工作的重要性，各级党组织必须高度重视。并对此后的党建宣传思想工作进行了部署。1990年7月，全区召开了学校党建工作专门会议，在《会议纪要》中指出，学校教育要把坚定正确的政治方向放在第一位。"要结合我国的国情和西藏的区情，加强爱国主义和社会主义教育，使受教育者从小就懂得，西藏是祖国神圣领土不可分割的一部分，没有中国共产党就没有社会主义新西藏，从而增强维护祖国统一和民族团结，反对分裂的自觉性，真正的把各级各类学校办成培养社会主义建设者和接班人的坚强阵地。"①

1992年，针对基层党组织弱化的状况，开展了农牧区社会主义思想教育工作和基层组织配套建设。在区直单位抽调骨干，组成社教工作队，深入农牧区开展爱国主义教育、集体主义教育和社会主义前途理想教育。社教工作从1992年1月开始，到1992年12月结束，进行了一年时间。西藏社教共分两批在7个地市的73个县、882个乡和29个城镇展开。自治区、地、县三级共抽调机关干部8314人次，另有6392名乡干部也参加了社教工作。社教期间，在农牧民群众中发展预备党员15,627名，发展团员30,856名，培养党员积极分子17,000多名。新建基层党委103个，增设村党支部1166个，充实基层干部3528人。②一年的社教工作密切了干群关系，加强了基层党组织建设，促进了农牧区经济的发展，取得了明显的效果。在1992年一年里，全区共发展12,060名新党员，其中农牧民新党员10,183名。至1993年6月，全区党员总数已经超过8万人。③

---

① 中共西藏自治区委员会党史研究室：《中国共产党西藏历史大事记（1949—2004）》（第一卷），中共党史出版社2005年版，第578页。
② 中共西藏自治区委员会党史研究室：《中国共产党西藏历史大事记（1949—2004）》（第一卷），中共党史出版社2005年版，第640页。
③ 中共西藏自治区委员会党史研究室：《中国共产党西藏历史大事记（1949—2004）》（第一卷），中共党史出版社2005年版，第652页。

虽然这一时期的各项工作都取得了很大的进展，但是仍然存在一些问题。这些问题主要有：统一党内思想，解决党员干部的立场问题。有一些党员干部宗教观、民族观不端正，信仰并参加宗教活动，与达赖集团划不清界限，极少数干部暗中投靠达赖集团。有一些基层党组织和政府正气不能伸张，屈从于追随达赖的寺庙。个别县级党委不敢与不法寺庙作斗争。各级各类学校及文化部门，思想政治领导不强，没有抓牢争夺接班人的主动权。广大群众受达赖集团迷惑，易于受打着民族、宗教旗号的民族分裂分子所煽动、利用。①

为了解决这些问题，1993年9月，自治区党委和政府要求召开第三次西藏工作座谈会。经过充分的准备，1994年7月20日，在北京召开了第三次西藏工作座谈会。会议明确了"一个中心，两件大事，三个确保"的指导思想。另外还解决了西藏工作中经济和政治两方面的问题。在经济方面主要落实了加快发展西藏的对口支援建设项目和措施。在政治方面，主要分析了当时国际、国内反分裂斗争的形势，指出达赖集团打着民族宗教的旗号正在与我们争夺群众、争夺青少年、争夺人心。这些正确的方针政策对于以后一段时期西藏的持续稳定和发展发挥了重要的指导作用。

（二）1994—2001年，平稳发展

第三次西藏工作座谈会明确了指导思想和工作重点，推动了全区工作在稳定基础上的平稳发展。这一时期，党建、思想宣传、民族、宗教、统战工作都有条不紊地进行。

1. 思想宣传工作

首先高度重视学校的德育工作。1994年11月，自治区教委发出了《关

---

① 陈奎元：《西藏的脚步》，中共中央党校出版社1999年版，第123页。

于进一步加强和改进学校德育工作的意见》，要求对学生进行坚持党的领导和走社会主义道路教育，宣传西藏40年来经济社会发展的伟大成就。后来，自治区的高校德育课增加了一门"马克思主义祖国观、民族观、宗教观、文化观教育"课程。1994年12月，自治区党委发出《关于加强和改进宣传思想工作的决定》，提出要旗帜鲜明地开展反分裂斗争，宣传西藏经济社会发展的伟大成就，揭露达赖集团的政治面目。

1995年1月，自治区党委发出《关于开展学习孔繁森同志先进事迹活动的决定》，这一学习行动开始在全区范围开展。1995年4月，孔繁森事迹报告会在北京举行，中组部、中宣部发出《关于开展向孔繁森同志学习活动的通知》，在全国范围开展了学习孔繁森的活动。在学习孔繁森活动的过程中，西藏涌现出了许多英雄模范人物。自治区新闻媒体宣传了陈金水、轮祖、倪惠康、单杰、曾玉等同志的先进事迹，进一步发扬了"老西藏精神"，在全区产生了积极的正面的影响。

1999年4月1日，自治区党委传达了全国"三讲"教育工作会议精神，布置了西藏的"三讲"教育工作。全区的"三讲"教育在县级共进行了两批，持续了两年。2001年2月13日，自治区党委召开了"三讲"教育总结会议，活动取得了明显的成效。使广大党员干部增强了维护祖国统一的政治意识，提高了讲学习、讲政治、讲正气的自觉性和坚定性，深化了对民族宗教问题的认识，受到了深刻的马克思主义民族观、宗教观、文化观教育，提高了党性，增强了群众观念和公仆意识。

2.民族、宗教、统战工作

这一时期的民族、宗教和统战工作，主要表现在与达赖集团的政治斗争方面。

1995年5月14日，达赖在印度指定了十世班禅的转世灵童。达赖的做法，既不符合历史定制、宗教仪轨，也不符合我们国家的宗教政策。围绕班禅转世灵童问题，中央政府、西藏地自治区政府与达赖集团之间进行了激烈的斗争。国务院宗教局、自治区党委和政府、自治区宗教界人士纷纷谴责达赖的错误行径，揭露了达赖利用转世灵童问题分裂祖国的本质。1995年11月29日，十世班禅转世灵童金瓶掣签仪式在大昭寺举行，12月8日，第十一世班禅额尔德尼坐床典礼在扎什伦布寺举行。在自治区党委和政府的高度重视下，十世班禅的转世灵童认定工作得以顺利完成，挫败了达赖集团利用宗教问题分裂祖国的阴谋。

加强对宗教事务的管理。1995年9月28日，自治区政府发出《关于开展宗教活动场所登记工作的实施意见》，要求全区各地（市）、县都要成立由宗教、宣传、统战、政法、公安、民政等部门负责人组成的领导小组，具体负责登记工作。1996年5月，自治区党委部署寺庙进行爱国主义教育工作。随后，自治区政府派出藏族干部为主的工作组进驻各寺庙进行爱国主义教育，宣传党的宗教政策，反对利用宗教狂热来分裂国家、进行非法活动和恐怖活动，保护群众正常的宗教活动。另外对寺庙的管理进行整顿，年龄不足16岁的僧尼被遣送回家。通过寺庙爱国主义教育，加强了寺庙的管理，杜绝了僧尼的示威和破坏活动。

3. 党建工作

加强基层党组织建设。从1994年7月开始，区党委决定用三年时间把449个村级党支部建设好。1995年初，由自治区党委、政府领导带队，成立工作组深入农牧区，加强基层党组织建设。到1997年1月，全区共派出干部12,444人深入落后乡村，整顿乡镇党组织251个，村级配套组织2530个，参加学习活动的党员达52,000人。全区基层党组织的战斗力、凝聚力与影响力明显增强。① 自治区党委对基层党组织建设长抓不懈，1998年8月6日，自治区党委提出按照乡镇级党组织"六个好"、村级党组织"五个好"的目标，计划再用三年的时间进一步加强和改善党对农村工作的领导，密切党同群众的联系，增强基层党组织的凝聚力。

（三）2001—2008年，发展中的曲折

2001年6月25日，中央召开了第四次西藏工作座谈会。这次会议总结了第三次座谈会以来西藏工作的基本经验，分析了西藏社会发展面临的突出问题和反分裂斗争的新动向，提出新世纪初西藏工作的指导思想和主要任务。江泽民在讲话中把第三次座谈会以来的经验归结为六个方面：第一，坚持以经济建设为中心，紧紧抓住发展经济和稳定局势两件大事；第二，坚持深化改革，把全区各族干部群众的智慧和力量凝聚到经济建设的中心任务上来；第三，坚持全面贯彻党的民族政策和宗教政策，不断壮大统一战线；第四，全党高度重视西藏工作，大力支持西藏工作；第五，深入开展反对达赖集团分裂活动和国际反华势力渗透破坏活动的斗争，维护了西藏稳定和祖国统一；第六，不断加强党的建设、领导班子和干部队伍建设。② 这六条经验来之不易，成为西藏工作的宝贵财富。

1. 思想宣传工作

这一阶段的思想宣传工作主要是"三个代表"重要思想的学习教育。2003年7月18日，自治区党委发出学习贯彻"三个代表"重要思想的通知，要求紧密联系西藏实际，在认真贯彻"三个代表"重要思想的根本要求、

---

① 中共西藏自治区委员会党史研究室：《中国共产党西藏历史大事记（1949—2004）》（第一卷），中共党史出版社2005年版，766页。

② 中共西藏自治区委员会党史研究室：《中国共产党西藏历史大事记（1949—2004）》（第一卷），中共党史出版社2005年版，第931页。

加快推进西藏"一加强，两促进"历史任务上取得新成效。2004年1月10日，全区县级领导班子思想政治建设座谈会召开，区党委常务副书记徐明阳在讲话中提出，要以"三个代表"重要思想武装头脑，切实提高领导班子的理论素养。要牢固树立发展是解决西藏所有问题基础的思想，牢固树立稳定压倒一切的思想，牢固树立自觉贯彻民主集中制的思想，牢固树立立党为公，执政为民的理念。[①]通过理论宣传，提高了广大党员干部的党性修养和思想觉悟。

2. 宗教事务管理工作

2002年6月12日，全区首期寺庙民管会主任培训班开业，共102人参加培训。其目的是明确寺庙民管会主任的责任感、使命感，掌握马克思主义宗教理论与政策，学以致用，促进寺庙管理工作。同年9月4日，在全区宗教工作会议上，区党委书记郭金龙在讲话中提出："要全面正确地贯彻执行党的宗教信仰自由政策，依法加强对宗教事务的管理，积极引导宗教与社会主义相适应，必须做到'划清两个界限，尽到一个责任'（即划清正常宗教活动和利用宗教从事分裂活动的界限，划清群众有宗教信仰的自由和党员不得信仰宗教的界限，各级党政组织和广大党员、干部要尽到引导群众崇尚科学文明、追求社会进步的责任）。"[②]这个讲话统一了思想，明确了全区宗教工作的主要任务。同时，寺庙爱国主义教育工作继续推进。

3. 党建工作

2001年9月10日，自治区第六次党代会上，确定了西藏加强和改进

[①] 中共西藏自治区委员会党史研究室：《中国共产党西藏历史大事记（1949—2004）》（第一卷），中共党史出版社2005年版，第1043页。

[②] 中共西藏自治区委员会党史研究室：《中国共产党西藏历史大事记（1949—2004）》（第一卷），中共党史出版社2005年版，第997页。

党的建设的总体要求，会议提出，要以"三个代表"重要思想为指导，始终代表最广大人民的利益，坚决反对分裂，维护祖国统一，带领群众坚定不移地走中国特色社会主义道路。2004年12月，在全区党员干部大会上，分析了反分裂斗争的严峻形势，要求各级领导干部要把讲政治作为首要要求，进一步增强坚持走中国特色社会主义道路的自觉性和坚定性，在思想上、政治上、行动上自觉与党中央保持高度一致。

这一阶段，全区出现政通人和、百业俱兴、经济发展、社会进步、局势稳定、民族团结、边防巩固、人民安居乐业的大好局面。为此，西藏各族人民由衷地将第四次西藏工作座谈会誉为"第二个里程碑"。① 但是就在这样的一种大好形势下，一场暴乱出人意料地发生了。

三、2008年以来，西藏特点的马克思主义大众化道路的新起点

2008年的"3·14"暴乱的发生出人意料，而且其破坏性也出人意料。虽然"3·14"暴乱仅仅半天一夜，却烧死砍死15名汉族平民，2名藏族平民，打伤烧伤382名汉藏平民，杀死警察1名，打伤警察241名，直接经济损失24,468.789万元。②

对于这场暴乱发生的原因，人们的认识还不一致。概括来讲，主要有以下几个方面。

第一，寺庙管理缺乏经验。2008年"3·14"事件和20世纪80年代末的骚乱的一个共同点就是动乱的发起者仍然是寺庙的僧人，主要是僧人打着宗教和保护藏族文化的旗号蛊惑藏族青年，甚至吸收了一些不明真相的大学生和中学生参与。如前所述，自20世纪80年代末的拉萨骚乱发生

---

① 贺新元：《西藏和平解放60年经济社会发展的历史回顾与评析》，《西藏大学学报》2011年第2期。

② 徐明旭：《雪山下的丑行：西藏暴乱的来龙去脉》，四川教育出版社2010年版，第229页。

后，自治区政府加强了对寺庙的管理，甚至通过了《关于加强寺庙管理、进行寺庙整顿的意见》这样类似的文件，也在寺庙进行了爱国主义教育活动，但是由于寺庙的地位和重要影响，许多党员干部对寺庙不愿管、不敢管、不会管。因寺庙管理缺乏经验，有些工作方法不恰当，反而适得其反，引起了某些僧尼的对抗和反感，以至于这些活动并没有产生实效。后来的结果表明，我们并没有全面正确地贯彻党的民族宗教政策，并没有真正把绝大多数僧尼的思想统一到爱国主义的旗帜下。

第二，学校特别是高校的思想政治教育没有收到实效。参与"3·14"暴乱的绝大多数是青年，还有一些是大学生，他们多数都受过思想政治课的教育，但是他们不仅不具备基本的思想政治素质，甚至缺乏明辨是非的能力，很容易就被达赖分裂势力所蛊惑和利用。这充分暴露了学校思想政治课的缺陷。

第三，忽视了基层党组织建设。"3·14"暴乱规模大、范围广、破坏性强。事件发生后，四川、青海、甘肃藏区也进行了响应，发生了类似的打砸抢烧活动。这些活动是有预谋、准备和组织的，在这一过程中基层党组织不可能没有察觉。但是，为什么这些基层党组织和群众都没有举报这些反动的活动？他们的政治觉悟都到哪里去了？这是一个非常值得反思的问题。这说明我们的基层党组织比较涣散。如前所述，20世纪80年代末的骚乱发生后，高度重视基层党组织建设。1992年、1993年进行了两年的社会主义教育活动。1994—1996年、1998—2001年先后进行了两轮的加强基层党组织建设的活动。2001年以后，这样的活动没有再持续下去。基层党组织软弱涣散是有原因的，教训也是深刻的。

第四，民生建设没有跟上。从1989年到2008年，这19年时间是西藏经济发展最好的时期，人民的生活水平有了很大的提高。但是，广大农牧区的群众还是十分贫困的，特别是贫富分化加剧的现象西藏比内地更为严重。近年来，虽然西藏农牧区与城镇居民收入的绝对值都有明显提高，但收入差距也在不断扩大。目前世界多数国家城镇居民收入为农村居民收入的1.5倍。我国从1991年开始城乡收入差距超过2倍。西藏城乡居民收入差距在2002年的时候超过5倍，2006年虽然有所下降，但也超过4倍。[①]西藏城乡收入差距的扩大使社会底层群众产生了挫败感和不公平感，严重影响了社会稳定。在"3·14"暴乱中，人们不会忘记以纯服装店的5位年轻的女店员（4位汉族，1位藏族）被烧死的事例。最后调查结果表明，烧死这5位女店员的不是达赖派来的藏独分子，而是3个进城打工的乡下藏族女性。她们烧店并不是因为民族仇恨，而是忌恨服装店主有那么多的漂亮衣服，而她们自己却买不起。"仇富"心理成为影响社会稳定的重要因素，一旦遇到突发性的事件，就可能成为引发社会动荡的火药筒。这也警示我们，任何时候都要把人民的利益放在心上，坚持全心全意为人民服务的宗旨，丧失了群众基础，就有可能断送社会主义事业！坚持社会主义的本质，实现共同富裕，切实改善民生，才能得到广大人民群众的真心拥护，社会才能和谐发展。

此外，这次暴乱也暴露了我们在流动人口管理、互联网安全管理、应对突发性危机方面还存在问题。

"3·14"暴乱后，自治区党委和政府采取了行之有效的应对措施，很快稳住了形势。同时，也对暴乱的原因进行反思，总结了经验教训。2010年的第五次西藏工作座谈会召开，明确了西藏工作的指导思想、发展目标和主要任务，突出强调解决民生问题，确保西藏全面建成小康社会，

---

① 王娟丽：《西藏城乡居民收入差距问题研究》，《西藏民族学院学报》2009年第1期。

对于实现西藏的长治久安将发挥重要作用。

概括来讲,这一时期西藏马克思主义大众化的活动主要体现在以下几个方面。

(一)深刻揭露了达赖集团分裂祖国的反动本质

"3·14"事件后,自治区党委开展了揭批达赖集团反动罪行的宣传活动,西藏报刊、电视等各大媒体都发表一些文章和报道,深入全面地揭露了达赖集团策划暴乱、分裂祖国的罪恶行径,使广大群众了解了事件的真相,澄清了一些群众的模糊认识,认清了达赖分裂祖国的本质。

(二)积极探索马克思主义大众化的新途径

党的十七届四中全会通过的《中共中央关于加强和改进新形势下党的建设若干重大问题的决定》强调,要建设马克思主义学习型政党,提高全党思想政治水平,必须大力推进马克思主义中国化、时代化、大众化。自治区党委响应中央的号召,结合自治区的实际,积极探索马克思主义大众化的新途径。

1. 强基惠民活动

2011年10月西藏自治区党委决定在全区开展"创先争优、强基础、惠民生"活动。选派20,000余名干部进驻全区5000多个行政村,每个工作队不少于4名成员,各级工作队队长由一定行政级别的人员担任,如区(中)直机关的工作队队长由厅(或处)级干部担任。活动暂定持续三年,驻村工作队2011年10月中旬前全部进村开始工作。队员一年一轮换,与各族群众同吃、同住、同学习、同劳动。驻村工作队承担建强基层组织、维护社会稳定、寻找致富门路、进行感恩教育、办实事解难事五项任务,力图形成推动科学发展、促进民族团结、维护社会稳定、保障改善民生的强大合力。

2013年11月24日，在全区第二批驻村工作总结表彰暨第三批驻村工作动员大会上的讲话中，西藏自治区党委书记陈全国对"强基惠民"活动的意义进行了明确的阐述。他在讲话中说："组织开展干部驻村工作意义更为重大，是我们认真贯彻落实党的十八届三中全会关于推进国家治理体系和治理能力现代化的具体探索，是贯彻落实习近平总书记'治国必治边、治边先稳藏'重要战略思想的重要举措，是贯彻落实俞正声主席'依法治藏、长期建藏'指示要求的重要举措，是改革创新的重要举措，是践行群众路线的重要举措，是夯实基础、争取人心的重要举措。"他认为"第二批驻村工作成效显著、功不可没，应当充分肯定、总结表彰"。这些成就主要表现在以下六个方面。

（一）广泛深入宣传党的十八大精神，激发了各族群众建设社会主义新农村的高昂热情

（二）千方百计拓宽致富门路，保持了农村经济快速发展的良好态势。

（三）全力以赴做好维稳工作，为全区社会大局持续和谐稳定做出了重要贡献。

（四）尽职尽责排民忧解民难，把党和政府的温暖送到了群众心坎上。

（五）持之以恒抓基层强基础，增强了村级组织的创造力、凝聚力、战斗力。

（六）扎扎实实转作风接地气，在生动火热的社会实践中培养锻炼了干部，涌现出一批为民爱民、无私奉献的先进典型。①

截至2014年7月，这项活动已经持续了3年，取得了良好的社会效果，

---

① 石磊、肖涛：《西藏召开第二批驻村工作总结表彰暨第三批驻村工作动员大会》，2013年10月，中国共产党新闻网（http://dangjian.people.com.cn/n/2013/1125/c117092-23647475.html）。

自治区党委决定,强基惠民活动再持续两年,预计到2016年结束。表明中央、自治区党委和政府对此活动是充分肯定的。强基惠民活动为西藏的马克思主义大众化带来了良好的发展机遇,应该依托强基惠民活动,不断总结经验,积极探索西藏马克思主义大众化的新途径。①

2.群众路线教育实践活动

从2013年6月至今,西藏自治区分两批深入开展了党的群众路线教育实践活动,取得了明显成效。自治区党委大力宣传"老西藏精神""孔繁森精神""焦裕禄精神",突出强调坚定正确的政治立场,引导干部不断增强政治意识、大局意识,始终同党中央保持高度一致。这次活动坚持领导带头、以上率下,各级领导干部听意见、摆问题、管自身、抓督查,带动广大党员干部躬身实践。全面贯彻党的群众路线,密切同群众的血肉联系,进一步找准公仆定位,坚持把群众满意作为一切工作的价值取向和根本标准,切实做到心中装着群众、感情贴近群众,不断提高为群众服务的本领。在继续抓好整改落实的同时,把深入群众摸实情听真话、对标定位查摆问题、上下联动解决问题、专项整治攻坚克难等有效做法坚持下去,推动西藏干部队伍作风建设不断呈现出新气象。突出学习教育,理想信念有新升华;突出广征意见,公仆意识有新增强;突出开展批评,党内生活有新气象;突出立行立改,工作作风有新转变;突出服务群众,干群关系有新加强;突出建章立制,制度机制有新完善;突出统筹兼顾,发展稳定有新局面。通过深入开展教育实践活动,积累了新形势下践行群众路线、加强作风建设的宝贵经验:必须坚持严字当头、树高标杆,坚持领导带头、以上率下,坚持强化学习、触及思想,坚持突出重点、聚焦"四风",坚

---

① 曹水群:《依托"强基惠民"活动推进西藏马克思主义大众化》,《西藏大学学报》2012年第2期。

持联系实际、有的放矢,坚持边整边改、注重实效,坚持上下联动、形成合力,坚持开门教育、接受监督。①

3. 社会主义核心价值观宣传教育

在十八大召开之前,西藏自治区党委八届二次全会上提出了"爱国、团结、和谐、发展、文明"的西藏核心价值观。这一核心价值观结合了西藏实际,也得到了西藏各族群众的普遍认同。此后,西藏各地各部门开展了一系列主题鲜明、形式多样的学习、宣传和践行西藏核心价值观的活动。西藏自治区党委宣传部对宣传教育工作做出具体部署,组织社科理论工作者发表理论文章;组织宣讲团深入各地各单位和驻地部队进行宣讲;各类媒体开辟专栏专题,刊发系列评论员文章,开办访谈节目,全面报道核心价值观宣传教育工作开展情况。各党政机关、企事业单位、学校、农牧区、社区以及各城镇主要街道利用广告牌、LED电子显示屏、横幅、宣传栏等形式,制作、播放和悬挂核心价值观宣传片和标语口号,为宣传教育活动营造了浓厚氛围。

十八大召开以后,西藏自治区党委结合西藏实际,把培育和践行社会主义核心价值观与西藏核心价值观、创先争优强基础惠民生活动、民族团结进步创建活动、在寺庙开展法制宣传教育活动、弘扬"老西藏精神"等结合起来,不断丰富活动内涵和载体,增强活动的吸引力和影响力,吸引社会各界广泛参与。

2014年4月19日,西藏自治区党委召开了常委会,专门审议通过了《组织推动全区培育和践行社会主义核心价值观工作方案》,对全区社会主义核心价值观宣传教育进行了部署。会议指出,社会主义核心价值观是社会主义核心价值体系的根本性质和基本特征,是中国特色社会主义理论与中华民族

---

① 石磊、肖涛:《西藏自治区党的群众路线教育实践活动总结大会召开》,2014年10月,中国西藏新闻网(http://xz.ce.cn/sy/gd/201410/13/t20141013_1858403.shtml)。

灿烂文化的有机结合，是我们党凝聚全党全社会价值共识做出的重要论断，是激励全党全军全国各族人民为实现中华民族伟大复兴的中国梦而努力奋斗的精神支柱。我们要加强宣传教育、示范引领、实践推动，使社会主义核心价值观融入全区各族干部群众的生产生活和精神世界，激励全区各族人民为全面建成小康社会、实现中华民族伟大复兴而不懈奋斗。①自治区党委强调要把社会主义核心价值观作为思想教育的重要内容，建立健全长效工作机制，深入扎实推动核心价值观宣传教育进机关、进学校、进企业、进农牧区、进社区、进军警营、进寺庙，用核心价值观引领社会思潮，凝聚社会共识，为推动西藏跨越式发展和长治久安提供坚强的思想保证和强大的精神动力。

（三）探索寺庙管理的长效机制

"3·14"暴乱事件后，自治区政府加强了对寺庙的法制宣传教育。同时，进一步总结经验教训，探索寺庙管理的长效机制。根据中央统战部的安排，由中央统战部、国家宗教局和藏研中心专家学者组成了"构建藏传佛教寺庙管理长效机制"专题调研组，经过深入调研后，形成了调研报告。

报告分析了寺庙僧尼存在的主要问题有：部分僧尼思想混乱，缺乏爱国意识、公民意识和法律意识；民管会职能不健全，难于发挥作用；游僧管理薄弱；对出境学经回流人员缺乏有效控制手段。构建寺庙管理长效机制，要处理好政府主导的社会管理与寺庙民主管理的关系，完善寺庙的领导体制、工作机制，解决突出问题，把藏传佛教引向道德型、文化型、服务型的宗教，逐步引导藏传佛教与社会主义相适应。②寺庙管理是一项复杂的工作，不仅需要政府的社会管理，还需要寺庙自身的改革与民主管理。

---

① 石磊、肖涛：《西藏通过培育和践行社会主义核心价值观工作方案》，2014年4月，中国西藏之声网（http://www.vtibet.com/xw_702/sz_704/201404/t20140421_191373.html）。

② 朱晓明：《西藏前沿问题研究》，中国藏学出版社2014年版，第395–408页。

在明确管理主体、创新管理理念、优化管理环境方面还有许多工作要做。至于如何管理好寺庙，还需要进一步研究和探索。

（四）创新大学生的思想政治教育

自治区党委和政府高度重视大学生的思想政治教育工作。目前，自治区教育厅每年拨付西藏高校生均 50 元（教育部要求是生均 20 元）的思政专项经费，专门用于大学生的思想政治教育。除了教育部要求必修的四门公共政治课之外，西藏高校另外还多开了一门"马克思主义祖国观、民族观、宗教观、文化观教育概论"课程，加强了爱国主义和民族团结教育。另外，各高校创建了许多爱国主义教育实践基地，开展了丰富的校园文化活动，不断创新教育理念，改革教育方法，提高思想政治教育的针对性和实效性。

（五）做好舆论宣传的引导工作

由于达赖分裂集团与西方反华势力相互勾结，达赖又善于进行"两面派"的表演，欺骗了西方的媒体，获得了西方媒体的支持，使我们在对外宣传方面处于十分被动的地位。近年来，在中央和自治区党委、政府的领导下，西藏外宣战线紧紧围绕国家外宣大局和自治区发展稳定大局，加大"请进来"的工作力度，积极开展对外文化交流与文化外交工作，加强网上对外宣传西藏的力度，积极向国际社会介绍一个客观、真实、发展变化的新西藏。注重网络安全和网络舆情的引导工作，充分利用多种媒体，弘扬爱国兴藏的主旋律，传播中华民族伟大复兴的正能量。

本章小结

通过本章的叙述可以了解到，西藏的马克思主义大众化虽然有开始较晚、开展困难的先天不利因素，但是经过 60 多年的发展，特别是由于第一批进藏解放军官兵模范践行中国共产党的方针和政策，还是为后来西藏的马克思主义大众化奠定了比较好的群众基础。只不过由于种种原因，特别是由于达赖集团不断策划分裂活动和国际反华势力的破坏，我们没有能够采取更有针对性的非常有效的措施来应对，也没有能够把那些好的做法一贯地坚持下来，其中出现了一些挫折、失误。总的来讲，西藏的马克思主义大众化是在曲折中前进的，认真总结其中的经验和教训，对于以后推进西藏的马克思主义大众化具有重大的启发意义。

第三章　西藏马克思主义大众化的特点、历史经验与教训

西藏的新民主主义革命是在全国新民主主义革命胜利后才开始的。从1950年西藏和平解放到1965年西藏自治区的成立，西藏才彻底完成了反对帝国主义和封建农奴制的新民主主义革命任务，在西藏建立了社会主义的政治制度。西藏的社会主义革命是在全国进行"文化大革命"的背景下进行的，从1965年开始进行社会主义改造，到1976年基本完成了农牧业、手工业和城镇私营工商业的社会主义改造，前后持续了十多年才建立了社会主义的经济制度，西藏的社会主义制度才真正建立起来。改革开放以来，西藏的发展又面临着达赖集团与国外反华势力相互勾结的复杂的国际环境，使西藏的马克思主义大众化面临许多困难与问题。西藏由于其自身的特殊性，在新民主主义革命、社会主义革命和改革开放的社会主义建设中都表现出了与内地不同的特点，西藏的马克思主义大众化也走了一条特殊的发展道路，其中的经验与教训都值得总结。

第一节 西藏马克思主义大众化的特点

中央第二次西藏工作座谈会对西藏的特殊性有比较全面的认识,当时认为西藏的特殊性主要表现在四个方面:(1)是世界屋脊,高寒缺氧,地广人稀,地处祖国西南边陲,交通不便,基本上长期处于封闭状态。(2)过去长期处于封建农奴制社会。政教合一的僧侣、贵族统治达数百年之久。在跃进到社会主义以后,历史上遗留下的痕迹仍然很深。(3)基本上是单一民族——藏族聚居的地区。藏族人民勤劳、朴实、智慧、勇敢,在长期的历史发展中形成了独特的民族心理素质、民族情感和风俗习惯。(4)基本上全体藏民都信仰喇嘛教,宗教在群众中有长期的、深刻的影响。由于以上各点,它就成为一个斗争复杂、举世瞩目、非常敏感的地区。我们在那里的一举一动很容易在世界上引起反响。西藏的这种特殊性是长期的历史所形成的,忽视甚至否认这种特殊性,我们就要犯错误,就要脱离西藏群众,并且会为国外的敌对势力和国内的敌对分子所利用,从而损害国家和各族人民的利益。这四个方面的特殊性是在1984年总结的,结合西藏以后的发展来看,还应该有第五个方面的特殊性,就是达赖集团分裂势力与国外反华势力的相互勾结。这些方面的特殊性决定了西藏马克思主义大众化表现出以下几个特点。

一、传播时间晚,群众基础差

由于西藏相对封闭,在1950年西藏和平解放前,马克思主义在西藏基本上没有什么影响,是新中国成立前唯一一个没有建立中共党组织的地区。西藏和平解放后,成立了中国共产党西藏工作委员会,马克思主义才开始在西藏进行不公开的传播①。与全国其他地区相比，晚了30多年。另外，由于藏族群众基本上都信仰喇嘛教，政教合一的制度及消极的世界观、人生观，使藏族群众习惯于听天由命，认识水平低，政治觉悟比较低，这些都影响着藏族群众接受马克思主义。再加上西藏上层对解放军和共产党妖魔化的宣传，使西藏群众对马克思主义的认识和理解产生偏差。和平解放以来，西藏大力发展教育事业，群众的文化水平有所提高，但是与其他地区相比，西藏的教育还非常落后，广大群众的文化素质偏低。整体来看，西藏在接受马克思主义方面，群众基础仍然非常薄弱。

二、藏传佛教成为马克思主义大众化的难题

马克思曾说过："宗教是麻醉人们的精神鸦片。"虽然不同的人对这句话的理解并不一样，有些人认为马克思的这句话是对宗教本质的揭露，说明宗教起的是束缚人的思想、消磨人的斗志的消极作用。也有人认为，马克思这句话是对宗教功能的描述，是为了说明在苦难的社会，宗教对人的心灵起着精神安慰的作用。不论对这句话怎么解释，宗教与马克思主义的对立还是明显的。站在马克思主义哲学的立场上来看，宗教是一种唯心主义的世界观，而马克思主义哲学主要讲的是辩证唯物主义和历史唯物主义。在人生观方面，佛教宣扬人生来就是受苦的，人们要忍受苦难，积德行善，来生才能解脱，才能到极乐世界。宣扬逆来顺受，泯灭了人们的反抗意识和斗争精神。马克思主义强调人的主观能动性，强调人民群众是历史的主体，人应该能动地改造世界。特别是马克思的阶级斗争理论，宣传"全

---

① 西藏工委作为西藏党的组织机构，于1950年1月成立后，为了稳定西藏上层的情绪，并没有对社会公开，也没有在社会上公开发展党员。1955年4月11日经中央同意后，西藏工委作为党的组织机构才在社会上公开。1965年，西藏自治区成立后，中共西藏工委改为中共西藏自治区委员会。

世界无产者联合起来"! 对于无产阶级推翻资产阶级统治，建立无产阶级专政的政权起着指导作用和鼓励作用。由此来看，佛教与马克思主义在世界观与人生观方面都是对立的。

藏民族基本上都信仰藏传佛教，而且藏传佛教成为长期政教合一农奴制合法性的理论依据，佛教在群众中有长期的、深刻的影响，使广大藏族群众认为"三大领主"对他们的统治和压迫都是合理的，以至于泯灭了反抗意识。在1959年民主改革的时候，进行"三反""双减"，把农奴主的财产分给农奴，农奴却不敢接受，晚上又给农奴主送回去。可见，传统的宗教文化对藏族群众的影响有多么深。政教合一的农奴制虽然废除了，但是传统宗教文化对藏族群众的影响是根深蒂固的，直到今天，藏族群众的思维方式、行为习惯仍然受藏传佛教的深刻影响。在相当长的时期内，藏传佛教仍然是西藏马克思主义大众化的难题。如何积极引导藏传佛教与社会主义相适应，是当今西藏马克思主义大众化面临的迫切需要解决的问题。

三、民族分裂势力不断策划分裂活动

今天我们都很清楚，自古以来，西藏就是中国的领土。元朝时，中国政府就开始把西藏纳入其行政管辖范围。所谓的"西藏问题"是英美等帝国主义国家策划的，其目的是把西藏从中国分裂出去。

西藏和平解放后，就面临着维护祖国统一，防止西藏分裂的问题。为此，我们主要做西藏上层的统战工作，特别是处理好与第十四世达赖的关系，防止其与英印等国家联合搞西藏独立。虽然我们采取了许多退让的措施，比如不公开在社会上发展党员，把西藏民主改革的时间往后一推再推，但是，西藏上层贵族害怕民主改革，害怕失去其世袭的种种权利和利益，在1959年鼓动十四世达赖发动武装叛乱。叛乱失败后，达赖逃往印度，组建了流亡政府，走上与人民为敌，不断从事分裂破坏活动的道路。达赖虽在

国外，却从来没有放弃分裂祖国的活动，梦想恢复"失去的天堂"。1959年以来，达赖集团在国际上宣扬西藏独立，制造事端，并策划了许多针对藏区的骚乱、暴乱等活动，危害了人民生命财产安全，严重影响了藏区的稳定与祖国统一。与达赖集团的政治斗争，也成为影响西藏马克思主义大众化的重要因素。

四、国外反华势力的渗透与破坏

所谓的"西藏问题"，一开始就是和国外的帝国主义反华势力结合在一起的。西藏和平解放后，这些帝国主义国家敌视新生的中华人民共和国的社会主义政权，与西藏的分裂势力相互勾结，妄图把西藏从中国分裂出去。主要是由美国中央情报局和国会在幕后操纵。

西藏和平解放后，美国出于反对中华人民共和国的目的，由中情局与达赖的两个哥哥嘉乐顿珠和土登诺布频频接触，策划在西藏开展反共地下游击活动。美国中情局训练西藏游击队，最初的训练基地在台湾，后来移往太平洋中的塞班岛，最后又迁到美国科罗拉多。美国在科罗拉多的赫尔营就为西藏训练出300多名特务。1957年8月，美国空降两名西藏游击队员于藏南桑日县。1958年初，这两名特务潜入拉萨与恩珠仓·贡布扎西联系后，又向美国中情局汇报。1958年4月20日，西藏武装的首领与哲蚌、色拉、甘丹三大佛寺的代表秘密会谈，决定在山南地区建立反共游击基地。6月24日，以恩珠仓·贡布扎西为司令的"卫教军"成立。随后不久，"卫教军"就获得了美方空投的粮食和武器弹药的援助。1959年3月10日早上，这些阴谋武装叛乱组织在拉萨到处散布谣言，说解放军要逮捕达赖喇嘛及政府官员。受谣言蛊惑的数千名藏族群众聚集到罗布林卡，不让达赖喇嘛出席早已安排好的西藏军区文艺演出。叛乱分子鼓动游行队伍，高喊"西藏独立""赶走汉人"等口号。很快，叛乱分子占据了大昭寺。下午，叛乱分子在布达拉宫内举行"西藏独立会议"。3月17日早晨,达赖喇嘛化装出逃,离开罗布林卡。在美国中情局人员的协助下,达赖喇嘛逃往山南。此后,叛军大规模进攻解放军军营及中央驻藏机关,7000多名武装叛军猛攻在拉萨的解放军和党政机关。经过两天的战斗,解放军便控制了拉萨,挫败了西藏上层发动的武装叛乱。在达赖喇嘛逃亡途中,美国中情局沿途空投食物,并与附近中情局各站联络,协助达赖喇嘛逃往印度。拉萨暴乱失败后,中情局召集残余武装叛乱分子2100多名到尼泊尔境内的木斯塘建立游击基地。在那里,中情局供给叛乱分子武器和粮食,经过严格的训练,再将他们派回西藏,进行破坏活动和收集情报。

1959年5—6月,达赖喇嘛逃亡到印度后设立了"西藏流亡政府",达赖喇嘛仍是形式上的西藏政教合一的领袖。不过,世界没有一个国家承认"西藏流亡政府"。虽然这样,美国还是指使一些国家的代表于1959、1960、1961、1965年在联合国大会提出"西藏问题",并于1961年和1965年通过了关于"西藏问题"的反华提案。根据美国解密文件披露的信息,在20世纪60年代,中情局每年给达赖集团提供170万美元的活动经费,其中50万美元资助在尼泊尔的2100多名武装分子,18万美元作为达赖喇嘛个人的生活津贴。1968年后,因为科罗拉多训练基地已关闭,这项援助经费减为120万美元。1972年尼克松(Nixon)访华后,中美关系改善,美国便停止了这类经费的支出。在美苏争霸的过程中,美国为了争取中国,曾一度减少了对达赖集团的支持,使达赖集团发出了他们是"冷战孤儿"的悲叹。不过美国和西方反华势力始终把"西藏问题""台湾问题"作为遏制中国的战略工具,从来没有停止对达赖集团的支持。20世纪80年代中期后,达赖集团试图推进"西藏独立"国际化,积极寻求外国支持。同时在西藏境内策动暴乱,其目的在于引起国际视听,促进"西藏问题"国际化。他们以各种组织名义派员出访，拉拢西方媒体，鼓吹西藏是一个独立国家；同时以"民主、人权"为幌子攻击中国。① 从1987年到1989年，达赖集团连续几年在拉萨制造暴乱，与西方国家的支持有密切关系。苏联解体后，西方国家的许多领导人都接见过达赖。如1990年，法国外长接见达赖，1991年，英国查尔斯王子（HRH Prince Charles）接见达赖。其中，以美国总统接见达赖的次数最多。美国总统接见达赖始于1991年，截止到2014年，美国连续4任总统共会见达赖13次。这些事实说明国外反华势力从来就没有放弃过对中国的渗透与破坏，借助于达赖这张牌来扼制中国。国外反华势力与达赖分裂势力相互勾结，使西藏马克思主义大众化面临着十分不利的外部环境，成为影响西藏马克思主义大众化又一重要因素。

第二节　西藏马克思主义大众化的历史经验

西藏的马克思主义大众化走了一条具有自身特点的发展道路，在发展的过程中，既积累了宝贵的值得推广的经验，也留下了深刻的值得反思的教训。无论是经验还是教训，都成为我们今后开展马克思主义大众化工作的精神财富。西藏马克思主义大众化的经验主要表现在以下六个方面。

一、坚持党的思想路线，把马克思主义的普遍真理与西藏的具体实际相结合

矛盾普遍性与特殊性的辩证关系原理是马克思主义普遍真理同各国具体实际相结合的哲学基础，也是中国特色社会主义的哲学基础，也是坚持走"中国特色、西藏特点"发展路子的哲学基础。把马克思主义的普遍原

---

① 陈庆英：《西藏问题的由来》，2008年5月，中国网（http://www.china.com.cn/book/zhuanti/qkjc/txt/2008-05/27/content_15500170.htm）。

理同中国的具体实际相结合是马克思主义中国化的一个重要原则。一切从实际出发,理论联系实际,实事求是,在实践中检验真理和发展真理,是我们党的思想路线。在西藏马克思主义大众化的过程中,坚持了马克思主义中国化的重要原则,坚持了党的思想路线,从西藏的实际出发,把马克思主义的普遍真理与西藏的实际结合了起来。

在1950年,解放军进藏之前,中央就指示,"西藏问题(包括西康、川西北和云南境内的藏族问题)之许多政策,尤其是政教问题,必须多方面调查,提出具体意见,获得解决"。西南局、西南军区根据中央指示,成立了中共西藏工作委员会政策研究室,组织一大批熟悉西藏情况的专家,如李安宅、谢国安、祝维翰等担任顾问,搜集西藏的资料,分析研究西藏问题,对解放军进藏提出了具体的意见,对于和平解放西藏、"慎重稳进"政策的形成发挥了重要作用。后来,中央先后召开了五次西藏工作座谈会,从西藏的实际出发,深入研究西藏问题,制定了比较正确的政策和策略,有力地推进了西藏的工作。特别是第二次西藏工作座谈会概括了西藏四个方面的特殊性,第五次西藏工作座谈会重新讨论了西藏的主要矛盾和特殊矛盾,确定了"六个重要"(重要的国家安全屏障、重要的生态安全屏障、重要的战略资源储备基地、重要的高原特色农产品基地、重要的中华民族特色文化保护地、重要的世界旅游目的地)的目标定位。可以说,在西藏的发展过程中,中央一直坚持从西藏实际出发的思想路线。

在西藏进行民主改革的时候,全国已经完成了社会主义改造,建立了社会主义制度。但是西藏的民主改革和社会主义改造并不是照搬了内地的经验,而是从西藏实际出发,走了一条与内地不同的发展道路。"中国共产党在实践过程中不断完善的新民主主义革命和社会主义革命理论成为西藏民主改革和社会主义改造的理论指导。西藏民主改革的新民主主义革命性质，从历史过程看，既体现了中国新民主主义革命的一般规律和特点，也更体现了在具体历史条件、改革目标、改革步骤、改革方法和方针政策等方面的特殊性。"① 比如，对参与叛乱和未参与叛乱的农奴主区别对待，对爱国的封建农奴主实行赎买政策，牧区不进行民主改革，工商业经济一律不进行改革等政策，充分体现了一切从实际出发的思想路线。在政权的过渡方式上，首先是1951年成立西藏工委，作为党的领导机关，但是并没有在社会上公开。1954年在昌都地区成立的人民解放委员会，受中央人民政府政务院直接领导，是带有新民主主义特征的统一战线性质和过渡政权性质的机关。1956年4月成立的西藏自治区筹备委员会，则是全西藏的带新民主主义统一战线性质和临时过渡性质的政权机构，它在实质上仍没有改变西藏基本政治制度，而是为未来实施改革做准备。筹备委员会的组成包括了西藏地方政府方面，班禅堪布会议厅方面，昌都地区人民解放委员会以及党和军队驻藏机构方面，以达赖喇嘛为主任委员，筹委会中，委员共有51人，其中藏族48人。这一政治模式相比党在抗日战争时期在各主要抗日根据地建立的抗日民主政权（中共党员在抗日民主政权组成中占三分之一）具有更大的政治灵活性和包容性，这充分体现了党对西藏民主革命所持的极其慎重的方针和党的民族区域自治的精神。② 也体现了我党实事求是的思想路线。

在处理共产党员信教的问题上，也坚持了从实际出发的原则。中国共产党员应该是坚定的马克思主义者，是不能信教的，如果坚持信教，应该劝其退党。但是西藏情况又比较特殊，由于受西藏传统宗教文化的影响，在基本全民信教的西藏，共产党员如果明确与宗教划清界限，会受到群众

---

① 徐继增：《新民主主义革命视阈下西藏的民主改革》，《西藏民族学院学报》2009年第3期。
② 徐继增：《新民主主义革命视阈下西藏的民主改革》，《西藏民族学院学报》2009年第3期。

的孤立和打击，很难开展工作。1991年10月，西藏自治区党委发出《关于妥善解决部分共产党员信仰宗教问题的意见》，提出对信仰宗教与参加宗教活动的党员要区别不同情况，慎重对待，妥善处理。在宗教势力影响较大、党员信教问题突出的地方，上级党组织要加强具体指导和帮助。自治区的这个《意见》，是比较符合西藏实际的。

二、坚持党的群众路线，尊重群众的主体地位和首创精神

党的群众路线，就是一切为了群众，一切依靠群众，从群众中来，到群众中去，把党的正确主张变为群众的自觉行动。党的群众路线的主题是如何处理党与人民群众的关系，其核心是保持党同人民群众的血肉联系。能否坚持群众路线直接决定着社会主义革命和改革开放事业的兴衰成败。在西藏马克思主义大众化的过程中，我党非常重视贯彻党的群众路线，把维护广大群众利益作为工作的核心，尊重群众的主体地位和首创精神，得到了广大群众的拥护和支持，也使得西藏马克思主义大众化的工作得到了很大发展。

中国共产党赢得西藏广大群众的信任，首先是通过进藏的解放军官兵来实现的。解放军在进藏过程中和到达西藏以后，通过自身行动对西藏广大群众产生了重大影响。当时总结了以前红军过草地时的教训，制定了"进军西藏，不吃地方"的政策，特别是当时进军阿里的先遣连模范执行党的群众路线，发扬了共产党员和老一辈革命军人英勇顽强、不怕牺牲、敢于向一切艰难险阻挑战的大无畏的革命英雄主义精神，对当地藏族群众的内心起到了震撼的影响作用。入藏部队的广大官兵严格执行党的民族政策和宗教政策，遵守三大纪律八项注意，热情地为群众办好事，如助民劳动、免费治病、开展社会救济、发放无息农贷等。利用放映电影、文艺演出、访问座谈、散发宣传品等形式广泛开展宣传活动。进军西藏的过程中解放军广大官兵做了大量的认真细致的群众工作。西藏和平解放后,解放军克服了高寒缺氧、粮食短缺等种种困难,开荒生产,支援地方,不仅粉碎了西藏上层想饿死、困死解放军的阴谋,而且密切了同藏族群众的关系,得到了群众的信任。1952年的藏北雪灾和1954年江孜洪灾期间,解放军抢险救灾、舍己救人的英勇表现彻底赢得了民心,也赢得了西藏上层对共产党的敬佩。使藏族群众真正感受到了人民解放军是真心为藏族群众服务的,藏族群众得到了实际的帮助和利益,他们到处说解放军是菩萨兵,说共产党好,大大地提高了解放军和共产党在西藏群众中的地位。通过解放军自身行为的影响和教育,许多藏族群众提高了阶级觉悟,打下了坚实的群众基础,许多群众发展成为积极分子和共产党员,有些成为可靠的基层干部,为以后平息叛乱和民主改革,以及西藏的社会主义改造都发挥了重要作用。

在平叛过程中,也得到了群众的广泛支持。对于西藏的民主改革,我们充分尊重西藏人民的意见,一再宣布推迟民主改革的时间。毛泽东说:"我们确定西藏在第二个五年计划期间甚至更长的时间不进行改革,是真的,但他们总是听不进去,因为他们从根本上是反对改革的,坏事变好事。我早就说过,只要西藏反动派敢于发动全面叛乱,我们就要一边平叛,一边改革,要相信95%以上的人民是站在我们一边的。"[①]后来,在1959年3月,西藏上层还是发动了武装叛乱。人民解放军认真执行军事打击、政治争取和发动群众三结合的平叛方针,得到广大群众的支持。在3月20日战斗打响后,雪康土登尼玛等藏族爱国人士随同解放军一道向叛乱武装喊话,敦促他们停止抵抗,对瓦解叛乱武装起了积极作用。一些市民看到解放军战士攻占赤江宅楼后,纷纷伸出大拇指说:"解放军好样的!"在强大的

---

① 赵慎应:《张国华将军在西藏》,中国藏学出版社1988年版,第117页。

军事压力和政治宣传下，叛乱武装绝大部分投降。平叛之所以那么快就取得胜利，是因为叛乱分子烧杀抢掠的行为不得民心，最根本的原因是共产党和人民政府以民主改革争取到多数藏族群众的支持。

在民主改革过程中，工作组成员与群众同吃同住同劳动，深入群众，访贫问苦。工作组主持召开诉苦会、算账会、斗争会，批判封建农奴主，培养贫苦农牧民积极分子，组织群众选出农民协会，领导群众开展各种政治运动，使群众自己教育自己，并在实践中锻炼自己，把改革变成群众的自我解放运动。正是依靠广大人民群众，并对他们进行马克思主义理论的宣传教育，使得广大人民群众思想得到解放，政治觉悟得到了提高。得到土地和财产的广大农奴翻身做了主人，高唱着《翻身农奴把歌唱》，感谢共产党，崇拜毛主席，从内心深处真正认识到中国共产党是为广大藏族群众谋利益的政党，为以后中国共产党在西藏的工作奠定了良好的群众基础。

1960年，西藏工委决定要在民主改革完成的地区逐步开展社会主义教育运动，上报中央后得到批准。1961年，《中共中央关于西藏工作的指示》指出，在彻底完成民主改革后，"向群众深入进行民主改革的政治思想教育，进行爱国主义教育和社会主义前途教育"[①]。根据中央的指示，西藏工委认真部署，在西藏农村中开展了广泛的社会主义教育运动。在社会主义教育运动中，工作组成员与群众同吃同住同劳动，向他们宣传马克思主义理论，进行爱国主义和社会主义前途教育，提高了广大群众的政治觉悟。

在"文革"期间，也进行了广泛的毛泽东思想宣传和社会主义教育运动。虽然工作当中有许多失误，但客观上还是提高了群众觉悟，促进了马克思

---

① 中共中央文献研究室、中共西藏自治区委员会编：《西藏工作文献选编（1949—2005年）》，中央文献出版社2005年版，第254-255页。

主义的传播。

1992年，针对基层党组织弱化的状况，开展了农牧区社会主义思想教育工作和基层组织配套建设。在区直单位抽调骨干，组成社教工作队，深入农牧区开展爱国主义教育、集体主义教育和社会主义前途理想教育。一年的社教工作密切了干群关系，加强了基层党组织建设，新发展了12,060名新党员，推动了西藏的党建工作和马克思主义的大众化。

进入21世纪以后，特别是2008年3·14暴乱事件以后，达赖集团不断加强分裂祖国的活动，另外受市场经济的影响，西藏群众收入差距加大，社会不稳定因素增加，人们的价值观日益多元化，部分地区干群关系紧张。面对新时期严峻的维稳形势，为了进一步密切党同群众的联系，2011年10月西藏自治区党委决定在全区开展"创先争优、强基础、惠民生"活动。选派20,000多名干部进驻全区5000多个行政村，驻村工作队的主要任务是建强基层组织、维护社会稳定、寻找致富门路、进行感恩教育、办实事解难事。通过强基惠民活动，力图形成推动科学发展、促进民族团结、维护社会稳定、保障改善民生的强大合力。目前，这项活动已经连续进行了4年。从这项活动实施4年来的情况来看，效果是非常明显的。驻村工作队进驻贫困的农牧区村子，与村民同吃、同住、同劳动，继续发扬我党的传统优良作风，继续发扬"特别能吃苦、特别能忍耐、特别能战斗"的"老西藏精神"，为村民脱贫致富投入资金，引进项目，使广大藏族群众得到实惠，进一步密切了党群关系，坚定了群众走社会主义道路的信心。

十八大以后，自治区党委贯彻中央开展群众路线教育实践活动的精神，分两批在全区深入开展了党的群众路线教育实践活动。坚持领导带头、以上率下，通过听意见、摆问题、管自身、抓督查，带动了广大党员干部在服务群众中密切同群众的血肉联系，不断提高为群众服务的本领。目前，这项活动还在持续进行中。

三、重视基层党组织建设，巩固了基层政权的基础

西藏和平解放后的一段时期内，并没有在社会上公开发展党员，也没有建立基层党组织。直到1959年开始民主改革后，才开始在完成民主改革的地区建立基层党组织。1959年12月2日，西藏山南地区的克松村成立了西藏历史上第一个农村基层党支部，为其他农区建立党的基层组织树立了榜样，奠定了基础。

由于西藏基层党员的文化素质都比较低，基层党组织建立后又开展了社会主义教育运动，对基层党员进行爱国主义、集体主义和社会主义理想信念教育。20世纪60、70年代都不间断地进行了基层党员的社会主义教育运动，提高了基层党员的思想政治觉悟，加强了基层党组织的建设。

20世纪80年代后期拉萨骚乱发生后，自治区党委总结了经验教训，针对基层党组织软弱涣散的状况，在1994—1996年，1998—2001年先后进行了两轮六年的加强基层党组织建设的活动。从1994年7月开始，区党委决定用三年时间把449个村级党支部建设好。对基层党组织建设长抓不懈。

这一时期，针对部分信教党员，自治区党委专门下了文件，按照"划清两个界限"的标准，做好信教党员的思想教育工作。1999年11月，自治区党委发出《关于在共产党员中集中开展马克思主义唯物论和无神论学习教育活动中认真解决部分党员信仰宗教问题的通知》，《通知》指出，要充分认识在党内集中进行马克思主义唯物论和无神论教育的重要意义，明确学习教育的内容和方法，划清正常宗教活动和利用宗教从事分裂活动的界限，划清群众有宗教信仰的自由和党员不得信仰宗教的界限，各级党

政组织和广大党员、干部要尽到引导群众崇尚科学文明、追求社会进步的责任。对于受宗教观念影响或迫于社会、家庭压力,参加一般性宗教活动,但本人能够执行党的路线、方针、政策,积极为党工作,服从党的纪律的党员,则主要帮助他们在思想上和行动上摆脱宗教的束缚。①

十八大对新形势下加强党的基层建设做出全面部署,强调要"创新基层党建工作,夯实党执政的组织基础"。2012年12月9日,西藏自治区党委八届三次全委会召开,会议指出,要牢牢把握加强党的执政能力建设、先进性和纯洁性建设这条主线,以坚定理想信念为重点,推进思想理论建设;以提高凝聚力、战斗力为重点,推进基层党组织建设;以增强党性、提高素质为重点,推进党员队伍建设;以搞好换届、优化结构为重点,推进干部队伍建设;以严明纪律、标本兼治为重点,推进反腐倡廉建设,切实巩固党在西藏的执政地位,为推动西藏跨越式发展和长治久安、同全国人民一道全面建成小康社会提供坚强保证。另外会议还就全区党员干部作风建设进行了全面部署。会议要求,全区广大党员干部要认真学习和贯彻习近平总书记的重要讲话、中央"八项规定"的精神,按照自治区党委的部署,在加强和改进作风建设上下真功、加力度、见成效。一要强化为民理念。始终把群众放在心中的最高位置,把群众满意作为检验工作的第一标准,真正把群众当主人、当亲人,落实完善联系群众、服务群众的各项制度,每年集中力量办成一批利民惠民的实事好事,解决好各族群众最关心最直接最现实的利益问题。二要弘扬实干精神。坚持求真务实、实干兴藏,脚踏实地、埋头苦干,精文简会、狠抓落实。绝不能浮在面上、空喊口号、坐而论道。三要树立清廉形象。坚持严格贯彻领导干部廉洁从政若干准则,

---

① 中共西藏自治区委员会党史研究室编:《中国共产党西藏历史大事记(1949—2004)》,中共党史出版社2005年版,第867页。

严格执行党风廉政建设责任制,始终做到艰苦奋斗、勤俭节约,始终做到秉公用权、廉洁自律,始终做到干干净净做事、堂堂正正做人、清清白白做官,永葆共产党人清正廉洁的高尚情操和公仆本色。①

为深入贯彻落实十八大和西藏自治区党委八届三次全委会精神,自治区党委做出了关于"选派优秀干部任村党支部第一书记,实现全区所有行政村党支部第一书记全覆盖"的决定,各地区选派优秀干部到行政村担任村支部第一书记。选派优秀干部担任村第一书记,是进一步夯实党的执政基础,推进农牧区跨越式发展和长治久安的一项重大举措,是践行党的群众工作路线,培养锻炼年轻干部、转变机关干部工作作风的迫切需要,是统筹城乡发展,加快推进全面建成小康社会进程的时代要求。这些村支部第一书记担负着直接联系群众、组织群众、教育群众、宣传群众的重大责任,对于锻炼培养年轻干部,夯实村支部党建基础将发挥重大作用。选派乡干部到村里从基层工作做起,将工作重心下移,是一种突破传统思维模式的创新型基层管理,对于加强基层力量、夯实党的执政基础、培养基层党务干部具有特殊意义。

通过加强基层党组织建设的活动,改善了党群关系,提高了基层党组织的凝聚力和影响力。

四、坚持党的民族政策和宗教政策,充分发挥了统一战线的作用

1949年第一届政协会议通过的《中国人民政治协商会议共同纲领》规定了我们党解决中国民族问题和宗教问题的纲领性原则,即:"中华人民共和国境内各民族一律平等,实行团结互助,反对帝国主义和各民族内部的人民公敌,使中华人民共和国成为各民族友爱合作的大家庭。反对大

---

① 石磊、肖涛:《陈全国在西藏党委八届三次全委会议中讲话》,2012年12月,新华网(http://news.xinhuanet.com/local/2012-12/10/c_132030291_2.htm)。

民族主义和狭隘民族主义，禁止民族间的歧视、压迫和分裂民族团结的行为。""各少数民族均有发展其语言、文字、保持或改革其风俗习惯及宗教信仰的自由。人民政府应帮助各少数民族的人民大众发展其政治、经济、文化、教育的建设事业。"这些方针政策成为我党处理西藏民族和宗教问题的基本依据。

毛泽东曾经说过："在西藏考虑任何问题，首先要想到民族和宗教问题这两件事，一切工作必须慎重稳进。"[①] 后来，重视民族和宗教问题，坚持慎重稳进的工作方针就成了以毛泽东为核心的第一代中央领导集体对西藏工作的一个指导思想。

西藏基本上是全民族信教的地区，民族问题与宗教问题相互交织，工作稍有不慎，就可能会影响民族宗教感情，产生意料不到的民族宗教问题。在西藏和平解放前，中央对于西藏民族宗教问题的特殊性有充分的认识，提前进行调研，对西藏的区情有了比较全面的把握。在人民解放军进军西藏的过程中，充分尊重西藏人民的宗教信仰与风俗习惯。十八军还专门成立了政策研究室，制定了《对西藏各种政策的初步意见》《进军守则》《入城守则》，要求部队严格遵守。解放军的各路入藏先遣部队进入藏区后，模范地执行了党的民族宗教政策，尊重藏族的宗教信仰与风俗习惯。遵守三大纪律、八项注意。部队宁可自己挨饿也不拿群众一粒粮，宁可自己挨冻也不住喇嘛寺。广大解放军官兵热心为群众做好事，与欺压人民的国民党军队和藏军完全不一样，很快出现拥军的热潮，藏族青年纷纷参加人民解放军，藏族同胞称解放军为"新汉人"，历史上藏汉之间的民族隔阂开始消融。昌都战役发

[①] 西藏自治区党史资料征集委员会编：《中共西藏党史大事记（1949—1994）》，西藏人民出版社1995年版，第28页。

起后，许多藏族群众在枪林弹雨中为解放军划船渡江，为解放军运送粮食、物资，并组织担架队运送解放军伤员。正是由于藏族同胞的全力支援，昌都战役才得以顺利进行。昌都解放后，该地区的藏族同胞同金沙江以东的藏胞一样，以粮食、酥油、柴草等物资支援部队在当地度过冬天，并组织牦牛帮助部队运输，重新建立起藏汉民族之间的融洽关系。解放军各路入藏部队在向西藏腹地进军途中，继续执行党的民族、宗教政策，受到沿途藏族各界人士的赞同和支持，部队所需运输畜力，大部分都由沿途藏胞出动牦牛、骡马等解决；部队所需少量主副食，也靠沿途藏胞售给。正是广大藏族人民的拥护和支持，才使得人民解放军完成了进军西藏这一极其艰巨复杂的任务。从这个意义上说，西藏的和平解放是在藏族人民的支持下取得的。

另外，还坚持依靠广大人民群众和做好上层爱国人士统一战线相结合的工作方针，为民主改革的成功奠定了群众基础。统一战线历来是党的总路线、总政策的组成部分，是新民主主义革命胜利的"三大法宝"之一。在中国共产党领导下，团结一切可以团结的力量，调动一切积极因素，化消极因素为积极因素，组成最广泛的统一战线，是战胜困难、夺取革命和建设胜利的重要保证。考虑到西藏特殊的宗教文化环境和政教合一制度的影响，西藏上层对西藏社会的稳定发挥着非常重要的作用。在历史上的反抗帝国主义侵略的斗争中，西藏上层起着领导作用，保卫过藏族的利益，在群众中有一定的影响和威望。又因为他们是西藏人民的统治者，地方政府的执行者，在群众还没有觉悟时，往往把他们看作领导者和代言人。所以我党一开始就非常重视做好上层的统战工作，通过开展上层统战工作达到团结广大群众的目的。从历史上来看，西藏上层爱国人士长期与共产党合作共事，在和平解放西藏、支援解放军进藏，执行、维护《和平解放西藏十七条协议》等方面，西藏上层人士都发挥了重要作用。在平叛斗争和民主改革时，西藏上层爱国人士积极与人民解放军合作，继续发挥他们的作用。西藏和平解放后，中央特别重视与达赖、班禅的统战工作，请他们到北京开会，到内地参观，毛泽东还亲自到达赖住处看望慰问达赖，让他十分感动，对稳定西藏形势发挥了非常重要的作用。

另外，我党还重视对其他上层人士的团结教育工作。成立了许多统战性质的群众组织和社会团体，如拉萨市爱国青年联谊会、拉萨市爱国妇女联谊会、西藏爱国青年联谊会、社会教育班等社会组织。还组织了各种致敬团和参观团到内地参观学习。通过这些组织和活动，几乎把所有的贵族青年、社会名流、进步官员都联合了起来，提高了他们的爱国主义觉悟。

西藏和平解放以来，中央非常重视培养少数民族干部工作。在平叛和民主改革期间，对于那些出身于农奴家庭，觉悟比较高的积极分子，组织上帮助他们成长，吸收他们入党，并培养他们成为干部。针对这些藏族干部文化素质比较差的状况，又对他们进行政治思想教育与科学文化教育，使他们坚定走社会主义道路的信心。改革开放以后，为了加快西藏的发展，实现真正的民族区域自治，中央提出了让藏族干部占到三分之二的目标，为此实施了汉族干部内调的政策，虽然在实施的过程中产生了许多负面的影响，但是通过大量提拔藏族干部，使藏族干部比例大幅度增加。到1984年年底，全区民族干部（藏族与西藏其他少数民族如门巴、珞巴等族）占干部（包括领导干部与业务干部）总数的60%。自治区级官员30人，其中民族干部24人，占80%；地专级官员691人，其中民族干部539人，占78%；县级官员889人，其中民族干部668人，占75%；县以下官员则全部是民族干部。① 到2004年，民族干部占自治区、地（市）、县三级国

---

① 西藏自治区党史资料征集委员会编：《中共西藏党史大事记（1949—1994）》，西藏人民出版社1995年版，第300页。

家机关组成人员的77.97%，分别占三级人民法院和人民检察院干部总数的69.82%和82.25%。[①]民族干部已经成为西藏干部的主体，在西藏社会主义建设的过程中发挥着重要作用。

西藏和平解放以来，贯彻落实党的宗教信仰自由政策，团结广大僧尼群众共同致力于社会主义现代化建设，为西藏的和谐稳定发挥了重要作用。

党在西藏实施宗教信仰自由政策，大体上经历了四个历史阶段："从和平解放至1958年，为维持旧宗教阶段；从1959年至1965年，为宗教改革阶段；从1966年至1976年，为宗教工作不正常阶段；从1977年及党的十一届三中全会之后，为宗教工作恢复和正常化阶段。"[②]1951年签订的《和平解放西藏十七条协议》第七条明确规定："实行《中国人民政治协商会议共同纲领》规定的宗教信仰自由政策，尊重西藏人民的宗教信仰和风俗习惯、保护喇嘛、寺庙的收入，中央不予变更。"其中也明确规定"达赖、班禅的固有地位及职权不予变更"。由于党和政府在谈判过程中坚决主张宗教信仰自由政策，坚持西藏原有宗教制度不变的方针，直接促成了和平解放协议的达成，为和平解放西藏铺平了道路，也赢得了广大僧俗群众的欢迎。党中央把西藏的宗教问题提高到政治问题上来认识，总是慎重对待。1956年达赖在西藏自治区筹委会成立大会上总结和肯定了这几年的宗教工作，说道："进藏人民解放军和工作人员严格遵守了宗教信仰自由政策，认真地保护了喇嘛寺庙，尊重藏族人民的信仰。"班禅在第二届人代会第一次会议上也说："在对待宗教方面，共产党和进入西藏的人民解放军切实执行了保护宗教信仰自由和保护喇嘛寺庙政策，八年以来

[①] 中国国务院新闻办公室：《西藏的民族区域自治白皮书》，2004年5月23日。

[②] 吕建福：《浅论宗教信仰自由政策在西藏的实践》，1991年6月，中国西藏网（http://www.tibet.cn/periodical/xzyj/1991/02/200504/t20050426_26230.html）。

藏的宗教制度和宗教信仰都没有改变。"

从1959年至1965年，党和国家对西藏宗教进行了民主改革。这次改革的主要内容，一是废除寺院的生产资料所有制，对寺院的土地和其他生产资料包括多余的房屋、耕畜、农具等进行赎买，分配给农牧民，多余的粮食及牧畜借给农牧民；二是废除寺院的高利贷、债务和劳役、差役等制度；三是废除寺院的封建管理制度，包括管家制度、等级制度、惩罚制度及寺院间的隶属关系；四是调节过多的寺院和僧尼之数，对寺院经济由政府补贴。通过宗教改革，实现了政教分离，初步引导了宗教与社会主义相适应。

"文革"十年，西藏同全国一样，受"左"倾错误思想的影响，捣毁寺庙，焚烧经籍，西藏宗教遭到了毁灭性的打击。

十一届三中全会之后，党在宗教工作的指导思想上进行了拨乱反正，宗教信仰自由政策也得到了贯彻落实。在1980年第一次西藏工作座谈会上，中央做出指示，要团结广大信教群众，对西藏寺庙进行保护、维修。1984年中央又发出"6号"文件，进一步提出西藏宗教工作的指导方针，强调了西藏宗教问题的长期性、复杂性和艰巨性，并对一些具体工作做出指示。中央政府先后将布达拉宫、大昭寺、扎什伦布寺、哲蚌寺、色拉寺、萨迦寺等著名宗教活动场所列为重点文物保护单位，每年都拨出专款用于寺庙的维修、修复和保护。目前，西藏自治区共有藏传佛教寺庙1700多处，住寺僧尼4.6万余人。此外，西藏还有部分群众信仰伊斯兰教和天主教。在国家宪法和法律的保护下，西藏的各种宗教活动正常进行，信教群众的宗教需求得到充分满足，信教自由得到充分尊重。

五、坚持同西方反华势力及达赖集团分裂势力进行了长期不懈的斗争

近代的西藏，一直受英、俄、美等帝国主义势力的渗透和影响。英国于1888年和1904年发动了两次侵略西藏的战争，虽然遭到了西藏人民的英勇斗争，但是由于清政府的腐败软弱，最终被迫签订了不平等条约，西藏的主权和利益受到损害。沙俄也派遣特务多吉耶夫（德尔智）到西藏，拉拢上层，影响十三世达赖，图谋使西藏投靠俄国。由于清政府政策上的失误，使十三世达赖倒向了英国。1913年，中、英和西藏地方政府召开"西姆拉会议"，英国代表与西藏地方政府签订了"西姆拉条约"，划定了一条非法的"麦克马洪线"，把藏南9万多平方公里的中国西藏领土划给了英属印度，造成了所谓的"西藏问题"。民国期间，西藏基本上被英国势力所控制，虽然中国在形式上仍然拥有西藏的主权，但民国政府并没有在西藏驻军，没有行使真正的管辖权。一直到西藏和平解放，西藏才摆脱了英帝国主义势力的控制。

第二次世界大战后，美国势力开始渗透到西藏。美国干涉西藏的政策是其在全球范围内遏制共产主义政策的一部分。美国虽然在正式外交场合仍然承认西藏是中国的一部分，但在暗中却半遮半掩地挑动和支持西藏独立。1947年，美国为"西藏商务代表团"签发了赴美的签证即是其支持西藏独立的表现。1949年，解放战争接近尾声，中国共产党领导的中央人民政府即将成立，由于意识形态方面的对立，美国开始支持西藏地方政府对抗中国共产党，并派遣了特务，为西藏地方政府提供经济军事上的援助。1951年，昌都战役后，美国阻挠西藏地方当局前往北京与中央人民政府进行谈判。《和平解放西藏十七条协议》签订之后，美国政府又鼓动达赖喇嘛流亡国外。美国中央情报局开始建立专门针对西藏问题的领导机构，并着手培训西藏间谍。1956年，6名康巴人被送到美国太平洋上的秘密军事基地塞班岛接受特务培训，后来，这6人被遣返回西藏，成为联系达赖、美方及藏南武装分子的联络人，不断策划分裂活动。美国中央情报局的援助助长了西藏上层的叛乱活动。1959年武装叛乱发生后，美国中央情报局又援助达赖逃往印度的达兰萨拉。在以后的20世纪60年代，美国每年向"达赖流亡政府"提供活动经费支持。1960年,美国中央情报局在尼泊尔木斯塘建立训练营,为西藏分裂分子提供武器援助。尼克松总统访华后,美国才停止了对木斯塘训练营的援助。1974年,木斯塘训练营被尼泊尔政府摧毁。

美国不仅在暗中支持西藏的分裂势力,而且在国际舆论上就所谓的"西藏问题"向中国施加政治压力,诋毁中国不讲人权。1959年,在美国的操纵下,第十四届联合国大会通过了第一个关于"西藏人权问题"的反华决议。美国为首的西方国家及其反华势力借所谓的"西藏人权问题"攻击中国政府,经过了产生、冷落和复燃三个阶段。第一阶段从20世纪50年代末至60年代中期。1959年、1960年、1961年、1965年,联合国大会都把"西藏问题"列入大会议程,1959年、1961年和1965年都通过了"西藏问题"的决议。这些决议声称联合国将"对西藏人民独特的文化和宗教生活受到压制"表示"严重关注和极大的不安",要求中国"应停止那些剥夺包括自决权在内的西藏人民的人权和基本自由的行径"。针对联合国的决议,中国政府发表声明,严正拒绝对中国的无理指责,阐述了中国政府的原则立场。决议违背了联合国的宪章、宗旨,颠倒是非、混淆黑白,是非法的,无效的。第二阶段从20世纪70年代至80年代,中美关系改善,所谓的"西藏人权问题"无人提起。第三阶段从1989年以后至今。受国际环境的影响,达赖集团加紧了分裂活动,策划了多起骚乱,在国际上寻求舆论支持,企图将"西藏问题"国际化。美国为首的西方国家重新提起"西藏人权问题",在联合国人权机构连续炮制反华提案,在中国政府的严正抗议和坚决斗争下,这些反华提案都遭到了挫败。① 目前,美国为首的西方国家对我国在意识形态领域不断进行渗透和颠覆活动,而且手段越来越隐蔽,形势也越来越复杂。我

---

① 朱晓明:《西藏前沿问题研究》,中国藏学出版社2014年版,第78—81页。

国与西方国家在意识形态领域渗透与反渗透的斗争将是长期的、复杂的。

1959年,达赖叛逃印度后,组建了流亡政府,重组叛乱武装,成立"西藏青年大会""西藏妇女协会""三区团结会""西藏全国民主党"等反动组织,开始了公开的分裂祖国的活动。我们同达赖分裂势力的斗争也从来没有停止过。

在改革开放以前,由于我们重视统一战线工作和意识形态领域的社会主义教育工作,农奴翻身解放后,建设社会主义的热情很高,广大群众热烈拥护党的领导,国外的达赖分裂势力在西藏进行破坏活动基本无机可乘,其分裂活动并没有产生实际的效果。改革开放以后,恢复正常的宗教活动,允许流亡藏人回国探亲,达赖的哥哥组成参观团到甘南、青海、拉萨等藏区参观,受到藏族群众的热烈欢迎。达赖三哥洛桑三旦在哲蚌寺等寺庙发表了煽动民族情绪和宗教狂热的演讲,宣扬美化达赖,说"达赖在国外时常为藏族人民祈福",达赖的一切活动都是"为了西藏600万藏人的幸福和自由"。参观团还散发了大量的达赖照片、像章、达赖活动的录像带、达赖讲话的录音带和一些宣传小册子。参观团的这些活动,重新树立了达赖在藏族群众心中的偶像地位,赢得了许多僧尼的信任。另外,参观团还拍摄了大量的在"文革"中被捣毁寺庙和某些藏人生活贫困的照片,传到西方后引起极大轰动,使达赖集团赢得了西方媒体的舆论支持和同情,对我国的对外宣传造成了十分被动的、消极的影响。

达赖集团利用我们落实宗教政策的时机,趁机进行分裂活动,其分裂势力首先向寺庙进行渗透,由于这一时期我们放松了警惕,没有对寺庙进行有效的管理,使拉萨的许多大寺庙都成为分裂势力的温床,被达赖分裂势力所控制。1987年至1989年,达赖集团在拉萨策划了多起骚乱事件,参与者多数是寺庙的僧人。1989年以后,达赖赢得了西方反华势力更多的支持，窜访了许多国家，提出"五点计划""七条建议""中间道路"等策略，与西方反华势力相勾结，积极推动"西藏问题"国际化。在国内，达赖集团加紧了对藏区的渗透和破坏，提出"占领或夺取一座寺庙，就等于占领或夺取共产党控制的一个地区"。针对达赖集团的分裂活动，西藏自治区政府首先对参与骚乱的分裂分子进行清查，另外加强了对寺庙的管理，在寺庙开展爱国主义、集体主义和社会主义理想信念教育，不断加强基层党组织建设。对于达赖在国外非法认定十世班禅转世灵童的活动，中央政府进行了针锋相对的斗争，挫败了达赖的阴谋，使十世班禅的转世灵童认定和坐床仪式顺利进行。

2008年，达赖集团又策划了"3·14"暴乱事件，之后国外各地的西藏分裂势力又进行了干扰破坏奥运火炬传递的活动。针对达赖分裂集团的嚣张气焰，在国内我们主要开展了揭批达赖分裂主义本质的批判活动，让广大群众了解"3·14"暴乱事件的真相，使他们认清了达赖集团分裂国家、残害生命的罪恶行径。在国际上，我们充分发挥统一战线的作用，联合海外华人，利用多种媒体，揭露"3·14"暴乱事件的真相。特别是海外华人在保护奥运火炬传递的活动中，涌现出了许多勇于同分裂势力作斗争，坚持正义、热爱祖国的感人事迹。如在巴黎火炬传递中，国家轮椅击剑运动员金晶遭受暴徒的毒打，但仍将火炬紧紧抱在胸前不放。"电视画面上，一方面是脸上画着'雪山狮子旗'的西方'愤青'冲出来抢夺火炬，另一方面是当地的华人和留学生挥舞着五星红旗，组成护卫队保护圣火。一个叫金晶的伤残的上海女孩用身体护住火炬的画面一夜之间传遍了中国，女孩手持火炬自信的微笑成了新的民族主义的图腾。"[①]另外一些海外华裔

[①] 刘超、张永恒：《尊严：戳穿某些西方媒体与达赖集团的十大谎言》，人民出版社2008年版，第177页。

在报刊等媒体上发表一些文章，说明西藏的历史真相，揭露"藏独"的分裂阴谋。海外华裔的这种爱国行为也极大地感染了中国国内的民众，中华民族的爱国主义精神得到了发扬。

虽然我们挫败了达赖集团分裂祖国的一次又一次的阴谋，但是进入新世纪后，国际形势日益复杂，特别是微博、微信等多种互联网新媒体手段的出现，为达赖分裂势力和西方反华势力的渗透提供了新的渠道，反分裂、反渗透的形势依然十分严峻。

六、充分利用各种媒介，多渠道、多途径、广泛地宣传马克思主义

在当初十八军进藏时，当过文工团政委的张国华军长，深知文工团在战争中的作用，虽然困难很多，还是坚持带文工团一起进藏。这些文工团的战士在进军西藏的过程中以及进藏以后，在马克思主义宣传和联系群众方面都做出了突出贡献。文工团学习藏语、藏戏、藏族舞蹈等藏族的传统文化，也创作了许多优秀的文艺作品，如歌曲《北京的金山上》、《翻身农奴把歌唱》、舞蹈《洗衣歌》等作品脍炙人口，这些作品贴近生活、贴近实际、贴近群众，把党的方针政策与西藏的传统文化结合起来，通过文艺演出的方式向藏族群众宣传党的路线、方针和政策，向藏族群众普及马克思主义的一般常识，很容易引起藏族群众的共鸣，产生了非常好的宣传效果。在解放西藏、建设西藏的过程中，文艺工作的作用是不可低估的，正是通过文艺工作，才把党的民族政策以活泼易懂的方式在西藏传播开来。

当时马克思主义宣传的途径比较窄，主要采用传统的宣传演讲、会议报告、绘制墙报和张贴标语等方式，实践证明，这些方式简单明了、重点突出，直接面向广大人民群众，在马克思主义宣传方面是非常有成效的，有力地促进了西藏的马克思主义大众化传播。

报纸、广播、电影等媒介在宣传马克思主义方面也发挥了重要作用。

毛泽东非常重视报纸广播在宣传党的路线、方针、政策，加强党和群众的联系方面的作用。1950年5月，中央人民广播电台藏语广播开播。藏语广播不仅宣讲党的政策，而且报道已解放民族地区人民群众的生活巨变等，让群众通过广播了解了党的宗旨和社会主义建设的成就。1956年4月22日，藏、汉文《西藏日报》创刊，为宣传党的路线方针和政策又提供了一个新的渠道。后来，又有了放映电影的宣传方式，早期的电影《农奴》、改革开放以后的《孔繁森》《红河谷》等都是歌颂社会主义、宣扬爱国主义的好作品。

另外，还通过运动的方式宣传马克思主义。西藏基层党组织建立后，在基层党员、农牧区群众、寺庙僧尼中间都进行了社会主义教育运动，这些运动基本上是不间断地进行的，通过社会主义教育运动，提高了僧尼和广大农牧区群众的思想觉悟，建强了基层党组织，也有力地推动了西藏马克思主义的传播。

改革开放以来，西藏马克思主义大众化的宣传也出现了许多新的传播方式。

西藏电视台创建于1985年8月20日，目前有三个频道：西藏一套——藏语卫视，西藏二套——汉语卫视，西藏三套——影视文化频道。该台的主要栏目有《西藏新闻联播》《七色风》《在西藏》《雪域漫步》《新闻视点》等。随着西藏通信设施的不断完善，1999年西藏广播电视实现"村村通"，通过收听收看广播电视节目，使西藏广大农牧民群众能及时地了解中央的方针政策，提高了广大群众的思想觉悟，也极大地丰富了西藏基层农牧民群众的精神文化生活。西藏电视台在维护祖国统一和民族团结，促进西藏改革开放和现代化建设中发挥了十分重要的作用。

西藏互联网于1997年开始创建，1999年实现了宽带上网，2000年创办了第一家网站"西藏之窗"。西藏互联网虽然开始较晚,但发展很快。截至2013年6月,西藏互联网用户近176万,互联网普及率达58.6%。目前,西藏互联网备案网站共1340家,网站按性质可分为政府机关、事业单位、社会团体、企业、个人等五类网站;按网络服务内容可以分为媒体服务、娱乐传播、社交工具、商务平台等网站。① 互联网已经成为西藏思想政治教育宣传的主要手段。2013年,西藏自治区互联网信息办公室正式成立,全区七个地市和各县也都成立了相关部门,形成了区、地、县三级的互联网信息管理机构。全区网络宣传管理机构坚持弘扬中国特色社会主义的主旋律,大力推进网络阵地建设,加强社会主义核心价值观的宣传教育,加强网上正面宣传报道,积极培育中华民族共同体意识,努力营造清朗、文明、法治、安全的网络空间。

近年来,西藏的网络宣传紧紧围绕党的十八大、十八届三中、四中全会、党的群众路线教育实践活动、第六次西藏工作座谈会等重大主题,结合西藏实际,突出网络的特点和优势,采取多种报道形式,丰富网上报道内容,形成网上舆论强势。2013年,中国西藏新闻网和中国西藏之声网共开设《贯彻十八大——开局之年看落实》《为民、务实、清廉——深入开展党的群众路线教育实践活动》《中国梦·西藏故事》等专题专栏80余个,累计发稿9万余篇。新华网西藏频道、人民网西藏频道等中央重点网站西藏频道累计发布稿件3万余篇,成为海内外涉藏网站新闻信息的重要来源。②

互联网为西藏马克思主义的大众化传播提供了新渠道,同时网络新媒

---

① 黄伟虎:《西藏互联网不断普及 网民数量达到176万》,2013年7月,西藏在线(http://www.tibetol.cn/html/2013/xizangyaowen_0729/3020.html)。

② 丹增平措:《2013年西藏网络宣传有声有色 渠道继续扩大》,2014年1月,新华网(http://tibet.news.cn/gdbb/2014-01/21/c_133061951.htm)。

体也为分裂势力和西方反华势力提供了空间。2008年拉萨"3·14"暴乱事件主要是由国外达赖集团通过互联网来组织实施的。因此,如何加强对互联网的管理成为实现西藏社会稳定需要迫切解决的一个问题。

第三节 西藏马克思主义大众化的教训

在推进西藏马克思主义大众化的过程中,我们已经积累了一些可以推广的经验,但是也犯了一些错误,留下了一些应该总结的教训。从达赖叛逃50多年的经历来看,虽然一直都在进行分裂西藏的活动,但是成功的活动集中在1987—1989年、2008年。为什么在其他时间的分裂活动不能得逞?特别是在20世纪六七十年代,当时美国中央情报局和台湾当局都对达赖流亡政府给予经济上、军事上的大力支持,但其分裂活动并没有成效?1987—1989年的骚乱竟然前后持续三年之久,次数达近百次。为什么1987年开始的骚乱没有被扼制住?如果说2008年的拉萨暴乱主要是利用互联网进行组织和宣传,还有许多不可控制的因素,而1987—1989年的骚乱当时并没有互联网组织的条件,但是骚乱发生之后竟然还持续了三年!痛定思痛,反思这些动乱的原因,总结经验教训,是非常必要的。对于这些动乱发生的原因,我们一般都认为是由于达赖分裂势力与境外反华势力共同策划的,这个是没有问题的。但同时,我们也应该认识到,任何事物的变化都是内因和外因共同作用的结果。内因是事物变化的根据,外因是事物变化的条件,外因必须通过内因才能起作用。内因才是事物变化的根本原因。如果我们把拉萨动乱的原因仅仅归结为达赖集团和境外反华势力的策划,是不符合马克思主义辩证法的。达赖在境外策划分裂活动,最终还是通过境内的分裂分子来实现的,如果我们国内的民族、宗教问题都做好了,西藏人民的生活非常幸福,"西藏独立"根本就没有群众基础,达赖怎么可能利用境内的那些人来搞动乱?达赖自己也认为,"搞西藏独立,不仅要靠国外的藏人,更重要的是国内的藏人","根本力量是国内,而不是在国外"。① 如果我们总是把拉萨动乱的原因归咎于达赖集团与国外反华势力,认识不到我们自己在工作中的失误,就不可能杜绝类似事件的再次发生。所以,我们一定要总结我们在西藏马克思主义大众化过程中的教训。

一、犯了"左"的错误,偏离了党的思想路线

在西藏社会主义改造和社会主义建设的过程中,我们也犯了"左"的错误。

西藏的社会主义改造从1965年开始,正好与"文化大革命"同时进行。"文革"中"左"的错误也同样对西藏产生了十分消极的影响。

首先是错误地对待宗教,违背了党的宗教信仰自由政策。1966年,"文革"开始后,全国掀起了"破四旧"(旧思想、旧文化、旧风俗、旧习惯)、"横扫一切牛鬼蛇神"的高潮,西藏的宗教也被当作"四旧"看待,自然也就在被"破"之列。宗教领袖十世班禅遭到了批斗。中央民族学院与西藏民族学院的红卫兵带领群众捣毁了西藏绝大多数寺庙,布达拉宫等8座寺庙因有军队保护得以幸存。绝大多数僧尼遭到批斗和污辱,有些被迫还俗。所有宗教活动被禁止。许多宗教经籍、经幡、佛像等宗教用品被捣毁,藏族的宗教文化节日、歌舞等民间艺术形式也被取缔。喇嘛教是藏族全民族的宗教,是世世代代藏族群众的精神寄托,破坏了西藏的宗教,极大地伤害了藏族广大群众的宗教感情,也为改革开放后的宗教狂热埋下了隐患。

---

① 中国藏学中心编:《50年真相——西藏民主改革与达赖的流亡生涯》,人民出版社2009年版,第185页。

其次，人为地制造了许多阶级敌人。"文革"坚持"以阶级斗争为纲"的错误方针，以"清理阶级队伍"名义迫害大量的宗教上层人士、汉藏干部与职工。西藏民主改革前的噶厦官员、贵族、活佛及其家属都被当作"阶级敌人"看待，被批斗、抄家、游街，极大地破坏了党的统战政策。以"达赖特务""走资派""反革命"等罪名，制造了许多冤假错案。在农牧区，补划"富农""富牧"等阶级成分，在城镇补划了"资本家"。这些活动人为地制造了一批"阶级敌人"，搞乱了阶级阵营，造成了人际关系的紧张，对那些错误地被划定的"阶级敌人"及其家属的心理上长期造成阴影，也大大地损害了党在人民群众中的威信。

改革开放后，全面地拨乱反正，落实政策，矫枉过正，但在执行过程中有一些偏差和不到位的地方。

首先，缺乏原则性地落实宗教政策。1978年，西藏开始拨乱反正，全面落实宗教政策，班禅被平反，在1979年政协五届二次会议上被选为政协副主席。恢复了正常的宗教活动，允许境外的流亡藏人回来探亲，达赖的二哥嘉乐顿珠、三哥洛桑三旦先后回国，在青海、甘南、西藏等藏区进行宣扬和美化达赖的活动。达赖派回的参观团受到政府的热情接待，他们趁机散发了大量的达赖照片、像章，向寺庙赠送达赖用过的法器、达赖活动的录像带等，宣传达赖是"观音菩萨的化身"，是藏族的"救星"。从1979年到1980年，达赖派出五批参观团回国，所到之处都声称他们是达赖喇嘛派来看望乡亲的代表，说"达赖喇嘛在国外时常为藏族人民祈福"等。他们千方百计美化达赖，以潜移默化的方式，增加藏人对达赖的盲目崇信，使之由达赖的宗教信徒变为政治信徒。[①] 对于参观团的这些政治分裂活动，

---

① 中国藏学中心编：《50年真相——西藏民主改革与达赖的流亡生涯》，人民出版社2009年版，第186页。

我们并没有保持足够的警惕。另外政府拨款修复了"文革"中被捣毁的寺庙，西藏的宗教活动发展繁荣起来。1984年召开的第二次西藏工作座谈会上，强调西藏工作特殊性，会议提出："要高度重视和切实做好统战工作、民族工作和宗教工作，特别要团结上层代表人物，发挥他们的积极作用。我们应该充分相信，西藏藏汉等各族干部和人民是坚决拥护和坚持四项基本原则的。在党的马克思主义路线的指引下，在西藏实行符合实际情况的特殊政策，正是为了加快社会主义建设，坚持和巩固党的领导，发展安定团结的政治局面。所以，这样做不必担心是不是在搞社会主义，是不是会削弱党的领导，是不是会使宗教影响越来越大，是不是会再发生大的叛乱。"第二次西藏工作座谈会虽然强调了西藏工作的特殊性，但对西藏工作的复杂性没有充分的认识。从今天来看，这样的认识显然是不符合当时西藏的实际，是对形势过于乐观的估计。

其次，缺乏立场性地落实对敌斗争政策。在西藏自治区党委统一部署下，对于"文革"期间所有因政治、宗教原因受到迫害的人都予以平反。在民主改革、社教运动和"文革"中被定性为阶级敌人的农奴主、富农、牧主、资本家等全被摘帽，甚至1959年参与叛乱而被判刑的敌对分子也被释放，以前被定性为反革命组织的案子也不予追究。这些措施没有分清敌友，缺乏立场性。

最后，不分对象地落实统战政策。西藏和平解放以来，由于西藏上层的特殊地位和影响力，我们非常重视上层的统战工作，这样的策略也取得了明显成效。西藏上层主要是贵族、寺庙喇嘛或者是西藏旧政府的官员，其中大多数是爱国的，但是也有一些对共产党政府是敌对的。1959年达赖的叛乱主要是上层的蛊惑、支持和参与。"文革"后，在落实统战政策的时候，不分对象，全部予以平反。把大批旧西藏的官员、贵族、喇嘛安排进各级人大、政府、政协、佛协。到 1978 年年底，这些上层人士中，除老弱病残外，90%以上都安排了工作。1980 年 4 月，西藏 550 名上层人士中有 258 名（占 46.9%）被选为全国和西藏自治区各级人大代表、政协委员，有 150 人（占 27%）被安排在西藏自治区政府、政协和企事业单位担任领导职务。在 1980 年前，对西藏 2300 多名上层人士补发了 770 余万元的赎买金。[①]另外这些上层人士的子女也被送到中央民族学院、西藏民族学院学习，毕业后安排工作。这些措施伤害了下层广大群众的阶级感情。当一些群众被迫从那些贵族的房子搬出时，他们在想，是不是共产党的政策又变了？这些不分对象落实统战政策的措施，使一些群众产生了不满情绪，疏离了党群关系。

第二次西藏工作座谈会后，在指导思想上继续反"左"。1985 年，自治区召开区党委扩大会议，集中批评"左"的思想。会议还提出要"进一步彻底否定'文化大革命'，进一步清除'左'的思想影响，进一步端正思想路线"（简称"三个进一步"）。当时还组织大批工作组深入到全区农牧区及机关单位进行以否定"文化大革命"为由的运动。这些活动说明当时的西藏自治区党委还没有理清工作思路，没有真正领会十一届三中全会的基本精神，没有正确贯彻"拨乱反正"的中央政策，还没有把工作中心转移到经济建设上来，严重影响了西藏经济社会的健康发展。

第二次西藏工作座谈会后，由于西藏自治区领导大力批"左"的错误思想并没有得到及时纠正，自治区政府在落实宗教政策的同时，放松了对宗教的依法管理，个别地方出现人为纵容宗教狂热的现象。在这样的情况下，达赖集团趁机加强了民族分裂活动，西藏局势基本上被境内的民族分裂势力与境外的达赖集团所控制，并制造了多起骚乱事件，严重影响了西

---

① 任荣：《原西藏党委书记任荣回忆"文革"后西藏如何拨乱反正》，2009 年 8 月，西藏人权网（http：//www.tibet328.cn/yw/200908/t390341.htm）。

藏的社会稳定。

　　动乱发生的主要原因是什么？一派认为是长期"左"倾政策的结果，一派认为是拨乱反正政策不到位造成的祸患。1988年6月，中共中央政治局常委乔石到西藏视察指导工作，提出落实宗教政策不能没有边，西藏要稳定发展，这样才逐渐扭转了当时西藏的工作局面。1988年10月30日，胡锦涛参加的中共中央西藏考察组到西藏调研，12月26日，中共中央在北京召集西藏区党委常委会，胡锦涛等人的考察调研意见基本奠定了中央治藏方略的基调。1989年1月14日，胡锦涛任西藏自治区党委书记，提出了"多换思想少换人"的工作思路。1989年1月17日，胡锦涛在省部级干部见面会上讲了"三个要稳定"："西藏局势要稳定"，"西藏的领导班子要团结要稳定"，"党对西藏的政策要稳定"。[①] 胡锦涛的这个讲话统一了当时干部的思想，对稳定干部队伍，实现西藏由乱到治起到了关键性的作用。1990年7月11日，西藏自治区第四次党代会上提出了具有深远影响的西藏工作指导思想，这就是："在党的领导下，团结全区各族人民，凝聚各方面力量，以经济建设为中心，紧紧抓住稳定局势和发展经济两件大事，确保全区社会的长治久安，确保经济持续、稳定、协调发展，确保人民生活水平有明显提高。"[②] 至此，西藏自治区有了"一个中心，两件大事，三个确保"的指导思想，后来，这一指导思想得到中央的肯定，成为今天西藏工作的指导思想。

　　从西藏20世纪60年代开始的"左"倾，到80年代政策的偏离，到

---

① 中共西藏自治区委员会党史研究室：《中国共产党西藏历史大事记（1949—2004）》（第一卷），中共党史出版社2005年版，第527页。

② 中共西藏自治区委员会党史研究室：《中国共产党西藏历史大事记（1949—2004）》（第一卷），中共党史出版社2005年版，第571—572页。

1990 年"一个中心,两件大事,三个确保"的指导思想的形成,西藏的马克思主义大众化确实经历了一个曲折的发展过程,其中的教训是非常深刻的。

二、没有正确地贯彻执行党的民族政策与宗教政策,民族矛盾凸显

新中国成立后,党中央制定了宗教信仰自由政策。1965 年,西藏自治区成立,实行民族区域自治制度,坚持民族平等、民族团结和各民族共同繁荣的民族政策。不过,在西藏马克思主义大众化的过程中,我们没有全面正确地贯彻执行党的民族政策与宗教政策。

对于党的宗教信仰自由政策,长期以来并没有正确理解和执行。主要原因在两个方面:一是没有划清"两个界限";二是没有弄清宗教与政治的关系。

划清"两个界限"指的是划清正常宗教活动和利用宗教从事分裂活动的界限,划清群众有宗教信仰的自由和党员不得信仰宗教的界限。在"文革"期间,所有的宗教活动都被禁止,佛经被烧掉,寺庙被捣毁。正常的宗教活动被当作"四旧"破掉。在改革开放以后,落实宗教政策的时候,一些境外的民族分裂分子,打着宗教的幌子回国参观,却被看作是做上层的统战工作而受到热情接待。以至于到后来,自治区的党员干部对于那些不正常的宗教活动不敢管、不愿管、不会管,不信教的党员干部受到排挤、打击,正气得不到弘扬,歪风邪气盛行,助长了宗教狂热,引发了骚乱。这些都与没有划清"两个界限"有直接的关系。直到 2002 年 6 月 12 日,全区首期寺庙民管会主任培训班开业时,区党委书记郭金龙在讲话中提出,要全面正确地贯彻执行党的宗教信仰自由政策,依法加强对宗教事务的管理,积极引导宗教与社会主义相适应,必须做到"划清两个界限,尽到一个责任"。① 至此,我们算是对"两个界限"有了比较清楚的认识。但认

---

① 中共西藏自治区委员会党史研究室:《中国共产党西藏历史大事记(1949—2004)》(第一卷),中共党史出版社 2005 年版,第 997 页。

识的过程却是曲折的,有许多教训要总结。

关于宗教与政治的关系,这个问题更为复杂。可以说,直到今天,我们还需要对这个问题进行更深入的研究。

我国宗教信仰自由政策规定,坚持宗教自主自办的原则,宗教与教育、政治相分离。就藏传佛教来说,传统上与政治、教育紧密结合,形成了1000多年的政教合一制度,对藏族社会的政治、文化、风俗习惯、心理结构都产生了深刻的影响。西藏民主改革以后,虽然废除了政教合一的制度,建立了新的社会主义的教育制度,实现了宗教与政权相分离,但是宗教对政治的影响仍然存在。实际上,宗教与教育、政治相分离,指的是宗教不得干预教育与政治,宗教与国家政权相分离,而不是说宗教与政治没有关系。在这个方面,我们以往存在一些错误的认识,不仅把宗教看作是与马克思主义完全对立的意识形态,而且把宗教看作是与政治完全对立的社会生活。"文革"中对宗教的破坏就与这种认识有关。另外,宗教信仰与政治态度也没有必然的联系。"信仰同一种宗教或教派的人,在政治态度上可能很不一样,甚至完全对立;不同宗教信仰的人,或者属于不同教派、宗教组织的信徒,也有可能在政治态度上完全一致。"① 我国有许多信教群众,他们不仅积极参加新民主主义主义革命,为新民主主义革命做出了贡献。而且拥护社会主义制度,为社会主义建设也做出了贡献。今天,信仰藏传佛教的群众还很多,虽然有少数分裂分子进行破坏活动,但他们中的大多数都是拥护社会主义的。所以,我们对信仰藏传佛教的群众不能心存偏见,认为信教的群众都是思想落后的,甚至怀疑他们的政治态度有问题。我们更应该看到藏传佛教的积极作用,特别是在联系群众、凝聚人心、

---

① 朱晓明:《西藏前沿问题研究》,中国藏学出版社2014年版,第312页。

改善社会风气、维护社会稳定方面，藏传佛教仍然发挥着不可替代的作用。

在执行民族政策方面，也存在一些问题。民族平等、民族团结和各民族共同繁荣的民族政策需要通过民族区域自治制度来实现。这一制度在实施的过程中也还存在问题，比如：普遍存在着"配套资金减免落实不到位"，造成地方"根本无力配套，使民族地区的建设项目往往得不到及时安排"；"财政转移支付力度小、不规范"，出现"部分专项转移支付资金存在内容交叉、分配过程不够透明、资金下达不够及时等问题"；"资源开发补偿规定不落实"，致使"民族地区输出天然气、煤炭等自然资源，得到的利益补偿不但数量少，而且不规范"，"对这种资源开发在民族地区，耕地占用、环境污染、地质灾害、移民安置后的扶持都由民族地区承担，而所得补偿却很少的做法，民族地区干部群众反映强烈"；"生态建设和环境保护补偿不到位"，导致"大量失地的生态移民、库区移民，由于没能得到应有的补偿和合理的安置，又重新返回到贫困行列"；"有些部门对民族地区的实际情况考虑不够"，造成扶贫、合并小学教学点、录用公务员等方面"没有考虑到内地与民族地区的差异，在标准上搞'一刀切'"的问题等。[①] 西藏在资源开发、生态移民、环境保护工作中，也存在对农牧区群众补偿不合理的问题。包括全国援建西藏的某些项目，当地藏族群众并没有从中得到很多实惠。在境外民族分裂势力的蛊惑下，有些藏族群众认为，是汉人在掠夺他们的资源，破坏他们的环境，要把汉人赶出去。因此而造成了民族隔阂，引发了民族矛盾。另外，当今还存在质疑、甚至否定民族区域自治制度的思潮，对此我们必须要有一个明确的认识。我们当今所存在的民族问题，

---

① 国家民族事务委员会、中共中央文献研究室编：《民族工作文献选编》（2003—2009），中央文献出版社 2010 年版，第 190 页。

并不是由于民族区域自治制度造成的，而恰恰是因为没有正确执行这一制度造成的。所以，今后要进一步完善民族区域自治制度，全面正确地贯彻执行党的民族政策。

三、没有处理好民生问题，贫富差距加大引发社会矛盾

加强和改善民生是构建社会主义和谐社会的重点。社会主义的本质是解放生产力、发展生产力、消灭剥削、消除两极分化，最终实现共同富裕。邓小平曾经这样说过："贫穷不是社会主义，两极分化也不是社会主义。"社会主义的本质是共同富裕，目前贫富差距加大的趋势如果不加以改变，可能会偏离社会主义的发展目标，引发社会矛盾。

在中央关心西藏，全国援助西藏的大好形势下，西藏的民生建设取得了很大成绩，广大农牧民的生活水平都有了明显的提高。但是相对于内地来说，西藏广大农牧区群众的生活水平还是偏低，甚至还存在一定数量的贫困人口。2000年国务院制定的《中国农村扶贫开发纲要（2001—2010年）》提出："把西藏作为一个特殊的集中连片的贫困区加以扶持。"这说明整个西藏都属于贫困区。根据国务院的规定，西藏自治区制定了《十五扶贫计划》，把人均纯收入低于1300元的34个县、393个乡镇作为重点扶持的区域，148万人口作为重点扶持的对象。[①] 根据《西藏扶贫开发"十一五"发展规划》，2000年的时候，西藏人口不过270万，也就是说有超过一半的人口都属于贫困人口的重点扶持对象。另外，西藏由于自然环境差、自然灾害频繁，每年因灾因病返贫人口约有15%，个别地方甚至高达20%以上。由此看来，西藏的扶贫开发任务还是十分艰巨的。

虽然西藏城乡居民的收入绝对值呈逐年上升的趋势，但收入差距不断

---

① 徐君：《割舍与依恋——西藏及其他藏区扶贫移民村考察》，《西藏大学学报》2011年第4期。

扩大。2002年，西藏城乡居民收入差距系数达到最大值5.1，目前世界上多数国家城乡居民收入系数为1.5倍，这一比率超过2倍的极为罕见。而我国这一比率从1991年开始就一直超过2，西藏这一比率更是大大超过2，说明西藏城乡之间的差距远大于我国城乡之间的差距，而且与全国同期比有不断扩大的趋势，西藏是全国城乡居民收入差距最大的地区之一。[①] 城乡收入差距过大，会造成城乡之间经济发展不平衡，农牧区群众就会产生一种被剥夺感和不公平感，造成城乡居民之间的矛盾和对立，不利于社会的和谐稳定。

对于当前西藏城乡贫富差距加大的这种趋势必须高度重视，要想方设法进一步改善民生，提高广大农牧区群众的生活水平，促进西藏城乡一体化进程加快发展。只要广大农牧区群众的生活水平都提高了，我们就能赢得民心，得到广大农牧区群众的拥护和支持，民族分裂势力也就无机可乘，就能实现西藏的稳定发展。从这些年西藏发生的动乱事件来看，都是境外的民族分裂分子利用西藏僧尼和群众对政府的不满情绪，加以蛊惑挑拨才得以发生的。从根本上讲，提高西藏群众的教育文化水平和思想政治觉悟，具备明辨是非的能力，也需要改善民生。因此，广大党员干部都要把人民的利益放在心上，坚持全心全意为人民服务的宗旨，坚持共同富裕的发展目标，切实改善民生，才能得到广大人民群众的真心拥护，西藏社会主义事业才能稳固，才能和谐发展。

四、忽视了社会下层的利益

历史唯物主义认为，人民群众是社会发展的主体，是历史的创造者。他们不仅创造了大量的物质财富和精神财富，还是社会变革的决定性的阶

---

① 王娟丽：《西藏城乡居民收入差距问题研究》，《西藏民族学院学报》2009年第1期。

级力量。历史上的许多王朝，无论它的统治阶级多么强大，如果不能藏富于民，而是残酷压迫和剥削，广大人民没有不把它推翻的。"水能载舟，亦能覆舟"。必须认识到人民群众在历史发展中的重要地位以及他们当中所蕴藏的巨大的力量。

以毛泽东为核心的党的第一代领导集体，充分认识到人民群众的重要地位，坚持群众路线，进行土地革命，建立统一战线，得到了广大群众的拥护和支持，取得了抗日战争和解放战争的胜利，成立了中华人民共和国，建立了人民民主专政的政权，使人民翻身成了国家的主人。我们说新中国之所以"新"，就在于她是历史上第一个真正实现广大人民当家作主的政权，是人民的国家。

西藏和平解放后，我们在重视与西藏上层建立统一战线时，也高度重视下层广大农牧民的利益。民主改革的时间之所以往后一推再推，不是我们忽视了广大群众的利益，而是考虑到西藏政治制度、宗教文化的特殊性，是为了实现西藏社会改革的平稳过渡而采取的政策。党的阶级立场毫无疑问是站在社会下层广大农牧民的立场上的。也正因此，西藏上层才顽固阻挠民主改革，最后不惜发动叛乱。为了让广大农奴尽快得到实际利益，我们没有等到平叛结束才进行民主改革。而是"边平边改"，在平叛的过程中，进行土地改革，使广大农奴得到土地，三大领主的财产或被没收或用赎买方式分给了广大农奴。从此，百万农奴翻身得解放，西藏建立了社会主义制度。毫无疑问，通过民主改革，西藏上层的利益是受损的，而广大农奴从无产者变成了国家的主人。也正因为在民主改革过程中坚持了群众立场和群众路线，我党才得到了广大群众的支持。即使在"文革"期间，虽然犯了"左"的错误，但党的群众基础还是非常好的，西藏也没有出现严重的民族矛盾和民族问题。包括当时"文革"中打派战的双方，也不是以民族来区分的，而是以政治态度来区分的，双方的队伍中都有藏族和汉族。这说明当时的民族关系还是和谐的。

改革开放后，在落实政策时，没有正确地执行政策，厚待上层，忽视了下层的利益。在政策执行过程中，一些旧贵族得到了大量的补偿，成了新社会的"新贵族"，与社会下层形成了较大的贫富差距。

从第一次西藏工作座谈会以来，在中央的关心下，在援藏单位的扶持下，西藏的城市和乡镇都有了很大发展，基础设施都有了明显改善，生活水平也得到明显提高。但是援藏单位直接援助农牧区的项目却很少，相对而言，广大农牧区发展仍然比较缓慢，甚至许多农牧民生活贫困，与城镇的差距也越来越大。农牧民收入增长的幅度与西藏整体的发展速度不相适应，他们并没有享受到应该享受的发展成果，实际利益受到损害。

当然社会下层利益受损，不仅仅在西藏存在，全国也都存在，这和我国城乡二元对立的结构有关。要改变这种状况，缩小贫富差距，需要我们进一步推进户籍制度改革，加快城镇化建设，加大扶贫力度，促进城乡一体化的发展。

我们一定要明白，党的执政基础是下层的广大群众，要代表最广大人民群众的根本利益，才能立于不败之地。社会主义江山的稳固，靠的是群众拥护，丧失了群众基础，就会地动山摇。

五、应对新媒体缺乏经验，在国际舆论宣传中陷入被动

从20世纪80年代末的拉萨骚乱和2008年的"3·14"暴乱事件来看，达赖集团总是能得到国际舆论的支持，而我们在国际舆论宣传中往往处于被动。为什么正义在我们这边，但却得不到国际舆论应有的支持？除了意识形态方面的对立外，主要原因在于我们应对新媒体还缺乏经验。

长期以来，国际上关于西藏问题的争论，大部分时候是各执己见。而西藏的巨大变化是客观事实,但一些西方媒体却带着偏见和极端思维来看待西藏问题。

值得反思的是,为什么达赖的许多歪曲、虚假的宣传反而能得到西方的认同呢?因为半个世纪以来,达赖长期生活在西方世界,对于西方人的思维方式、价值观念、心理特征非常了解,因而达赖的宣传充分考虑到西方受众的特点,容易让西方世界接受。一方面是镜头面前的面带微笑的似乎受伤害的达赖,另一方面,是我们官方媒体生硬的发言,很容易引起西方受众心理上的反感。换句话说,达赖的宣传策略、技巧和方法都比我们有成效,易博取舆论同情。与达赖相比,我们的对外宣传缺乏经验。

另外互联网形成后,又出现了 E-MAIL、QQ、FACEBOOK、微博、微信等网络新媒体。这些网络新媒体具有传播速度快、传播方式隐蔽、传播效果直观等特点。互联网是在虚拟空间上进行传播的,其真实性很难证明,其不可预测性又难以控制。比如2008年的"3·14"暴乱事件主要是通过互联网传播的,由于我们缺乏应对这些新媒体的经验,使"3·14"暴乱事件一度失去控制。事件发生后,面对铺天盖地的同情达赖分裂集团的报道,我们难以形成有效的应对策略。对于互联网,我们还没有有效的控制措施,对于网络新媒体,我们也还没有合理的应对策略。今后必须探索出加强互联网管理的有效方法,扼制西藏分裂势力通过网络迅速传播的发展趋势。

要遏止"西藏问题"国际化的势头,需要我们有足够的智慧来制定科学的应对策略,需要改变以往的简单化、程式化的宣传方式,需要转变我们传统的思维方式。要充分发挥藏学家和"民间外交"的作用。事实证明,在对外宣传西藏工作中,学者能够发挥独特的作用,西方人相信学者,对学者的话容易听进去。西藏外宣事业需要专家学者充当顾问,中国学者应当明确自身的定位，在向西方的受众阐述观点时让事实说话，强化学术性，这样才更有针对性，使其更易于接受。在英语作为主流语言的国际社会，英语作为传播的工具，在国际舆论宣传中发挥着非常重要的作用。今后要加大力度提高中国知名藏学家和具有良好学术功底的年轻藏学研究人员的英语水平，鼓励他们积极参与国际藏学的交流，逐步使中国在"西藏问题"上占领国际舆论阵地，引导国际舆论宣传的方向。

另外，我们还要发挥国际统一战线的作用。发挥海外华裔、爱国侨胞、华人传媒等爱国者在国际舆论宣传中的作用。这些海外华人团体和组织熟悉西方的价值观、意识形态和文化心理，他们的观点更容易被西方所接受。2008年奥运火炬传递过程中，为反对藏独分裂势力的破坏活动，海外华裔和留学生群体在澄清事实真相方面发挥了重大作用。海外华裔心向祖国，愿意支持国内的建设，我们要加强与这些群体的交流与合作。能得到他们的支持，我们在国际舆论宣传中就有了一个坚强的同盟军。

本章小结

由于西藏新民主主义革命与社会主义革命的特殊性，决定了西藏马克思主义大众化表现出以下几个特点：第一，传播时间晚，群众基础差；第二，藏传佛教成为西藏马克思主义大众化的难题；第三，民族分裂势力不断策划分裂活动；第四，国外反华势力的渗透与破坏。西藏的马克思主义大众化走了一条具有自身特点的发展道路，在发展的过程中，既积累了宝贵的值得推广的经验，也留下了深刻的值得反思的教训。西藏马克思主义大众化的经验主要表现在以下六个方面。第一，坚持党的思想路线，解放思想，实事求是，把马克思主义的普遍真理与西藏的具体实际相结合；第二，坚持党的群众路线，密切联系群众，尊重群众的主体地位和首创精神；第三，重视基层党组织建设；第四，坚持党的民族政策和宗教政策，充分发挥了统一战线的作用，最大限度地团结了一切可以团结的力量；第五，坚持同西方各种非马克思主义思潮及其反动势力进行了长期不懈的斗争；第六，充分利用各种媒介，多渠道、多途径、广泛地宣传马克思主义。在推进西藏马克思主义大众化的过程中，我们虽然积累了一些可以推广的经验，但是也留下了一些应该总结的教训。只有认真总结教训，才能避免重犯类似错误。我们在西藏马克思主义大众化过程中的教训主要表现在以下几个方面：第一，犯了"左"的错误，偏离了党的思想路线；第二，没有正确地贯彻执行党的民族政策与宗教政策，导致民族矛盾凸现；第三，没有处理好民生问题，贫富差距加大引发社会矛盾；第四，忽视了社会下层的利益；第五，应对新媒体缺乏经验，在国际舆论宣传中陷入被动。总结这些经验教训，可以得出这样一个基本结论：无论任何时候，只要我们能得到广大人民群众的支持，我们的社会主义事业就能取得成功；反之，如果忽视了群众利益，偏离了党的宗旨，我们的社会主义事业就会失去群众的支持，工作就会犯错误。因此，"人民，只有人民才是创造世界的动力！"毛泽东在总结抗战胜利经验时说的这句话，用于西藏的马克思主义大众化也同样适用。胡锦涛在庆祝建党90周年大会上的讲话中指出："90年来党的发展历程告诉我们，来自人民、植根人民、服务人民，是我们党永远立于不败之地的根本。以人为本、执政为民是我们党的性质和全心全意为人民服务根本宗旨的集中体现，是指引、评价、检验我们党一切执政活动的最高标准。全党同志必须牢记，密切联系群众是我们党的最大政治优势，脱离群众是我们党执政后的最大危险。我们必须始终把人民利益放在第一位，把实现好、维护好、发展好最广大人民根本利益作为一切工作的出发点和落脚点，做到权为民所用、情为民所系、利为民所谋，使我们的工作获得最广泛最可靠最牢固的群众基础和力量源泉。"胡锦涛同志的讲话为我们在新时期认真践行群众路线提出了明确要求。"人民的社会本体论的存在决定了马克思主义大众化的价值论意蕴：为人民群众的自由全面发展服务。这既是马克思主义中国化的核心命题，也是马克思主义大众化根本的价值旨趣。如果脱离了为人民群众的自由发展服务这一核心宗旨，就会失去方向。"[①]因此，我们必须要充分认识到人民群众当中所蕴藏的力量，坚持全心全意为人民服务的宗旨，坚持群众路线，倾听群众呼声，把群众利益放在心上，不断提高群众的生活水平，才能得到群众的拥护和支持，我们的工作才能立于不败之地。无论是经验还是教训，都成为西藏马克思主义大众化的宝贵精神财富，认真总结这些经验教训，对于正确认识西藏中共的历史，对于正确评价中共治藏的政策，对于今后更好地推进西藏的马克思主义大众化都有重要意义。

---

① 马克思主义传播与大众化研究中心编：《马克思主义传播研究》，中国传媒大学出版社2014年版，第49页。

第四章 当今西藏马克思主义大众化的现状及存在的主要问题

要想更好地推进西藏地区的马克思主义大众化,除了要认真总结西藏马克思主义大众化的经验教训之外,还需要把握当今西藏马克思主义大众化的现状,明确今后推进西藏马克思主义大众化面临的主要问题。

第一节 当今西藏马克思主义大众化的现状

由于历史的原因与国际、国内因素的影响,使西藏的马克思主义大众化面临着十分复杂的局面。从历史上看,西藏马克思主义大众化开始的时间非常晚,而且由于受藏传佛教及传统政教合一封建农奴制的影响,面临的阻力又非常大。广大群众的宗教信仰与马克思主义存在着一定程度的对立,维护"三大领主"利益的农奴制与社会主义制度是根本对立的,保守的藏族传统文化与作为一个开放的理论体系的马克思主义是很难结合的。从国际上看,西藏的马克思主义大众化从一开始就与国际反华势力结合在一起。由于意识形态的对立及处于国家利益的考虑，西藏和平解放后，先是英、印、俄等国支持西藏分裂势力进行不断的破坏活动，后来，以美国为首的西方国家处于意识形态的考虑，与境外的"藏独"分裂势力相互勾结，操纵国际舆论，对西藏人权问题说三道四，对西藏不断进行渗透、颠覆和破坏活动，成为影响当今西藏社会稳定的最重要的因素。从国内来看，1959年达赖叛逃国外后，从来没有放弃分裂祖国的活动，他们通过控制西藏寺庙、培养代理人等方式，在西藏策划了许多分裂祖国的活动。"藏独"分裂势力与"疆独"、"台独"分裂势力相互勾结，使西藏的民族问题日益复杂。改革开放以来，特别是随着社会主义市场经济体制在西藏的逐步建立，西方价值观也对西藏群众产生了一定的影响，西藏群众传统的价值观也开始转变，价值观念日益多元化。在西藏实现跨越式发展，走向现代化的过程中，藏传佛教也出现了世俗化的趋势。如何引导藏传佛教与社会主义相适应，实现西藏传统文化的现代转化，也成为当今西藏马克思主义大众化所面临的一个突出问题。按照传播学的理论，传播活动主要包括传播者、传播客体、传播内容及传播媒介"四大要素"。本文主要借鉴传播学的理论，综合考虑影响西藏马克思主义大众化的因素，从传播主体、传播客体、传播内容、传播介体和传播环境五个方面来分析西藏马克思主义大众化的现状。

一、西藏马克思主义大众化的传播主体

"在当代中国，马克思主义有两种基本形态：一是作为学术性的马克思主义；二是作为意识形态性的马克思主义。马克思主义大众化就与这两种形态的马克思主义有关。作为学术性的马克思主义的传播者主要是马克思主义专家、学者等，比如高校马克思主义理论教师就是这方面的传播者。作为意识形态的马克思主义主要与现实制度、政策紧密相关，它的传播者

主要是领导干部、宣传人员、广大党员和媒体工作者等。这两方面是传统的马克思主义传播的主要力量，也是当下马克思主义大众化的传播主体。从体制内看，马克思主义大众化传播主体主要有国家、政党、各级政府以及政府领导下的主流媒体。从体制外来看，马克思主义大众化主体主要包括社会和民间团体、利益集团、社会精英等。"[①] 具体来说，西藏马克思主义大众化的主体有党政机关的领导干部、广大党员群体，也包括西藏高校的马克思主义理论教师、科研机构从事马克思主义理论的研究者。

从传播学的角度来看，传播主体在传播过程中发挥着非常重要的作用，一般具有导向作用、教育作用、示范作用和组织作用。[②] 所谓导向作用，指的是传播主体通过其理论宣传活动，使广大群众不断提高政治觉悟，引导广大群众树立中国特色社会主义的道路自信、理论自信和制度自信和文化自信，在面对复杂社会现象的时候，具有明辨是非的能力，不被西方的错误理论及其反对势力所左右。所谓教育作用，指的是传播主体在理论宣传活动中，能够根据建设中国特色社会主义事业的需要，理论联系实际，运用灵活多样的传播方式，对广大人民群众进行思想政治教育，提高人民群众的理论素养。所谓示范作用，指的是传播主体自身要有坚定的马克思主义信仰，并能以实际行动为广大人民群众做出表率。传播主体只有将自己对马克思主义的信仰转化为实际行动，才能以身示范、言传身教，对广大群众接受马克思主义起到潜移默化的作用。所谓组织作用，指的是传播主体要根据马克思主义大众化的目的要求，通过理论宣传将广大群众组织起来，凝聚人心，共同致力于中国特色社会主义现代化建设。

[①] 周中之：《马克思主义大众化发微》，三联书店2013年版，第231-232页。

[②] 唐碧君：《略论传播学视阈下当代中国马克思主义大众化传播对传播者要素的要求》，《黑龙江教育学院学报》2011年第6期。

传播主体要想发挥好这四个方面的重要作用，必须具备较高的思想政治素质和理论素质。中国共产党在发展过程中不断进行理论创新，形成了当代中国的马克思主义——中国特色社会主义理论体系。马克思主义大众化的传播主体首先要掌握中国特色社会主义理论体系，对于这个理论体系的各个组成部分应该能够融会贯通。要坚持马克思主义的世界观和方法论，有坚定的马克思主义信仰，坚持党性原则，能站在无产阶级的立场上，忠于党，忠于人民，树立全心全意为人民服务的思想，坚持党的群众观点和群众路线。传播者要不断加强自身的理论修养，不仅要具备扎实的理论功底，而且要有高尚的道德品质，以高度负责的态度，率先垂范，以良好的思想道德品质和人格来影响传播对象。除了具备较高的思想政治素质和理论素质外，传播主体还应该具备较高的语言表达能力、分析判断能力与组织动员能力。传播主体的一个重要任务就是要把中国化的马克思主义理论以通俗、生动的语言表达方式传播给广大群众，传播主体作为这样的一个"宣传队"，必须在马克思主义大众化的实践过程中不断提高自己的宣讲能力和宣传效果。

西藏党政机构的领导干部在西藏马克思主义大众化的过程中处于主体地位，发挥着领导作用。特别是西藏的党委宣传干部，他们是西藏马克思主义传播的"把关人"，发挥着非常关键的作用。如何坚持正确的舆论方向，保证马克思主义在社会意识形态领域的主导地位，是关系到西藏马克思主义大众化能否成功的关键。就传播主体而言，西藏党政机构的领导干部作为推进西藏马克思主义传播的"把关人"，首先要掌握马克思主义理论的正确导向，弘扬社会主义主旋律，大力加强社会主义核心价值观的宣传教育，提高社会主义意识形态的凝聚力和向心力，不断强化以爱国主义为核心的民族精神和改革开放为核心的时代精神教育，不断加强反分裂反渗透教育。同时还要加强理想信念教育、思想道德教育和诚信教育，从根本上防御和抵制非马克思主义思想的渗透和影响，充分地发挥好"守门人"的作用。其次，要优化传播内容，畅通传播渠道。西藏党政机构的领导干部作为传播过程中的"守门人"，要紧密结合当前西藏发展的形势和广大群众的需要，适当地优化传播内容，改造成广大人民群众乐意接受的内容。根据传播学的理论，信息的顺利传播需要畅通的传播渠道。因为整个信息传播过程是一个复杂的系统，需要多个参与系统活动的主体加入其中，如果传播的方法不当，会产生传播信息的隔阂，影响社会成员的认知、判断、决策和行动上的混乱，阻碍信息的顺利传播。目前西藏的绝大多数党政干部具有坚定的马克思主义政治信仰，能够贯彻执行党的路线、方针和政策，发扬"特别能吃苦、特别能忍耐、特别能战斗"的"老西藏精神"、"孔繁森精神"，为西藏的发展做出了突出贡献。目前，西藏党政干部也逐渐走向年轻化、知识化，但是，与内地其他省份相比，西藏干部的理论素质还是比较低的，特别是西藏有70%左右的少数民族干部，他们的理论基础比较薄弱，甚至有个别干部对马克思主义一知半解，对党的路线方针政策不能深入理解，认不清宗教和达赖集团的本质，极个别党员干部还信教，以至于被达赖分裂势力所利用。因此，西藏的广大党员干部的思想政治、理论素质和理论宣传能力都还需要进一步提高。

　　西藏高校的马克思主义理论教师以及西藏社科院、西藏自治区党校从事马克思主义理论研究人员也是西藏马克思主义大众化传播主体的重要组成部分。西藏高校的马克思主义理论老师从事着思想政治理论的教学与研究。他们教学的对象是西藏的大学生，而西藏大学生的政治素质和政治信仰直接决定了西藏能否坚持社会主义的发展方向。因此西藏大学生这一群体成了达赖集团、西方反华势力共同拉拢和腐蚀的对象。从这个角度来讲，西藏高校马克思主义理论教师担负着西藏马克思主义大众化的重要任务。目前来看，由于受国际、国内环境的影响，西藏高校的马克思主义理论课的教学效果不好，缺乏针对性和实效性。今后应该进一步推进西藏高校思政课的教学改革，转变教学理念，创新教学方法，不断提高思政课的教学效果。西藏社科院作为自治区党委和政府的"智库"，他们研究马克思主义理论的成果为自治区党委的决策提供了重要参考。西藏自治区党校作为培训全区党员干部的机关，为提高党员干部的思想政治水平和理论素质发挥着重要作用。相对而言，这一群体的理论水平较高，政治立场比较坚定，也具备一定的理论宣讲能力，但是他们对西藏的具体实际缺乏深入了解，对普通群众的精神生活状况缺乏整体把握，马克思主义大众化传播的效果还有待提高。

二、西藏马克思主义大众化的传播客体

马克思主义大众化的传播客体就是"大众"。"'大众'是一个具有历史性的范畴，其内涵和外延不是一成不变的，而是历史地发展的，在不同的历史时期其指向是不同的。"[①] 在现阶段，这个"大众"就包括中国特色社会主义事业的建设者和海内外所有拥护祖国统一的爱国者。这个群体是非常庞大的，又是十分复杂的。结合西藏的具体实际，西藏马克思主义大众化的传播客体可以分为西藏青年大学生、西藏广大农牧民和西藏基层党员干部三类。西藏的马克思主义大众化目标就是让这些群体接受马克思主义，拥护中国特色社会主义。这些群体的经济利益、政治诉求、道德诉求都是不同的，要想使西藏的马克思主义大众化收到实效，必须对这些不同群体进行具体分析。

---

① 周中之：《马克思主义大众化发微》，三联书店2013年版，第138页。

（一）西藏大学生群体

胡锦涛同志在庆祝建党 90 周年大会的讲话中强调了青年对于国家发展的重要性。他说："回顾我们党 90 年的发展历程，我们有一个共同的感觉，这就是，我们党从成立之日起，就始终代表广大青年、赢得广大青年、依靠广大青年……青年是祖国的未来、民族的希望，也是我们党的未来和希望。全党都要关注青年、关心青年、关爱青年，倾听青年心声，鼓励青年成长，支持青年创业。党对青年寄予厚望，人民对青年寄予厚望。全国广大青年一定要深刻了解近代以来中国人民和中华民族不懈奋斗的光荣历史和伟大历程，永远热爱我们伟大的祖国，永远热爱我们伟大的人民，永远热爱我们伟大的中华民族，坚定理想信念，增长知识本领，锤炼品德意志，矢志奋斗拼搏，在人生的广阔舞台上充分发挥聪明才智、尽情展现人生价值，让青春在为党和人民建功立业中焕发出绚丽光彩。"当代青年是祖国的未来和希望，是实现中华民族伟大复兴的主要力量。

藏族大学生是建设西藏、发展西藏和稳定西藏的中坚力量，是维护祖国统一、民族团结的生力军。"西藏青年大学生坚持什么样的政治信仰直接关系着西藏社会发展的方向，是关系着西藏举什么旗、走什么路的重大政治问题。"[①] 西藏青年大学生是在改革开放的背景下成长起来的，他们身上也体现了这个时代的烙印。由于社会主义市场经济体制的深刻变革，人们的利益关系出现了重大调整。西方思潮的涌入冲击着西藏传统的价值观，西藏宗教文化也出现世俗化的倾向。多元文化的冲突融合对于正在成长的西藏大学生产生了深刻的影响。

首先，西藏大学生的世界观、人生观、价值观还没有最终形成。当前西

[①] 崔海亮：《西藏大学生政治信仰教育的途径与方法》，《西藏民族学院学报》2013 年第 6 期。

藏社会正处于跨越式发展的过程中，西藏的经济快速发展，传统宗教文化价值观的许多方面与经济社会的发展不相适应。如藏传佛教文化的忍耐顺从观念与市场经济的竞争观念与不相适应，出世的世界观与张扬个性、在奋斗中实现人生价值的现代观念不相适应。藏族大学生逐渐接受了比较先进的科学文化知识，但落后的宗教文化对他们的思想还起着一定的束缚作用，使他们还没有形成科学的世界观，特别是还没有最后形成马克思主义的世界观和人生观。

其次，西藏大学生的政治信仰还比较模糊。根据有关调查，西藏大学生（包括汉族、藏族和其他少数民族）中信仰共产主义的占51%，信仰宗教的占39%。其中信仰宗教的大学生中，汉族占12%，藏族和其他少数民族占88%。[①] 其中也有些藏族大学生同时信仰共产主义与藏传佛教。这说明西藏大学生的政治信仰还比较模糊，政治立场还不够坚定。非常有必要对他们进行马克思主义理论的宣传教育，增强他们对于中国共产党及其中国化了的马克思主义理论的认同、信仰和追求。

最后，西藏大学生纠结于民族认同与国家认同之间。民族认同与国家认同是一种对立统一的关系。民族认同强调的是对本民族共同语言、宗教习俗的一种心理上的归属感和民族身份认同。而国家认同指的是公民对自己祖国的历史文化传统、道德价值观、国土疆域等的认同，并由此产生国民身份的认同。对民族认同的强化会导致对国家认同的弱化。反之，如果过度地强调国家认同，可能会削弱民族的主体意识，模糊民族身份。同时，民族认同与国家认同又是统一的。民族与国家是部分与整体的关系。部分离不开整体。民族认同的向心力可以增强国家认同的凝聚力。处于族际交往中的藏族大学生在民族利益与国家利益出现冲突时，在行为方式的选择

---

① 曹水群：《西藏高校学生信仰状况调查与分析》，《中国成人教育》2007年第9期。

上往往会处于一种两难的境地。①加强马克思主义国家观、民族观、宗教观、文化观教育,采取切实有效的措施逐步消除藏族大学生国家认同与民族认同之间的紧张关系,是当前迫切需要解决的一个问题。

(二)西藏农牧民群体

由于西藏相对封闭的地理环境和藏传佛教文化的深刻影响,处于偏远地区的西藏农牧民群体是文化教育水平最低、思想最保守、观念最落后的群体。西藏和平解放以后到20世纪60年代的农牧民对共产党还有些直观的、朴素的认识,从进藏的解放军和广大的党员干部身上理解了共产党的性质和宗旨,逐渐认同了共产党,认同了马克思主义。但是当今时代的西藏农牧民,大多是"文革"后出生的,他们生活在相对稳定、封闭的环境中,藏传佛教对他们的日常生活仍然有深刻影响,他们的行为准则是按照宗教文化礼仪来规范的,建房子、结婚、村民之间的纠纷等重大事情还是习惯去求寺庙的喇嘛来解决。法律意识淡薄,缺乏民主观念。在20世纪80年代末的拉萨骚乱和2008年的"3·14"暴乱事件中,许多农牧民没有明确的政治立场,甚至根本就没有政治信仰。全民信教的浓郁的宗教文化氛围使许多农牧民容易受达赖分裂集团的蛊惑和利用,处于一种"集体无意识"当中,做了违法的事自己还不知道。西藏农牧民的这种现状使农牧区的马克思主义大众化任务异常艰巨。

(三)西藏基层党员干部

西藏基层党员干部是西藏马克思主义大众化过程中直接向农牧民宣传马克思主义理论和党的方针政策的群体,从某种程度上讲,他们既是传播的主体,又是传播的客体,在西藏马克思主义大众化过程中发挥着非常重

---

① 崔海亮:《纠结于民族认同与国家认同之间——藏族大学生民族心理认同问题探析》,《黑龙江民族丛刊》2013年第3期。

要的作用。截至 2013 年年底，西藏基层党组织达到 14,865 个，党员人数达到 27 万余名，其中农牧民党员 13 万余名，占党员总数的 49%。西藏 80% 的人口生活在农牧区，近些年来，西藏通过实施"一村一支部""一社区一支部"工程，使西藏 5464 个村（社区）全部单独建立了党组织，实现了党组织在农村社区的全覆盖。①

基层党员干部基本都在广大农牧区，80% 以上的基层党员干部都是藏族群众。相对而言，他们的文化素质较差，特别是马克思主义理论基础比较薄弱。受农牧区传统宗教文化的影响，甚至有少数基层党员干部的世界观还没有转变。由于农村宗教文化存在比较深厚的群众基础，这些基层党员干部做群众工作不可避免要涉及宗教问题。由于自身缺乏理论素质，他们对党的民族政策与宗教政策还不能深入理解，对于群众的宗教活动，他们还不善于管理，对于传播宣传马克思主义的工作还缺乏实效。因此，西藏基层党员干部的思想政治素质和理论素质急需提高。

三、西藏马克思主义大众化的传播内容

马克思主义大众化的传播内容也是一个历史的范畴，不同时期马克思主义大众化的传播内容是不一样的。因为马克思主义在发展的过程中，不断实现着马克思主义的中国化。今天我们所讲的"马克思主义"应该是当代中国的马克思主义。党的十七大报告提出："中国特色社会主义理论体系，就是包括邓小平理论、'三个代表'重要思想以及科学发展观等重大战略思想在内的科学理论体系。在当代中国，坚持中国特色社会主义理论体系，就是真正坚持了马克思主义。"因此，当代中国的马克思主义就是中国特色社会主义理论体系，推动当代中国马克思主义大众化就是推动中国特色

---

① 王军、张宸：《西藏党员人数达27万余名 近半党员是农牧民》，2014年7月，新华网（http://news.xinhuanet.com/politics/2014-07/06/c_1111476716.htm）。

社会主义理论体系的大众化。中国特色社会主义理论体系包括思想路线、发展道路、发展阶段、发展战略、根本任务、发展动力、依靠力量、国际战略、领导力量和根本目的等一系列理论问题。

结合西藏的具体实际，马克思主义大众化的内容主要包括党的群众路线，党的思想路线，马克思主义的国家观、民族观、宗教观和文化观，党的统一战线政策等。

（一）党的群众路线宣传教育

党的群众路线的内容是：一切为了群众，一切依靠群众，从群众中来，到群众中去。坚持群众路线，密切联系群众是党的优良作风。坚持群众路线又是由党的性质和宗旨所决定的。中国共产党是工人阶级的先锋队，也是中华民族的先锋队，党的宗旨是全心全意为人民服务。当今西藏的某些基层党组织软弱涣散，个别党员干部脱离群众，加上贫富分化加剧，使西藏基层矛盾也比较突出。广大党员干部首先要向群众宣传党的群众路线，使广大群众明白党的性质和宗旨。其次，也是最重要的，广大党员干部必须认真践行党的群众路线，扎扎实实深入群众，情为民所系，利为民所谋，用实际行动赢得广大群众的拥护和支持。

为落实中央关于深入开展党的群众路线教育实践活动的决定，2013年7月8日，西藏自治区党委召开了深入开展群众路线教育实践活动动员大会，部署了第一批群众路线教育实践活动的工作。自治区党委书记陈全国在讲话中指出，要坚持把中央的部署要求与西藏实际紧密结合起来，突出群众路线教育实践活动的实践特色，着重抓好八个方面的载体：要开展"为了谁、依靠谁、我是谁"群众路线大讨论活动，开展弘扬"老西藏精神"教育活动，开展"民族团结党员先锋行"活动，开展"领导干部进村入户、结对认亲交朋友"活动；要深化干部驻村工作，深化干部驻寺工作，深化城镇网格化管理,深化"先进双联户"创建评选,努力体现群众路线教育实践活动的西藏特点。陈全国要求,这次教育实践活动要坚持贯彻求真务实精神,既要集中整治好中央提出的"四风"问题(形式主义、官僚主义、享乐主义、奢靡之风),也要结合西藏实际,努力解决好政治立场不坚定、作风飘浮懒散问题。要解决形式主义的问题,牢固树立求实观念,着力消除"文山会海",严厉查处虚假行为;要解决官僚主义的问题,加强党性修养,联系服务群众,健全监督机制;要解决享乐主义的问题,一方面要树立长期艰苦奋斗的思想,一方面要对各级党员领导干部落实工作和生活待遇规定的情况进行专项治理;要解决奢靡之风的问题,教育引导党员干部坚守节约光荣、浪费可耻的思想观念,做到艰苦朴素、精打细算、勤俭办一切事情;要解决政治立场不坚定的问题,教育引导广大党员干部始终在思想上政治上行动上同以习近平同志为总书记的党中央保持高度一致,在反分裂斗争这个重大原则问题上旗帜鲜明、立场坚定;要解决作风飘浮懒散的问题,倡导求真务实、真抓实干,坚决整治"推、拖、等、靠、飘浮、懒散"等消极现象,坚决整治脱岗、离岗、在岗率不高的问题。①

2014年1月23日上午,西藏党的群众路线教育实践活动第一批总结暨第二批部署会议召开。陈全国总结了第一批群众路线教育实践活动所取得的成绩。他在讲话中指出,自治区参加第一批教育实践活动的各个单位和广大党员干部加强学习,理想信念有了新境界;广征意见,宗旨意识有了新提升;深查严摆,党性原则有了新增强;立说立改,工作作风有了新转变;爱民利民,干群关系有了新气象;焕发动力,发展稳定有了新局面,第一批教育实践活动取得了明显成效。第二批教育实践活动要贯彻落实习近平

---

① 石磊、肖涛:《西藏自治区深入开展党的群众路线教育实践活动动员大会召开》,2013年7月,群众路线网(http://qzlx.people.com.cn/n/2013/0709/c364565-22129791.html)。

总书记"治国必治边、治边先稳藏"的重要战略思想，贯彻落实俞正声主席"依法治藏、长期建藏"的指示要求，紧紧围绕保持发展党的先进性和纯洁性，以落实中央八项规定和厉行节约反对浪费条例为切入点，以为民务实清廉为主要内容，切实加强全体党员马克思主义群众观点和党的群众路线教育，着力解决好"四风""两问题""一薄弱"（基层组织薄弱）。[①]

2014年10月12日，全区党的群众路线教育实践活动总结大会召开。会议总结了全区一年多来群众路线教育实践活动取得的成绩，对进一步巩固扩大教育实践活动成果、坚持不懈加强作风建设、落实从严治党要求、加强和改进党的建设进行安排部署。通过一年多的学习教育，广大党员干部升华了理想信念，增强了公仆意识，党内生活有了新气象，工作作风有了新转变。突出服务群众，干群关系有了明显改善。自治区党委强调，要以群众路线教育为契机，不断巩固扩大教育实践活动成果，进一步增强践行群众路线的自觉性和坚定性，坚持不懈地把从严治党要求落实到党的建设的各个方面。[②]

当前，西藏的群众路线教育实践活动已经取得了明显成效，但是这项活动还远远没有结束，今后还应该长期坚持、不断进行党的群众路线教育宣传活动。

（二）党的思想路线宣传教育

党的思想路线是一切从实际出发，理论联系实际，实事求是，在实践中检验真理和发展真理。其精髓是：解放思想、实事求是、与时俱进、求

[①] 石磊、肖涛：《2014西藏党的群众路线教育实践活动部署会议召开》，2014年12月，西藏教育考试网（http://www.xzeea.com/news/yxxw/201401241196_8.html）。

[②] 石磊、肖涛：《西藏全区党的群众路线教育实践活动总结大会召开》，2014年10月，人民网（http://xz.people.com.cn/n/2014/1013/c138901-22585583.html）。

真务实。其实质和核心是：实事求是。其本质要求是：解放思想。在推进马克思主义大众化的过程中，应该让广大群众理解党的思想路线坚持的是唯物主义路线，使人们的认识遵循正确的原则和方法。

党的思想路线为中国特色社会主义理论体系的形成奠定了坚实的思想基础。解放思想、实事求是，不仅是马克思主义理论的精髓，也是中国特色社会主义理论的精髓。中国特色社会主义理论体系是马克思主义基本原理同中国具体实际相结合的第二次历史性飞跃的理论成果，也是坚持党的思想路线的结果。如果没有全党坚持解放思想、实事求是，就不可能有改革开放和今天现代化建设的伟大成就。党的十八大报告再次强调了党的思想路线对开辟中国特色社会主义道路的重要意义，并明确提出："解放思想、实事求是、与时俱进、求真务实，是科学发展观最鲜明的精神实质。"坚持党的思想路线是我们杜绝各种错误思想倾向的锐利精神武器，也是中国共产党永葆生机与活力的法宝。

对于偏远落后的西藏来讲，向群众宣传党的解放思想、实事求是、与时俱进、求真务实的思想路线尤其重要。目前，西藏广大群众还受西藏传统宗教思想的束缚，思想观念落后于时代发展，与现代社会不相适应，迫切需要解放思想，从传统宗教思想的束缚中解放出来。只有不断地解放思想，才能真正做到实事求是，才能根据西藏实际，制定出正确的路线、方针和政策。

（三）马克思主义的国家观、民族观、宗教观和文化观宣传教育

马克思主义的国家观、民族观、宗教观和文化观是我们制定民族政策和宗教政策的主要依据。新中国成立以后，我们制定了民族平等、民族团结和各民族共同繁荣的民族政策，制定了宗教信仰自由政策，并在西藏实行了民族区域自治制度。西藏和平解放60多年的实践证明，党的民族政

策与宗教政策是符合西藏实际的,民族区域自治制度在保障西藏人民当家作主,促进西藏稳步发展的过程中也发挥了非常重要的作用。但是,由于历史的原因,在西藏发展的某些时期,我们没有能够正确地贯彻执行党的民族政策和宗教政策,影响了民族关系的正常发展,引发了民族问题。另外,达赖分裂集团与国外反华势力相互勾结,阴谋分裂国家,肆意诬蔑我国的民族政策与宗教政策,蛊惑群众,煽风点火,聚众闹事,策划动乱,在广大群众当中造成了十分消极的影响。同时,随着国际学术交流的加强,西方的民族理论也进一步影响了我国的学术界。近年来,在民族理论与政策研究领域产生了与中国特色社会主义民族理论不和谐的干扰性观点。这些干扰性观点主要有"族群替代民族说""民族问题去政治化""第二代民族政策说"等。

"族群替代民族说"认为,应该用西方人类学的"族群"概念代替中国民族学理论的"民族"概念,这样不仅有利于国际学术交流,也有利于淡化民族问题的政治色彩,促进民族融合。"民族问题去政治化"观点是在第三次民族主义浪潮兴起的国际背景下,在苏联、南斯拉夫等多民族国家解体的现实基础上提出的。这种观点认为新中国成立以来所实行的民族政策,因袭了苏联的民族理论及其制度,过于强调民族的政治化,强化了少数民族的民族意识。当前我们应该把新中国成立以来在族群问题上的"政治化"趋势改变为"文化化"的新方向,把少数族群问题逐步"去政治化"。在"民族—国民认同"和"族群认同"这两个层面中,应当强化民族—国民意识,逐步淡化族群意识。① "第二代民族政策说"是在 2010 年中央第五次西藏工作座谈会召开之后提出来的。在这次会议上中央提出要加强"民

---

① 马戎:《理解民族关系的新思路——少数族群问题的"去政治化"》,《北京大学学报》2004 年第 6 期。

族交往交流交融"的方针。有学者认为,以此为标志,以前中国的民族政策属于"第一代民族政策",以后的民族政策属于"第二代民族政策"。这种观点认为,我们应该"与时俱进地推动民族政策实现从第一代向第二代的转型,即在政治、经济、文化、社会等各方面促进国内各民族交融一体,不断淡化公民的族群意识,不断淡化56个民族的观念,不断强化中华民族的身份意识,不断增强公民的中华民族认同,切实推进中华民族一体化"①。

以上观点的提出固然有其理论依据,这些观点也引起当今学术界的激烈争论,但总体来讲,多数学者对这些观点持批判的态度,认为这些观点"食洋不化"地引进西方的学术理论,脱离了中国的国情和民族地区的实际,最终可能会否定我国现行的民族政策和民族区域自治制度,在学术思想领域造成混乱,影响社会稳定和民族团结。②

针对西藏民族、宗教问题比较突出的现状,针对当今民族理论研究领域出现的一些干扰性的观点,非常有必要对西藏群众进行马克思主义国家观、民族观、宗教观、文化观宣传教育。通过"四观"教育,引导广大群众自觉运用马克思主义国家观、民族观、宗教观、文化观来认识和分析民族宗教问题,不断提高其政治觉悟与理论素质,使西藏广大群众牢固树立祖国观念,培养深厚的爱国情感和民族自豪感,坚定社会主义的理想信念。使广大群众认清反分裂斗争的长期性和复杂性,揭穿达赖集团分裂祖国的阴谋,自觉抵制达赖集团的政治渗透和影响,坚定不移地维护国家统一和

---

① 胡鞍钢、胡联合:《第二代民族政策:促进民族交融一体和繁荣一体》,《新疆师范大学学报》2011年第5期。

② 金炳镐:《中国特色民族理论的若干问题》,《大理学院学报》2013年第2期。另可参看杨文顺、金炳镐《近年来中国民族理论研究的热点问题》,《民族论坛》2013年第2期;王冬丽:《关于当前民族理论研究热点问题的探讨》,《中国民族》2012年第4期。

民族团结。

（四）党的统一战线政策宣传教育

"统一战线"是新民主主义革命取得胜利的"三大法宝"之一，在西藏和平解放60多年以来的发展过程中也发挥了非常重要的作用。我们采取了注重团结西藏上层也不忽视下层的统战政策，保证了西藏民主改革和社会主义改造的顺利完成。"文革"以后一直到20世纪80年代，我们在西藏统一战线政策问题上犯了"左"的错误，给统战工作造成了非常消极的影响，也影响了民族团结和社会稳定，必须汲取历史上的深刻教训。

在当今西藏全面建成小康社会的今天，虽然广大群众的生活水平都普遍得到了提高，但是城乡群众的收入差距在加大，西藏的社会阶层也发生了分化。针对不同阶层的利益诉求，要制定正确的统战政策。广大农牧民仍然是西藏社会主义建设的主力军，西藏的统战工作必须立足于广大农牧民的立场，维护他们的利益，倾听他们的呼声，满足他们的需求，不断加快提高他们的物质文化生活水平。要做好西藏上层的统战工作，充分发挥他们在做好寺庙工作，保持寺庙稳定，团结广大僧尼和信教群众方面的重大作用。要做好宗教事务的管理工作，加强寺庙爱国主义教育、法制宣传教育，进一步强化大多数僧尼的政府观念、祖国观念、法律观念和公民意识。

近年来，特别是拉萨""3·14""暴乱事件发生后，西藏自治区党委非常重视统一战线工作。全区各级统战、民族宗教部门认真贯彻落实党的统战方针政策，广泛团结社会各界爱国进步人士，深入开展反分裂斗争，维护了人民群众的根本利益，维护了祖国统一和民族团结，保持了西藏社会的稳定。在党的统战方针政策的正确指引下，寺庙法治宣传教育工作取得重大成果，民族团结事业扎实推进，党外人士培养不断加强，为维护社会稳定和促进经济社会发展做出了突出贡献。统一战线是我们党执政兴藏、推进西藏发展进步和社会稳定的重要法宝。当前，面对区内外的复杂形势，西藏统战工作担负着更加艰巨的使命，一定要从国家统一和民族团结的战略高度，充分认识新形势下做好统战工作的极端重要性和现实紧迫性，进一步增强历史使命感和政治责任感。今后统战工作的重点是继续深入开展寺庙法制宣传教育工作，进一步做好寺庙管理工作；深入开展重大问题调查研究，提高工作系统性、预见性和针对性；加强教育引导，把广大党外知识分子团结在党的周围；积极做好境外藏胞工作，团结争取更多境外藏胞心向祖国；切实加强干部队伍建设，进一步增强统战民宗干部的战斗力和执行力。

四、西藏马克思主义大众化的传播介体

传播媒体的发展经历了精英媒体、大众媒体和个人媒体三个阶段。这三个阶段分别对应着传播发展的农业时代、工业时代和信息时代。随着信息技术的发展，特别是互联网技术的发展，媒体的传播也经过了革命性的变革，正在由传统媒体时代进入新媒体时代。随着互联网的高速发展，微博、微信等以个人为中心的新媒体传播已经成为主流，新媒体时代已经到来。

传统媒体一般指的是报章杂志、广播、电视等传播媒体。而新媒体是利用数字技术、网络技术等高科技手段，通过互联网、无线通信网、卫星等渠道以及电脑、手机、数字电视机等终端，向用户提供信息和娱乐服务的传播形态和媒体形态。与传统媒体相比，新媒体具有以下五个特征：第一，新媒体建立在数字技术和网络技术的基础上，主要是以计算机信息处理技术为基础，以互联网、卫星网络、移动通信等作为运作平台的媒体形态。它包括使用有线与无线通道的传送方式，比如互联网、手机媒体、移动电视、电子报纸等。第二，新媒体在信息的呈现方式上是多媒体。新媒体的信息往往以声音、文字、图形、影像等复合形式呈现，具有很高的科技含量，可以进行宽媒体、跨时空的信息传播，还具有传统媒体无法比拟的互动性等特征。第三，新媒体具有全天候和全覆盖的特征。受众接收新媒体信息，大多不受时间、地点场所的制约，受众可以随时通过新媒体在电子信息覆盖的地方接受地球上任何一个角落的信息。第四，新媒体在技术、运营、产品、服务等商业模式上具有创新性。新媒体不仅是技术平台，也是媒体机构。与传统媒体相比，变化的不仅仅是新媒体技术的运用，更有商业模式的创新。第五，新媒体的边界不断变化呈现出媒介融合的趋势。

西藏虽然相对落后，但新媒体手段也得到了广泛的应用。新媒体时代对西藏的马克思主义大众化带来了机遇与挑战。当今西藏，在马克思主义的传播手段方面，传统媒体与新媒体同时存在。概括来讲，西藏马克思主义大众化的传播媒体主要有报纸、广播电视、期刊、网络新媒体和其他媒体。

（一）报纸

报纸是传统媒体中最重要的一种媒体形式。因为报纸承载的信息量大，能够传递深度信息，且制作简易、成本低廉，可以大规模、高效率地传递和复制信息。"报纸的受众广泛，容易保存和传递，而且一张报纸还可以重复阅读、多人阅读，因而能比较有效地实现政治议程向公众议程的转变，使公众积极思考并参与这一议题的解决，发挥良好的舆论引导和议程设置功能。"[①]因此，在当今新媒体时代，报纸仍然发挥着不可替代的传播功能。

《西藏日报》是党的喉舌，在宣传党的路线、方针、政策方面发挥着十分重要的作用，是广大干部群众获取政治信息的重要渠道。在揭批达赖集团的分裂阴谋，反对美国等西方国家以人权、宗教问题干涉我国内政，宣传西藏社会主义建设的伟大成就等方面，《西藏日报》发挥了

---

① 周中之：《马克思主义大众化发微》，三联书店2013年版，第241页。

重要作用。目前，西藏公开发行的报纸有20多种，除了《西藏日报》外，《拉萨晚报》《西藏法制报》《西藏商报》等报纸在思想政治宣传方面也发挥着一定的作用。

（二）广播电视

广播电视是通过无线电波或闭路电线向人们传播声音节目或图像与声音合成节目。目前，我国广播电视覆盖面极广，基本实现了"村村通"，成为中国当前最普遍、最广泛的传播媒介。广播电视的传播更加生动形象，时效性强，传播速度快，而且对受众的文化水平要求较低，更容易实现大众化。广播电视的《新闻联播》等节目已经成为马克思主义传播的主要媒介。

西藏自然条件比较恶劣，并不利于广播电视的普及。但是在中央的关心下，在自治区政府的高度重视下，在援藏单位的扶持下，西藏的广播电视事业发展迅速。目前西藏有县级以上调频广播转播台76座，电视转播台79座，有线转播台76座，中波发射台38座，广播电视专用卫星地球站1座，"村村通"广播电视站9371座。目前，一个以中波、短波、调频、微波、有线、无线、卫星传输的广播电视传输覆盖网络纵横交错，广播电视发射转播台站星罗棋布，遍布全区城乡。"天上一颗星，地下一张网"的广播电视传输覆盖体系业已形成。另外西藏的广播电视已经实现了藏、汉、英三种语言播放。截至2010年，西藏广播电视综合人口覆盖率分别达到90.28%和91.4%，80%的农牧民能够收听收看到直播卫星广播电视。[①]广播电视的普及为西藏的马克思主义大众化提供了非常有利的条件。

（三）期刊

期刊具有传递信息、宣传教育、传播价值观念、介绍知识技能等功能。

---

① 邓涛、王清江：《西藏广播电视60年》，2011年6月，中国民族宗教网（http://www.mzb.com.cn/html/report/209340-1.htm）。

由于具有信息量大、专业性强、内容比较深入等特点，是传递新思想、新观念的主要渠道，是大众传媒的重要媒介。

目前，西藏有30多种期刊，其中影响较大的有《西藏研究》《西藏大学学报》《西藏民族学院学报》《西藏发展论坛》《西藏文学》《西藏教育》《西藏人文地理》等，这些杂志坚持社会主义先进文化的办刊方向，比较广泛地宣传马克思主义理论和党的方针政策，比较深入地研究了西藏的一些实际问题，对传播社会主义核心价值观，推进马克思主义大众化发挥了重要的作用。

（四）网络新媒体

网络作为新型媒体，具有公开透明、虚拟匿名、广泛便利、覆盖面广、成本低、传播快等特点，迅速成为广大受众欢迎的传播方式，特别是得到年轻群体的普遍欢迎。"与传统大众传播方式相比，网络传播的最大特点和优势就是其充分自由的反馈机制以及传播者与受众之间关系的改变和'距离感'的消失。"① 网络传播的具体方式有门户网站、电子公告牌（BBS）、QQ聊天工具、个人网站和博客（BLOG）、微博、手机微信、FACEBOOK等，而且新的传播方式也在不断出现。网络成为人们传递信息、交流思想、学习知识、发表观点的重要平台，正在深刻地影响着人们的生活。

西藏的互联网起步较晚，但发展迅速。西藏互联网始于1997年，1999年实现宽带上网，2000年创办第一家网站"西藏之窗"。截至2013年6月，西藏互联网用户近176万，其中固定互联网宽带接入用户17.3万户，移动互联网接入158.4万户；互联网普及率达58.6%。目前，西藏互联网备案网站共1340家，网站按性质可分为政府机关、事业单位、社会团体、企业、

---

① 戴元光、金冠军：《传播学通论》，上海交通大学出版社2000年版，第323页。

个人等五类网站；按网络服务内容可以分为媒体服务、娱乐传播、社交工具、商务平台等网站。① 互联网已经成为思想政治教育宣传的主要手段。

网络新媒体在推动马克思主义大众化的同时，也带来了许多消极的影响。由于互联网是一个虚拟的传播空间，而我们对互联网的管理还缺乏经验，使得网络也成为宣传暴力、色情、反动言论等不良信息的渠道，甚至成为民族分裂势力策划动乱的一种重要方式，严重地影响着国家安全。西藏2008年的"3·14"暴乱事件主要是通过互联网来策划的。20世纪90年代以来，达赖分裂集团在境外建了许多反动网站，宣传分裂思想，联合海外流亡藏人，并通过网络向境内渗透，拉拢腐蚀寺庙的僧人和青年。通过他们的门户网站和QQ空间散布分裂言论、图片和视频，通过BBS散发一些民族分裂主义思想的帖子，许多不明真相的青年学生在涉猎这些网站的时候，很容易被这些打着民族宗教旗号的反动言论所迷惑，也跟着转帖，不自觉地被利用，充当了民族分裂势力传播分裂思想的工具。

近年来，随着计算机网络的普及与发展，我们的生活和工作都越来越依赖于网络。国家政府机构、各企事业单位不仅建立了自己的局域网系统，而且通过各种方式与互联网相连。但是，我们不得不注意到，网络虽然功能强大，也有其脆弱易受到攻击的一面。所以，我们在利用网络的同时，也应该关注网络安全问题，加强网络安全防范，防止网络的侵害，让网络更好地为人们服务。

网络安全和信息化涉及国家安全和国家发展，涉及广大人民群众的工作生活，已经成为当今国家面临的重大战略问题。信息化和经济全球化相互促进，国际互联网覆盖全球，已经融入人们社会生活的方方面面，深刻

---

① 黄伟虎：《西藏互联网不断普及 网民数量达到176万》，2013年7月，西藏在线（http://www.tibetol.cn/html/2013/xizangyaowen_0729/3020.html）。

地改变了人们的生产和生活方式。我国网民数量世界第一，已成为网络大国，受互联网的影响也越来越深。随着互联网技术的迅猛发展，我国网络与信息安全的问题也日益突出，已经成为事关国家的政治安全、经济安全、社会安全、文化安全和国防安全的重大问题。

  如何维护网络安全，发挥互联网的积极作用，是当前迫切需要解决的一个问题。2014年11月，中央网络安全和信息化领导小组办公室（中央网信办）会同中央机构编制委员会办公室（中央编办）、教育部、科技部、工业和信息化部、公安部、中国人民银行、新闻出版广电总局等部门，于2014年11月24日至30日举办首届"国家网络安全宣传周"。这次网络安全宣传周以"共建网络安全，共享网络文明"为主题。将围绕金融、电信、电子政务、电子商务等重点领域和行业网络安全问题，针对社会公众关注的热点问题，举办网络安全体验展等系列主题宣传活动，营造网络安全人人有责、人人参与的良好氛围。

（五）其他传播媒体

  除了以上几种主要的传播媒体外，还有其他的一些大众媒体。如演出活动、电影戏剧、宣传广告、社区活动、组织宣讲团等方式。这些传统的大众传媒方式受众人数众多，传播比较直接，通过面对面的交流，可以有针对性地解决思想问题，效果比较明显。较之于网络新媒体也有独特的优势，在今后西藏马克思主义大众化的过程中，也应该坚持和推广。另外，从2011年10月开始，西藏自治区党委在全区开展"创先争优、强基础、惠民生"活动。选派20,000多名机关干部进驻全区5000多个行政村，与各族群众同吃、同住、同学习、同劳动。到目前为止，这项活动已经实行了三年，取得了明显成效，得到了中央的肯定。"强基惠民"活动是坚持党的群众路线，密切党同群众联系的有效方式，也是推进西藏马克思主义大众化的有效形式，应该继续坚持。

五、西藏马克思主义大众化的传播环境

传播环境是指存在于传播活动周围的特有的情况和条件的总和。与传播媒介相联系的传播环境叫作媒介生态环境，它包括两方面的因素，即媒介因素（报刊、广播电视、电影、出版、音乐制作等）和环境因素（政治、经济、文化教育、自然资源、技术等）。传播必然要依赖一定的环境来进行传播，环境对传播起着维护和保证的作用。传播与环境表现为互动互助、相辅相成、共进共荣的关系。理想的环境有助于提高媒介产品质量，提高传播者和受传者的积极性和主动性，有助于提高传播和接受效果，赢得社会效益和经济效益。

根据传播活动的伸展面来区分，西藏马克思主义大众化的传播环境可以分为国际大环境和国内小环境。无论大环境还是小环境，其中都包含有政治、经济、文化、自然等因素。

（一）西藏马克思主义大众化传播的国际环境

从国际上看，影响西藏马克思主义大众化传播的主要是政治和文化因素。

西藏和平解放前，英国对西藏的两次侵略目的很明确，就是想把西藏变成英国的殖民地。西藏和平解放时期，英、印、俄、美等国对西藏上层的拉拢和控制主要是处于地缘政治的考虑。西藏和平解放后，主要是美国对西藏分裂势力进行支持，操纵联合国，利用西藏的人权问题干涉中国的内政，其目的是利用"藏独"的这张牌要挟中国，增加其在中美关系中讨价还价的筹码。根本原因还是在于中美在意识形态方面的对立。比如，二战后，美国主要采取扶蒋反共政策，当时美国中央情报局主要在西藏搜集情报，并不支持西藏独立。随着国民党政权的崩溃，处于扼制中国的考虑，美国才加紧了与西藏地方政府的接触，并开始支持西藏独立。这充分说明，意识形态的对立才是决定美国西藏政策的关键因素。

1. 美国与"西藏问题"

从 20 世纪 40 年代以来，美国中央情报局和国会开始插手西藏问题，给中国的外交制造了许多麻烦，也威胁着中国意识形态的安全。

西藏和平解放前，美国情报机构的间谍对中国西藏的人文、地理、社会风俗及其气候变化等自然与社会情报进行了细致而深入的搜集工作。新中国成立以后，美国中央情报局利用美国驻印度使领馆秘密策动达赖出逃、武装藏南的西藏分裂势力。1959 年达赖出逃印度以后，美国中央情报局与印度情报部门合作，在尼泊尔的木斯塘建立流亡藏人游击组织，并与印度情报部门合作利用喜马拉雅山脉搜集中国情报，直到 60 年代末、70 年代初中美关系解冻，美国情报机构逐渐放弃了对流亡藏人的秘密支持。①

半个多世纪以来，美国国会也在不断插手西藏问题。二战以来，历届美国政府都制定了支持国会介入西藏事务的政策。从西藏叛乱到拉萨骚乱前后，美国国会对西藏事务的干涉在不断升级，即从个别议员支持达赖集团的分裂活动逐渐发展为利用"西藏人权问题"直接干涉中国内政。美国国会通过立法手段插手西藏事务，其立法活动的目标是将美国对华政策与"西藏问题"挂钩。其立法内容主要包括以"西藏人权问题"为借口"制裁"中国和援助达赖集团。在此过程中，美国媒体起了推波助澜的作用。冷战结束后，受"新干涉主义"思维驱动，美国国会干涉"西藏问题"的广度和深度都超过了以前历届政府。美国国会在最惠国待遇问题、"西藏历史地位"以及"西藏人权"等问题上通过了一系列干涉西藏事务的决议案。进入新世纪，美国国会对西藏事务的干涉呈现出常态化和机制化的新特征。

---

① 程早霞：《美国中央情报局与中国西藏（1940—1972）》，博士学位论文，东北师范大学，2009 年，第 59 页。

《2002年西藏政策法》的出台,标志着美国国会涉藏立法进入了一个新阶段。美国国会干涉西藏事务对中美关系产生了消极的影响,它不仅使美国对中国所谓"侵犯西藏人权问题"的指责长期存在,而且也在很大程度上助长了达赖集团在国外的分裂活动。①

由于中美在意识形态方面的对立,美国支持"藏独"分裂势力的活动还会长期存在,"藏独"势力与美国相互勾结将成为今后西藏马克思主义大众化的一个重要障碍。

2. 西方文化对西藏的影响

明清两朝基督教在西藏的传播总体上是失败的,对西藏并没有产生实际的影响。由于藏传佛教的封闭性及广泛的普及性,西方文化对西藏的影响缓慢而微弱。不过,改革开放以来,由于对外交流的增加特别是网络新媒体的出现,这种局面被逐渐打破,西方文化对西藏产生了潜移默化的影响,而且效果显著。

西方文化对西藏的影响特别体现在西藏青年的身上。如今,绝大多数藏族青年平时都不穿自己的民族服装,只是在藏族节日的时候才穿。他们的生活习惯也已经逐渐西化了,比如吃西餐,过西方的情人节、圣诞节、万圣节等,听西方的流行音乐,看好莱坞的大片,跳街舞等。这些已经成为藏族青年的时尚。另外,西方以个人为中心的利己主义的价值观也影响了藏族青年。相反,现在有一些藏族青年对自己的民族文化却越来越有隔膜。比如,有些藏族青年只会说藏语,而不能用藏语来书写,对藏族历史上的优秀经典不了解,博大精深的藏族优秀文化在传承方面后继无人。在城市生活的藏族青年已经不太受藏族礼俗的约束,回到家乡后不情愿地按

---

① 郭永虎:《美国国会与中美关系中的"西藏问题"研究(1987—2007)》,博士学位论文,东北师范大学,2007年,第126页。

藏族礼俗生活，突出地表现在他们与父辈在价值观方面存在激烈的冲突。在藏族传统文化走向现代化的今天，面临着被西方文化同化的困境。

另外，受第三次民族主义浪潮的影响，西方的民族分裂主义思潮、极端民族主义思潮也随着西方文化的渗透而影响了西藏青年。

3. 海外流亡藏人与祖国统一

1959年达赖叛逃印度后，陆续有藏族同胞流亡到喜马拉雅山南麓的印度、尼泊尔等国，逐渐形成了"流亡藏人"这个群体。目前，海外藏人大约有17万人，主要生活在印度、尼泊尔、美国、加拿大、英国、瑞士、比利时、荷兰、法国、意大利等30多个国家和地区。①海外藏人绝对数量虽然不多，但是分布的区域却很广泛。另外，海外藏人又与境外"藏独"势力有勾连，所以，在国际社会影响较大。目前，海外藏人已经成为海外藏学研究特别关注的一个群体。对于这个群体，我们今后也应该有更多的关注。

从这个群体的具体情况来看，他们中只有少数是和"藏独"势力有联系的，追随"藏独"的这些海外藏人还有许多是受达赖拉拢、腐蚀和蒙蔽的，真正具有分裂主义思想的海外藏人数量是非常少的。另外，这些海外流亡藏人也面临着与居住国的文化冲突问题，很难融入居住国的社区生活，他们的根还在西藏，他们也还是愿意回到西藏生活。因此，如何制定正确的统一战线政策，做好这些海外藏人的统战工作（包括印度阿鲁纳恰尔邦的藏人），不仅有利于这些海外藏人在世界舆论中揭示"西藏问题"的真相，改变西方世界对西藏的刻板印象，分化达赖分裂集团，而且有利于团结海外藏人、海外华人共同致力于祖国统一事业，有利于和平合理地解决中印的边界争端问题，实现祖国统一。

---

① 苏发祥：《论海外藏人社区的文化人类学研究及其特点》，《西北民族大学学报》2009年第6期。

（二）西藏马克思主义大众化传播的国内环境

西藏马克思主义大众化传播的国内环境既有许多有利的因素，也面临着严峻的挑战。

1. 有利因素

首先是中央关心西藏、全国援助西藏的大好形势。中央一直关心西藏的工作，改革开放以来，中央已经召开了六次西藏工作座谈会，"一个中心，两件大事，四个确保"的西藏工作方针已经明确，全国援藏单位的工作机制已经逐步完善。十八大以来，习近平总书记提出了"治国必治边，治边先稳藏"的战略思想，坚持"依法治藏、长期建藏、争取人心、夯实基础"的重要原则。西藏工作得到了前所未有的重视，西藏的马克思主义大众化将会有更好的政策优势。

其次是西藏经济社会的跨越式发展，使民生不断改善。改革开放以来，中央对西藏采取了一系列的优惠政策，使西藏经济实现了跨越式的发展，人民生活水平得到大幅度提高，广大群众真心感受到社会主义制度的优越性，群众基础正在加强。

第三，我们培养了一支具有较高政治觉悟和理论素质的马克思主义大众化宣传干部队伍。现在西藏民族干部队伍所占比例达到70%以上，这些民族干部对党忠诚，具有较高的政治觉悟和理论素质。他们又了解西藏实际，热爱群众，宣传马克思主义针对性强，效果较好。

第四，不断创新马克思主义大众化的途径。除了一直加强对西藏寺庙僧人和广大农牧民加强社会主义和爱国主义教育之外，2011年，自治区实施了"强基惠民"活动，2013年，自治区又从机关干部抽调人到行政村担任"第一村支书"。这些推进马克思主义大众化的新形式，密切了党群关系，加强了基层党组织，进一步增强了党的群众基础。

2. 不利因素

首先是达赖集团的分裂活动。自 1959 年以来，达赖集团从来就没有放弃过分裂祖国的活动，他们与国外反华势力相勾结，利用互联网等新媒体手段，不断对西藏进行渗透和破坏，严重影响着西藏的稳定。

其次是互联网的挑战。互联网改变了传统的信息传播方式，微博、微信等新媒体的传播迅速快捷、信息量大，其中所传播的反动言论、西方的价值观和民族分裂主义思想对广大群众产生了十分消极的影响。难以控制的互联网对于西藏马克思主义大众化的传播十分不利。

最后是藏族传统宗教文化的消极影响。西藏民主改革后，虽然废除了政教合一的制度，但是，宗教对政治的影响并没有消除。而且由于藏传佛教基本上属于全民族的宗教，对广大群众的影响根深蒂固。不仅对群众的日常生活产生深刻影响，而且宗教唯心主义的世界观不利于广大群众接受马克思主义。

从以上因素可以看出，西藏马克思主义大众化面临着先天不足、后天不利的局面，这就决定了推进西藏马克思主义大众化的工作十分必要，而且任务异常艰巨。

第二节　当今西藏马克思主义大众化存在的主要问题

综合考量影响西藏马克思主义大众化的主要因素，可以把当今西藏马克思主义大众化存在的主要问题归结为以下几个方面。

一、"一元主导"与"多元并存"的关系

当今中国存在着意识形态多元化的现状。有学者把当今中国的社会思潮分为新自由主义、民主社会主义、新左派主义、折中马克思主义、传统

马克思主义、复古主义和创新马克思主义七种。① 也有学者把当今中国的社会思潮分为邓小平思想、老左派思潮、新左派思潮、自由主义思潮、民主社会主义思潮、民族主义思潮、新儒家思潮和民粹主义思潮。② 也有学者认为:"中国现代政治文化国家层面是马克思主义、自由主义与中国传统政治文化的并存,马克思主义居于指导地位;社会层面是社会主义、儒家文化与宗族文化并存,社会主义居于主导地位;公民层面是爱国主义、集体主义与个人主义共存,集体主义居于主导地位。具有多元并存与一元指导相统一的特点。"③ 虽然学者们对当今中国到底存在哪几种社会思潮的认识还不一致,但对于当前我国意识形态领域"一元主导"与"多元并存"的现状认识则是相同的。

"一元主导"与"多元并存"是辩证统一的关系。在阶级社会,任何国家的主流意识形态都是一元的,它是统治阶级意志在上层建筑领域的集中反映。同时,任何国家的意识形态又是多元的,它是不同阶层的利益在上层建筑领域的反映。一元主导与多元并存既相互补充又相互对立。失去"一元主导"的统领,意识形态必然陷入一片混乱,进而导致社会动荡;没有"多元并存",意识形态单一,就会导致思想僵化,丧失思想活力和创造力。同时,处于主导地位的意识形态与其他意识形态又存在对立的一面,其他多元意识形态可能会冲击主流意识形态的主导地位。改革开放以来,随着社会主义市场经济体制的建立,我国出现了多种经济形式及多种利益主体并存的局面,不同经济利益主体在政治领域会有不同的要求,反

---

① 琼华、苏荣春:《程恩富:正确对待七大思潮 自主创新社会科学》,2012年4月,西藏自治区社会科学院官网(http://www.xzass.org/html/news2000.html)。
② 马立诚:《当代中国八种社会思潮》,社会科学文献出版社,2012年版第18页。
③ 张胜利:《中国现代政治文化的一元指导与多元并存》,《理论探讨》2007年第5期。

映到社会意识中,就出现了不同层次、不同形式的思想观念。因此,在社会主义初级阶段,在多种经济成分和多个社会阶层并存的情况下,意识形态必然要反映着社会各个阶层、各个利益主体的愿望和要求,呈现出多元化的发展趋势。在我国意识形态领域,马克思主义居于核心地位,是社会主义意识形态的灵魂。除此之外,还有其他的意识形态存在。这种意识形态的多元化既符合人们对现实生活的不同理解和感悟,又可以满足人们多层次的精神需求。

坚持马克思主义在意识形态的指导地位,是坚持走中国特色社会主义道路的必然要求。如果放弃马克思主义的指导地位,允许"消解主流意识形态"的思潮与话语在理论界、思想界泛滥,必然会产生"国变色,党变质"的危险后果。苏联在戈尔巴乔夫执政时期,搞指导思想多元化,取消苏联共产党的领导地位,结果导致苏联解体、苏共灭亡,苏联亡党亡国的深刻教训必须引以为戒。

在当今西藏,同时存在着马克思主义、藏族传统文化、西方文化、民族分裂主义和西方反华思潮,意识形态领域也出现了多元化的趋势。处理西藏多元意识形态的关系,我们也要坚持"一元主导与多元并存"。所谓"一元主导"指的是马克思主义处于意识形态的主导地位,所谓"多元并存"指的是藏族宗教文化、民族分裂主义思潮、西方反华思潮同时并存。认真分析马克思主义与这几种思潮的关系,对于我们坚持走"中国特色、西藏特点"的社会主义发展道路,维护西藏的稳定和国家统一,都有重要意义。

(一)马克思主义与藏族传统文化

马克思主义传入西藏虽然较晚,但马克思主义与藏族传统文化并非完全对立。藏族传统文化主要是以藏传佛教为基础的。藏传佛教与马克思主义是两种不同的思想体系。但是二者也有许多相同点。比如,二者都属于意识形态，都经历了一个中国化的过程，都对中国民众产生了重大影响。从本质上看，二者都追求平等和人的解放，只不过藏传佛教侧重出世的超脱，而马克思主义则注重建立一个公平合理的人间秩序。在马克思主义传入中国后，民国时期的佛教徒力图融合佛教与马克思主义。在世界观方面，他们认为佛教的"缘起""依他""四相""八不"义旨与唯物辩证法的"联系""发展""变化""矛盾"等思想是相通的，佛教辩证法与唯物辩证法并没有根本的冲突。在社会观方面，佛教的平等观与马克思主义所主张的人人平等的共产主义社会也是相通的。在人生观方面，佛教普渡众生的宏愿与马克思主义解放全人类的目标可以相得益彰。虽然在对世界本质的认识方面，佛教世界观与马克思主义的物质观很难相容，但是二者仍然有许多相通之处，这就为马克思主义与藏传佛教的结合提供了可能性。

在西藏传播马克思主义，必须把马克思主义与西藏的实际结合起来，必须把马克思主义与西藏的传统文化结合起来，这样马克思主义的传播才会有群众基础，才可能实现大众化。马克思主义中国化的过程也就是马克思主义民族化、时代化、大众化的过程。因此，应该继承和发扬西藏优秀的传统文化，找到马克思主义与西藏传统文化的结合点，使马克思主义扎根于西藏的优秀传统文化当中，这样才能推进西藏的马克思主义大众化。

（二）马克思主义与西方文化

这里所说的"西方文化"特指的是以美国为首的西方国家的文化形态。西方文化是以基督教文化为基础的，在历史发展过程中，基督教（特别是新教）文化与资本主义制度相结合，形成了以资本主义意识形态和价值观为核心的西方文化。

马克思主义虽然也是来自西方，但和资本主义意识形态为核心的西方文化有着本质的不同。当今中国的马克思主义是中国化的马克思主义，中国特色社会主义理论体系与西方文化有着更为显著的区别。中国特色社会主义的经济基础、政治制度与西方的私有制、多党制、三权分立制是根本不同的。由于当代中国马克思主义在意识形态方面与西方文化是根本对立的,所以,以美国为首的西方国家为扼制中国,加紧在意识形态领域向中国全面渗透,宣扬西方的民主政治制度和价值观,试图通过和平演变的方式使中国演变为资本主义国家。目前,西方文化是一种强势文化,正在借助互联网等新媒体手段向我国渗透,意识形态领域的斗争错综复杂,对此,我们一定要保持高度的警惕。

在当今全球化的背景下,西藏也受到西方文化的冲击。西方媒体和国内思想界的某些人也打着"普世价值"的旗号,宣扬西方的民主政治制度和意识形态,对西藏青年产生十分消极的影响,有些西藏青年接受了西方的价值观,严重影响意识形态的安全。必须高度重视对西藏青年的政治信仰教育,坚定他们树立中国特色社会主义的理想信念。

(三)马克思主义与民族分裂主义和西方反华思潮

20世纪80年代后,兴起了第三次民族主义浪潮,民族自觉意识增强,越来越多的民族作为民族国家而独立。当今世界的许多民族国家都存在着民族分裂主义势力,他们策划一些动乱和民族分裂活动,成为影响国家稳定的重要因素。

我国的民族分裂主义主要有"藏独""疆独""台独"等。近年来,出现了民族分裂主义与民粹主义、国际恐怖主义相结合的趋势。一些民族分裂主义者打着"民意至上"的旗号,主张通过"全民公投"等方式,实现民族独立。另外,民族分裂主义者往往采取暴力恐怖活动来向政府施加压力,以期达到分裂的目的。

我国民族分裂主义所出现的特点可以说在西藏都具备。而且,更为复杂的是,"藏独"分裂势力不但与民粹主义和恐怖主义相结合,还得到了西方反华势力的支持。面对当前西藏复杂的反分裂形势,我们必须明确地认识到,民族分裂主义与马克思主义的国家观是完全对立的,是一种严重影响社会稳定和国家安全的反动思潮,不论是在我们国家还是在其他国家都是不合法的存在,都是受打击的对象。另外,民族分裂主义与民粹主义相结合,并不意味着分裂活动是代表"民意"的。"藏独"分裂势力策划动乱,搞打砸抢烧活动,滥杀无辜,严重威胁着社会稳定和群众生命财产的安全,是广大人民所坚决反对的。"藏独"分裂势力与"疆独"及其他国际恐怖势力相勾结,策划了一系列僧人"自焚"事件,更是让人们认清了"藏独"分裂势力反社会、反人类的丑恶面目。"西藏问题"是我国的内政,我们也决不容许西方反华势力借所谓的"西藏问题"来干涉我国内政,要坚决同西方反华势力进行长期地坚持不懈地斗争,坚定不移地维护我国的国家主权和利益。

在今后西藏马克思主义大众化的过程中,必须正确处理好"一元主导"与"多元并存"的关系,切实保证马克思主义在意识形态的主导地位。

第一,强化"主流意识",始终坚持和维护马克思主义在意识形态领域的指导地位。不论西藏存在多少种意识形态,都必须保证马克思主义的主导地位,这是关系到西藏发展前途和方向的原则性问题,必须旗帜鲜明地高举马克思主义理论的旗帜。

第二,强化"创新意识",找到马克思主义与西藏传统文化的结合点。在马克思主义中国化的过程中,不断推进马克思主义的民族化,要从西藏传统文化当中吸收合理的思想资源,使马克思主义扎根于西藏传统文化的土壤中,不断创新和发展马克思主义。

第三,强化"阵地意识",坚守马克思主义思想阵地。充分发挥好党报党刊、广播电视、互联网新媒体思想传播功能,加强思想政治宣传教育,发挥正确舆论的引导作用,进一步加强党对传播媒体的领导和管理,坚持马克思主义主流意识形态的价值导向,宣传爱国主义、集体主义和社会主义为主旋律,不断增强正确舆论的感染力,发展好中国特色社会主义文化,做好非主流文化的引导工作,抵制西方腐朽文化的侵蚀。

第四,强化"稳定意识",加强意识形态建设,保证和维护西藏社会和谐、稳定发展。要加强社会主义核心价值体系建设,培育和践行社会主义核心价值观,坚持不懈地用中国特色社会主义共同理想凝聚力量,用以爱国主义为核心的民族精神和以改革创新为核心的时代精神鼓舞斗志,用社会主义荣辱观引领风尚,巩固西藏各族人民团结奋斗的共同思想基础。

第五,强化"包容意识",增强马克思主义的包容性和开放性。在对外开放和全球化的背景下,不同文化互相交流与碰撞,为马克思主义的大众化带来了机遇与挑战。要坚持古为今用、洋为中用的原则,充分吸收我国优秀传统文化中的精华,同时大胆吸收和借鉴国外意识形态建设的成功经验,促进社会主义文化的大发展大繁荣,不断提高我国的文化软实力和国际影响力,始终保持马克思主义在意识形态领域的指导地位。

二、政治信仰、宗教信仰与民族认同[①]

相对于其他地区来说,马克思主义在西藏的传播时间较短、影响较小,而且西藏在意识形态领域面临的形势更加复杂:宗教信仰与政治信仰相互交织、民族分裂主义与西方反华势力相互勾结、藏族传统文化与西方文化相互碰撞。在意识形态多元化的背景下,推进西藏马克思主义大众化的工作任务十分艰巨。要想做好这一工作,必须正确处理好政治信仰、宗教信仰与民族认同的关系。

---

① 此节内容作为课题的阶段成果已发表于《民族论坛》2014年第3期,文章标题为《政治信仰、宗教信仰与民族认同——关于西藏马克思主义大众化的思考》。

（一）政治信仰、宗教信仰、民族认同的内涵与作用

政治信仰是人类社会政治生活的重要方面，是改善现实政治的精神支柱，也是政党和公民坚持政治原则的行动指南。从古到今，无论西方世界的《理想国》、中国传统的"大同"理想乃至马克思的共产主义理想都不断推动和正在推动社会政治的进步。在当今意识形态日益多元化的背景下，政治信仰也成为政治学、政治心理学、社会学与宗教学研究的一个重要课题。"政治信仰是人类生活信仰的重要方面，是一定社会群体或者个人对于现实社会的政治制度模式和政治理论，以及未来社会政治理想图式建构的终极信仰和追求。"[1]根据马克斯·韦伯（Max Weber）的"政治合法性"理论，政治信仰就是要在政治社会中形成对政治系统的合法性的认同和信奉。这种合法性认同包括对政党（尤其是执政党）的合法性信仰、对政府的合法性信仰、对政治领袖的合法性信仰、对意识形态的合法性信仰、对政治制度的合法性信仰五个层面的内容。[2]政治信仰有正确与错误之分，一般而言的政治信仰指的是合法性信仰。在我国，目前的政治信仰主要指的是"坚定对马克思主义的信仰、坚定对社会主义的信念、增强对改革开放和现代化建设的信心、增强对党和政府的信任"[3]。即我们通常所说的"四信"。政治信仰不但对整个社会的发展起推动作用，而且对社会群体和个人的政治实践起指导作用。它为信仰群体和个人提供了完整的政治价值判断标准，为信仰者进行政治斗争提供内在的精神动力，对群体和个人的政治行为起着规范作用，它还是团结群众、增强政治群体凝聚力的精神纽带。[4]

---

[1] 胡乃岩：《论中国道路与政治信仰》，《黑龙江社会科学》2013年第2期，第23页。
[2] 王宏强：《政治信仰：概念、结构和过程》，《学术探索》2006年第3期，第11页。
[3] 江泽民：《在庆祝中国共产党成立八十周年大会上的讲话》，《人民日报》2001年7月1日第1版。
[4] 夏鑫：《试论政治信仰的作用》，《周口师范学院学报》2005年第4期。

宗教信仰作为意识形态，它是人类精神生活领域的重要组成部分，也可能是伴随人类始终都存在的特殊精神现象。宗教以一种超自然的精神力量来说明宇宙和人类的起源与归属问题，为人类提供终极关怀。宗教信仰是指信奉某种特定宗教的人们对所信仰的神圣对象（包括特定的教理教义等），由崇拜认同而产生的坚定不移的信念及全身心的皈依。这种思想信念和全身心的皈依表现贯穿于特定的宗教仪式和宗教活动中，并用来指导和规范自己在世俗社会中的行为。它属于一种特殊的社会意识形态和文化现象。"在科学的猛攻下，一个又一个部队放下了武器，一个又一个城堡投降了，直到最后，自然界无限的领域都被科学所征服，而且没有给造物主留下一点立足之地。"① 随着科学的发展，宗教的教义不得不做出符合科学和常理的解释，逐渐向世俗化靠近。但是，科学仍然不能取代宗教，特别是在"科技至上"的工具理性主导下所产生的道德滑坡及环境问题的背景下，宗教倡导人们行善、主张人与自然和谐的伦理价值观，在当今社会还发挥着积极的作用。

民族认同也称为族群认同，是民族群体成员普遍具有的对本民族身份归属的认知以及在心理上的依附感。民族认同是对自己民族身份的认知和民族情感的皈依。在当今文化冲突的全球化背景下，不同民族宗教文化之间的矛盾和冲突日益突出，民族认同成为多民族国家离散化趋势的重要影响因素②。加强民族认同有利于提高民族凝聚力、增强综合国力、保持社会的稳定。

政治信仰关注的是国家的前途命运问题，宗教信仰关注的是个人的救赎问题，民族认同关注的是族群的发展问题。因此，政治信仰、宗教信仰

---

① 恩格斯：《自然辩证法》，人民出版社1972年版，第179页。
② 崔海亮：《纠结于民族认同与国家认同之间》，《黑龙江民族丛刊》2013年第2期，第37页。

与民族认同涉及了国家、个人和民族三者的关系。能否正确处理三者的关系，是影响到国家统一、民族团结、个人幸福的重大问题。政治信仰与宗教信仰虽然都属于意识形态，都是人类精神生活领域的重要组成部分，但二者有高下之分。真正的共产主义者始终坚持共产主义信仰，以"解放全人类为己任"，为实现共产主义无私奉献，奋斗终生。而宗教信徒的行善却是以相信因果报应为理论前提的，以宗教戒律为行为约束的，以个人灵魂的救赎为修行目的的。换句话说，共产主义的政治信仰关注全人类的解放，而宗教信仰追求个人自身的解脱；政治信仰积极改造现实，宗教信仰寄希望于来生。正如宋代理学家批评某些佛教徒所说，佛教徒行善是为了相信因果报应之故，乃有所求而行善，非纯善。而儒家君子不相信任何因果报应而行善，是无所求而行善，方是纯善。套用宋代理学家这句话，共产主义信仰是无所求而行善，是纯善。而宗教信仰乃有所求而行善，非纯善。政治信仰与宗教信仰的高下之别，泾渭分明。

（二）西藏政治信仰与宗教信仰的特殊性

如前文所说，本文所谓的"政治信仰"指的是作为主流意识形态的合法性信仰，主要指的是马克思主义信仰。这种信仰是通过法律表现出来的，要求全体国民坚持遵守的。但是由于西藏特殊的历史文化，西藏的政治信仰与宗教信仰都具有特殊性。这种特殊性主要表现在以下几个方面。

1.作为主流意识形态的政治信仰相对弱化

相对于其他地区来说，西藏马克思主义的传播存在着先天不足，后天不利，马克思主义的影响较小。

西藏和平解放前，没有中国共产党的党组织。和平解放后至民主改革前，党组织以不公开的身份在西藏开展了间接宣传马克思主义的活动，并没有在当地群众中发展党员。民主改革后，西藏的马克思主义传播才掀开了新的一页。特别是在"文革"时期，西藏的马克思主义传播达到了高潮。①但是由于"左"倾思想的消极影响，在马克思主义得到广泛传播的同时，西藏的宗教文化事业和统战工作的发展都出现了倒退。改革开放后，西藏的马克思主义传播又遇到了挫折。首先是1980—1983年的进藏干部内调运动，先后有2万多党政干部和专业技术人员调回内地，使西藏的马克思主义传播队伍元气大伤。接着是1985年开始的指导思想上的"清左""批左"运动，甚至出现了否定毛泽东思想的"批毛"运动，导致西藏思想领域混乱。与此同时，由于在指导思想上放松了对宗教的管理，西藏出现了宗教狂热的趋势。达赖集团趁机制造了许多骚乱事件，严重地影响了西藏的稳定和发展。1989年中央通过的《中央政治局常委会讨论西藏工作会议纪要》是西藏社会发展的一个转折点，明确了工作方针，统一了干部的思想。②但是由于国外反华势力的支持，达赖集团蛊惑群众、煽风点火、聚众闹事，不断制造民族分裂事件，直接冲击了处于主流地位的马克思主义信仰，影响着西藏的社会稳定与国家安全。

在意识形态多元化特别是"藏独""西化"的背景下，西藏的部分党员干部出现了政治信仰的危机。主要表现为对马克思主义、共产主义的质疑和迷茫，放松了世界观的改造和马克思主义理论的学习，共产主义的政治信仰淡化，甚至羡慕西方的民主政治制度，幻想"改旗易帜"，走资本主义的邪路。这些错误思想与马克思主义政治信仰表现出疏离甚至对抗的倾向，严重影响着我国意识形态的安全。

---

① 徐志民：《马克思主义的西藏传播史研究——以20世纪50-70年代为中心》，《杭州师范大学学报》（社会科学版）2012年第1期。

② 贺新元：《西藏和平解放60年经济社会发展的历史回顾与评析》，《西藏大学学报》2011年第2期。

2. 政治信仰与宗教信仰相互交织

长期以来，西藏实行的是政教合一的制度。西藏民主改革后，虽然废除了政教合一的制度，但是，宗教对政治的影响并没有消除。而且由于藏传佛教基本上属于全民族的宗教，所以，不论是在公民个人生活的层面、国家政治生活的层面乃至在国际政治的层面，藏传佛教的宗教信仰仍然产生重大影响，发挥着十分重要的作用。如在当今国际社会中，达赖集团与西方反华势力相互勾结，利用宗教问题干涉中国内政，扶持"藏独"分裂势力，严重影响着民族团结与社会稳定。

3. 政治信仰与民族认同的冲突与融合

政治信仰关注的是国家的前途命运问题，民族认同关注的是族群的发展问题。而国家利益和民族利益会有冲突，所以政治信仰与民族认同也会有矛盾和冲突。"对民族认同的强化意味着民族主体意识的增强，并相应地伴随着要求争取更多的社会资源甚至民族'自决权'。如果多数民族掌权的国家政府不能采取有效的手段来满足少数民族进一步发展的需要，就有可能出现少数民族分离、甚至分裂国家的倾向。"① 显然，民族认同与政治信仰会发生冲突。藏族群众的民族认同与马克思主义的政治信仰之间也会有矛盾。

不过，民族认同也可以与政治信仰相互融合。因为中国自古以来就是一个统一的多民族国家，藏族是中华民族不可分割的一部分。因此藏族的繁荣发展与整个中华民族的前途命运息息相关。中国特色社会主义事业也是藏族人民的事业。从这个角度来讲，马克思主义政治信仰与藏族的民族认同又是可以融合的。

---

① 崔海亮：《纠结于民族认同与国家认同之间》，《黑龙江民族丛刊》2013年第2期，第39页。

（三）如何处理好政治信仰、宗教信仰与民族心理认同的关系

考虑到西藏特殊的宗教文化和历史传统，在推进西藏马克思主义中国化的过程中，必须正确处理好政治信仰、宗教信仰与民族心理认同的关系。

1. 要充分认识到政治信仰的重要作用

政治信仰绝对不是可有可无的。它是人们政治生活的行动指南，也是改善现实政治的精神向导。如果没有政治信仰，人们就会失去对理想社会政治形态的坚定信念和不懈追求，就会满足于当前的政治现状，忽视现实政治中存在的问题，丧失对政治现实的批判精神，从而阻碍现实政治的发展。

西藏处于国内反分裂斗争的最前沿，也处于国际反华势力对国内渗透的风口浪尖，政治斗争形势十分严峻。坚定的马克思主义政治信仰对于广大党员干部来说至关重要。党员干部政治上可靠，才可能在复杂的政治斗争中明辨是非，坚持正确的政治方向，才能指引广大群众沿着中国特色社会主义道路不断前进。西藏的广大群众也要不断提高思想觉悟，自觉抵制神本主义的世界观和资产阶级腐朽思想的侵蚀，坚持马克思主义的政治信仰。这样才能为西藏的反分裂斗争提供内在的精神动力，才能推动西藏的民主政治建设不断进步，才能保证西藏政治秩序的稳定，才能增强国家的政治凝聚力和向心力。

为此，必须大力推进西藏的马克思主义大众化工作，强化广大干部群众的政治信仰教育。党的十八大报告指出："对马克思主义的信仰，对社会主义和共产主义的信念，是共产党人的政治灵魂，是共产党人经受住任何考验的精神支柱。"思想政治教育在政治信仰的形成过程中发挥着非常重要的作用："一是给予教育对象成体系的政治思想，形成政治信仰的理论基础；二是帮助教育对象梳理自身的政治观念，寻找到自己思想的阶级

归属,进一步寻求心理和情感的依托。"① 要大力加强马克思主义理论的宣传教育工作,通过系统的思想政治教育活动,创新宣传教育的方法,提炼意识形态的新资源,扩大公民参与政治生活的途径,帮助广大干部群众树立马克思主义的政治信仰。

2. *妥善解决好藏区党员的信仰宗教问题*

首先要明确共产党员不能信教。在这个问题上是不能含糊的。不论是党章的规定,还是党的宗教政策,都明确规定共产党员不能信教。1991年,中共中央组织部专门印发了《关于妥善解决共产党员信仰宗教问题的通知》(中组发〔1991〕4号), 其中对共产党员信仰宗教问题做出了具体的处理规定。文件指出共产党员不得信仰宗教,不得参加宗教活动,对于那些煽动宗教狂热,利用宗教反对四项基本原则,反对党的路线、方针、政策,破坏国家统一和民族团结的党员,经教育不改的要劝其退党。对于受宗教观念影响或迫于社会、家庭压力,参加一般性宗教活动,但本人能够执行党的路线、方针、政策,积极为党工作,服从党的纪律的党员,则主要帮助他们在思想上和行动上摆脱宗教的束缚。文件特别指出在基本全民信教的少数民族地区,执行共产党员不得参加宗教活动的规定,应按照实际情况,区别对待,应与其他非少数民族党员有所区别,而不能简单从事。应该说中组发〔1991〕4号文件是比较符合少数民族实际的文件,为解决藏族党员信教问题提供了政策依据。

其次,要划清参与宗教活动与随顺民族风俗习惯的界限。对于参与藏传佛教的婚礼丧葬等民俗节日活动,都是正常的民族风俗习惯,也是党员密切联系群众的有效途径,应该鼓励和保护。对参与宗教活动的藏族党员,

---

① 丰存霞、赵健:《政治信仰形成过程中的思想政治教育因素剖析》,《学校党建与思想教育》2013年第6期,第25页。

基层党组织也要对他们进行耐心教育，提高其思想认识，使他们逐步摆脱宗教的束缚。对于那些煽动宗教狂热，利用宗教破坏国家统一和民族团结的党员，一定要按照党纪国法严肃处理。

第三，要加强对广大藏族党员的马克思主义无神论与世界观教育，提高他们正确理解和贯彻执行党的宗教政策的能力，不断提高其思想觉悟。解决藏族党员信教问题，从根本上说还是要不断改造党员自身的世界观。

3. 加快推进藏传佛教改革，建立公民宗教

藏传佛教神本主义的宇宙观、世界观和出世的人生观，与人文主义的现代哲学思想相抵触，对追求民主、科学的现代化思潮起着阻碍的消极作用。在宗教义理方面，藏传佛教墨守成规，缺乏改革意识与创新精神。西藏民主改革以来，藏传佛教每况愈下，佛教界人士仍然抱着陈旧的教义不放，不思变革，封闭保守，与改革开放的社会发展主流背道而驰。"现代化在继承传统的基础上，更多地强调超越传统和致力于技术、制度及观念的创新，宗教是一种传统性很强的信仰、观念和社会现象，其内在性格是保守性，教理、教义的稳定性。这样一种内在性格使得宗教在社会变革和现代化面前表现出冷淡、反对和抵制的态度。"① 另外，佛教徒不事生产，逃避现实、把幸福寄托来世的人生观也与现代化的发展趋势不相适应。因此，必须对藏传佛教进行改革。

对藏传佛教进行改革，要逐步消除其神秘性，使其向世俗化、道德化的宗教发展。杜永彬认为，近代宗教的世俗化表现出三个特征："第一，宗教神圣化作用的衰退；第二，宗教提供意义体系作用的衰退，科学取代

---

① 向春玲：《当今西藏宗教信仰的特点及与现代化关系初探》，《西藏研究》2000年第2期，第104页。

了宗教；第三，宗教对人的约束力的减弱。"① 与世界宗教世俗化的倾向相一致，藏传佛教也出现了世俗化的趋势。进入21世纪，藏传佛教的国内与国际格局都已经发生了重大变化。中国藏区传统的藏传佛教由政教合一变革为政教分离，由全民信仰藏传佛教改变为基本群众信教，藏传佛教逐渐世俗化，其发展方向是与社会主义社会相适应。在西藏内部，藏传佛教的地区格局也发生了变化，卫藏、安多、康巴三大藏区藏传佛教的发展路向各不相同，在康区和安多藏区宁玛派和噶举派的影响超过卫藏。另外内地、内蒙、台港藏传佛教的世俗化和现代化步伐加快，信徒逐渐增多。国外藏传佛教格局出现新的变化，亚洲、欧、美、澳四大洲藏传佛教发展较快，印度（达兰萨拉）和美国的藏传佛教影响扩大，由于达赖的频繁活动，使藏传佛教与"西藏问题"交织在一起。在分析当今藏传佛教国内国际格局的基础上，杜永彬认为当今的藏传佛教兼有神圣化和世俗化、精英化和大众化、现代化和西化等色彩。他认为20世纪下半叶以来，藏传佛教的发展趋势是："由神学宗教走向道德宗教，其发展路向将经历三个发展阶段：世俗化和现代化——'人间佛教'——'道德宗教'。这是藏传佛教与社会主义社会相适应的三个发展阶段，现代化与世俗化是开始适应；'人间佛教'是初步适应；道德宗教是基本适应。"② 宗教的世俗化为藏传佛教的改革提供了契机，应该倡导和发扬藏族高僧大德的人文主义精神，充分发挥藏传佛教的道德教化功能，使其逐渐向道德宗教过渡。

对藏传佛教进行改革，要加强对信徒的公民教育，建立公民宗教。"公民宗教"是卢梭提出的一个概念。其目的就是在中世纪的神权政治瓦解之后，在政教分离的情况下如何处理宗教与政治关系问题。"公民宗教就是

---

① 杜永彬：《藏传佛教世俗化倾向的反思》，《战略与管理》1999年第4期，第112页。
② 杜永彬：《论当代藏传佛教的发展路向》，《西藏大学学报》2007年第1期，第90页。

要把政治从神学的控制下解放出来，使政治信仰脱离浓重的宗教气息，从而强化公民对民族国家的政治忠诚。"[1]西藏民主改革后，虽然结束了政教合一的制度，但是藏传佛教对政治的影响仍然存在。当今达赖把藏传佛教与所谓的"西藏问题"交织在一起，给我们留下了深刻的教训。在废除了政教合一制度的现代社会，一个宗教徒首先是一个公民，是公民就要履行作为一个公民对国家的义务。"公民宗教要求人们履行公民的义务，遵守法律，热爱祖国，把统治与服从关系以法律的形式固定下来，要求人们无条件地遵守法律，形成对法律的习惯性默认，从而确立新的政治信仰形式——法律信仰。"[2]我国虽然实行的是宗教信仰自由政策，但同时任何宗教活动都必须在国家宪法和法律的范围内活动。"爱国爱教，荣神益人"，是每一个宗教信徒都应该坚持的原则。对于西藏的广大信教群众，要对他们加强法律法规的宣传教育、加强爱国主义教育和公民教育，强化他们对国家的政治忠诚。使藏传佛教不仅成为增强民族团结的精神纽带，也成为"爱国益人"的公民宗教。

三、藏传佛教与社会主义相适应[3]

藏传佛教是印度佛教与藏族传统宗教文化相结合的产物。在藏传佛教的发展过程中，不断与本土文化融合，吸取了新的思想资源，进行了改革与创新，积淀为藏民族文化心理素质的重要组成部分，对藏族群众的社会生活产生了

---

[1] 王宏强：《公民宗教：对现代宗教社会如何确立政治信仰的新思考》，《贵州大学学报》2006年第1期，第20页。

[2] 王宏强：《公民宗教：对现代宗教社会如何确立政治信仰的新思考》，《贵州大学学报》2006年第1期，第20页。

[3] 此节大部分内容作为课题的阶段成果被收入论文集《西藏社会经济与文化发展研究》，西藏人民出版社2014年版，第166-176页。文章标题为《藏传佛教的本土化、世俗化及其改革的方向》。

重大影响。西藏民主改革后，虽然废除了政教合一的制度，但是，宗教对政治的影响并没有消除。而且由于藏传佛教基本上属于全民族的宗教，所以，不论是在公民个人生活的层面、国家政治生活的层面乃至在国际政治的层面，藏传佛教的宗教信仰仍然产生重大影响，发挥着十分重要的作用。但从目前来看，随着社会的迅速发展与现代化进程的加快，藏传佛教越来越表现出与现代化的进程不相适应，与社会主义社会的发展不相适应。特别是以十四世达赖为首的民族分裂势力，片面强调藏传佛教的神圣性、特殊性与狭隘民族主义，利用宗教蛊惑群众，煽动宗教狂热情绪，将一些不明真相的群众带入民族分裂主义的泥潭。煽风点火，聚众闹事，对西藏广大群众的生活造成严重危害，极大地影响了西藏的社会稳定和祖国统一，严重阻碍了西藏的现代化进程。因此，对藏传佛教进行改革，积极引导藏传佛教与社会主义相适应，成为当前一个迫切需要解决的课题。

（一）藏传佛教的现状和存在的问题

改革开放以来，随着市场经济体制的建立，市场观念也影响到了寺庙，藏传佛教世俗化的趋势越来越明显。

当今的藏传佛教倾向关心现实、重视人们的世俗利益。主要表现在部分藏传佛教信徒的信仰更多的是一种行为习惯和生活方式；藏传佛教的教义教规发生变通，宗教仪式相对简化；僧侣的观念发生变化，表现为轻苦修重享乐，世俗欲望越来越强烈；寺院的教育功能被各级各类学校所取代，宗教功能被弱化，文化与旅游功能在逐步加强。杜永彬认为宗教世俗化主要表现在三个方面：第一，宗教神圣化作用的衰退；第二，宗教提供意义体系作用的衰退，科学取代了宗教；第三，宗教对人的约束力的减弱。[①]

---

① 杜永彬：《藏传佛教世俗化倾向的反思》，《战略与管理》1999年第4期。

藏传佛教的清规戒律只对其信众起作用，不再具有普遍的约束力。人们的生活行为方式是多元的，理性、道德、法律成为判断人们行为方式正确与错误的主要准则。随着科学的发展和社会的进步，像其他宗教一样，藏传佛教对人们行为方式的规范约束功能将进一步减弱，世俗化趋势将进一步加强。

虽然藏传佛教出现了世俗化的趋势，但是由于受传统文化的影响，藏传佛教的神秘性也并没有消失。政教合一的传统、神本主义的宇宙观与现代化的进程不相适应。以十四世达赖为首的民族分裂势力与国外反华势力相勾结，影响着藏传佛教的健康发展，也影响着民族团结和社会稳定。当今藏传佛教的发展主要存在以下几个问题。

1. 神本主义的宇宙观与现代科学的发展不相适应

佛教与藏族的原始苯教相结合，实现了藏传佛教的本土化，同时原始苯教的神本主义的宇宙观也被藏传佛教所保留。至今，西藏仍有许多神山、圣水、神湖，民间信仰中也仍然存在各种各样的神。西方的现代化就是从文艺复兴开始的，使人从宗教权威的束缚下解放出来，重视个人的发展与个性的解放。藏传佛教对神的敬畏和重视必然会削弱对人的关注，束缚着人的个性解放和创造性的发挥。受藏传佛教的长期影响，藏族群众形成了重神轻人、信仰高于理性的宗教思维方式，这种思维方式使个人的主体性淹没于众神的灵光之中，使人丧失了创造性与主动性，必须转变这种落后的思维方式。

2. 重来生、轻今世的人生观与重商主义的市场经济不相适应

"当苯教灵魂不灭而又能转移的观念同佛教生死轮回等教义结合在一起时，来世观念就进入了藏民族的思想之中。"[①] 按照藏传佛教的教义，

---

① 刘志群：《积极与消极 推动与制约——西藏宗教与哲学、伦理文化的关系解析》（下），《西藏艺术研究》2002 第 3 期，第 69-70 页。

人生来就是受苦的，只能把希望寄托于来世。强调来世就会忽视对现世的物质利益追求，一个突出的表现就是藏族群众缺少商品观念与竞争意识。人们放弃对现实物质利益的追求，而醉心于对神佛菩萨的顶礼膜拜，不断的诵经咒、转法轮，把大量财富捐献给寺庙来积累功德，希望来世获得幸福。这种出世主义的观念与以平等竞争为基础的市场经济完全不同，与现代重商主义的伦理价值观严重脱节。

3. 政教合一的宗教文化传统与现代民主进程不相适应

卢梭指出："一旦人们进入政治社会而生活，他们就必须有一个宗教，把自己维系在其中。没有一个民族曾经是，或者将会是没有宗教而持续下去的。假如它不曾被赋予一个宗教，它也会为自己制造出一个宗教来，否则它很快就会灭亡。"[①] 对于藏民族而言，这一点表现得更为突出。从元朝开始一直到1959年民主改革，西藏政教合一的制度存在近千年。西藏的农奴主阶级利用藏传佛教的权威来维护其政治上的统治，巩固政治上的统一性。这种政教合一的制度虽然带来了西藏社会的长期稳定，但神权政治抵制社会变革又导致了政治体制的僵化，最终阻碍了西藏政治民主化的进程。直到今天，这样的制度仍然对西藏民众的政治生活产生了深刻影响。对于藏族的普通群众而言，基本上都信仰藏传佛教，虽然他们信仰的深浅程度不同。由于多数藏族群众的文化素质较低，缺少马克思主义祖国观、民族观、宗教观、文化观的教育，所以他们的思想政治觉悟较低，对马克思主义的认识非常有限，甚至缺乏明辨是非的能力。部分群众认为，信仰藏传佛教就是信仰达赖，把达赖看作是"精神领袖"，这也是藏族群众容易被达赖民族分裂集团所蛊惑的一个重要原因。

---

① [法]卢梭：《社会契约论》，何兆武译，商务印书馆1980年版，第171页。

4. 僧侣人员素质低下以及落后的寺庙管理制度与建设社会主义和谐社会不相适应

当今西藏寺庙里的僧侣主要来自偏远地区的贫困家庭，年长者居多，普遍缺少求知的意识，文化素质低下。能够潜心佛教义理研究，在理论上自成体系的高僧越来越少。有的僧侣甚至不懂国家法律法规，很容易被民族分裂分子所利用。另外，寺庙管理制度比较落后，寺院管理委员会成员和宗教主管部门人员佛学知识浅薄，整体素质差，难以服众。在思想上也很难与僧侣和信教群众沟通。容易把简单问题复杂化，把人民内部矛盾扩大化，把正常的宗教活动混同于封建迷信，采取简单粗暴的处理方式，伤害了僧侣与信教群众的感情，影响了民族团结与社会稳定。

5. 僵化的宗教义理与开放多元的现代文明不相适应

宗喀巴的宗教改革虽然暂时适应了当时社会发展的需要，但同时"宗喀巴的宗教改革否定人的生存意义，把人彻底变为神的附属品或者成为'人神'是人们的最高理想。"① 经过改革后的藏传佛教抑制了人的主体精神，不利于人的创造性潜能的发挥。另外，长期以来，藏传佛教墨守成规，缺乏改革意识与创新精神，与开放多元的现代文明格格不入，与处于指导地位的马克思主义主流意识形态不相适应。

从以上几个方面来看，当今的藏传佛教与现代科学发展、民主化潮流和社会主义制度都不相适应。因此，必须对藏传佛教进行改革。

（二）积极推进藏传佛教改革

对藏传佛教进行改革是一项长期的复杂的工作，必须科学规划，制定合理的方案，谨慎推行。

---

① 孙勇：《中世纪西藏佛教与基督教改革之比较》，《中国藏学》1989年第2期，第48页。

1. 藏传佛教改革的原则

不论藏传佛教怎么改,有一个原则是必须坚持的,那就是积极引导藏传佛教与社会主义相适应。

2005年,胡锦涛在北京接受第十一世班禅的拜见时指出:"引导宗教与社会主义社会相适应,是时代发展和社会进步的要求,也是新的时代对藏传佛教的要求和藏传佛教延续传承的内在要求。"[1] 上述理论和政策是研究藏传佛教与社会主义社会相适应应该坚持的原则。宗教与社会主义社会相适应,就是要自觉遵守国家法律法规,努力维护社会稳定、民族团结和祖国统一,积极弘扬宗教教义中扬善抑恶、平等宽容、扶贫济困等与社会主义道德要求贴近的积极内容,自觉抵制破坏祖国统一、民族团结、宗教和睦的行为。

2. 藏传佛教改革的措施

引导藏传佛教与社会主义相适应,必须大力发展西藏的教育文化事业,宣传科学文化知识,提高藏族人民的科学文化素质。

引导藏传佛教与社会主义相适应,必须依法加强对宗教事务的管理,完善寺庙管理制度,培养高素质的寺庙管理人才,提高管理水平。

引导藏传佛教与社会主义相适应,必须坚持独立自主、自办的原则,坚决反对国内民族分裂分子利用宗教搞民族分裂活动,坚决反对国外分裂势力利用宗教问题进行的渗透、颠覆和破坏活动,坚决反对国外敌对势力利用西藏宗教问题、人权问题干涉我国内政。"必须旗帜鲜明、扎实有效深入地揭批达赖集团,揭穿其假和平真暴力、假自治真分裂、假对话真对抗、假神圣真祸教、假护藏真害藏的真实面目;认清达赖集团是代表旧西藏政教合一封建农奴残余势力、受国际敌对势力支持和利用、破坏西藏发展稳

---

[1] 中共中央文献研究室,中共西藏自治区委员会:《西藏工作文献选编(1949—2005年)》,中央文献出版社2005年版,第623页。

定、图谋'西藏独立'的分裂主义政治集团。"①

引导藏传佛教与社会主义相适应，从根本上讲必须加快西藏经济社会的跨越式发展，进一步改善民生，完善西藏的免费义务教育制度、就业制度、社会保障制度和养老制度，不断提高人民的生活水平，充分发挥社会主义制度的优越性。"必须在西藏实现彻底的政教分离，实现宗教与基本民生需求相分离。西藏的农牧民子女都享受'三包'，全部进高中，就会大大减少未成年人争着进寺庙的现象；西藏以免费医疗为基础的农牧区医疗制度得到完善，就会大大减少有病就去求寺庙的现象。群众对未来天堂的幻想就不会妨碍他们对现实幸福的追求。"②通过不断改善民生，充分发挥社会主义制度的优越性，使西藏群众对来世天堂的幻想转向对现实幸福生活的追求，减少对藏传佛教心理上的依赖，使广大群众逐渐从宗教的束缚中解放出来。

四、西藏青年大学生的政治信仰教育③

政治信仰是人类社会政治生活的重要方面，是改善现实政治的精神支柱，也是政党和公民坚持政治原则的行动指南。在当今意识形态日益多元化的背景下，政治信仰也成为政治学、政治心理学、社会学与宗教学研究的一个重要课题。在意识形态多元化的背景下，在推进西藏马克思主义大众化的过程中，西藏青年大学生的政治信仰教育问题尤其重要。西藏青年大学生坚持什么样的政治信仰直接关系着西藏社会发展的方向，是关系着

---

① 叶小文：《积极引导藏传佛教与西藏跨越式发展相适应》，《学员论坛》2010年第3期，第36页。

② 叶小文：《积极引导藏传佛教与西藏跨越式发展相适应》，《学员论坛》2010年第3期，第36页。

③ 此节内容作为课题的阶段成果发表于《西藏民族学院学报》2013年第6期。文章标题为《西藏大学生政治信仰教育的途径与方法》。

西藏举什么旗、走什么路的重大政治问题。因此，加强对西藏大学生中国特色社会主义的政治信仰教育有着重大的理论意义和现实意义。

（一）政治信仰及其功能

政治信仰是一种政治形态的价值认同体系，包括政治情感、政治认知和政治行为倾向三个方面。"政治信仰是人类生活信仰的重要方面，是一定社会群体或者个人对于现实社会的政治制度模式和政治理论，以及未来社会政治理想图式建构的终极信仰和追求。"① 根据马克思·韦伯的"政治合法性"理论，政治信仰就是要在政治社会中形成对政治系统的合法性的认同和信奉。这种合法性认同包括对政党（尤其是执政党）的合法性信仰、对政府的合法性信仰、对政治领袖的合法性信仰、对意识形态的合法性信仰、对政治制度的合法性信仰五个层面的内容。② 政治信仰有正确与错误之分，一般而言的政治信仰指的是合法性信仰。在我国，目前的政治信仰主要指的是"坚定对马克思主义的信仰、坚定对社会主义的信念、增强对改革开放和现代化建设的信心、增强对党和政府的信任"③。即我们通常所说的"四信"。大学生政治信仰，指大学生对于中国共产党及其中国化了的马克思主义理论的认同、信仰和追求，并由此引起的为信仰而奋斗的主动行为倾向。

政治信仰不但对整个社会的发展起推动作用，而且对社会群体和个人的政治实践起指导作用。它为信仰群体和个人提供了完整的政治价值判断标准，为信仰者进行政治斗争提供内在的精神动力，对群体和个人

---

① 胡乃岩：《论中国道路与政治信仰》，《黑龙江社会科学》2013年第2期，第23页。
② 王宏强：《政治信仰：概念、结构和过程》，《学术探索》2006年第3期，第11页。
③ 江泽民：《在庆祝中国共产党成立八十周年大会上的讲话》，《人民日报》2001年7月1日第1版。

的政治行为起着规范作用，它还是团结群众、增强政治群体凝聚力的精神纽带。①

（二）西藏大学生政治信仰教育的必要性

对于西藏的大学生而言，坚定对马克思主义的政治信仰、坚定对中国共产党和中国特色社会主义道路的信心，不仅有利于大学生个体坚持正确的政治方向，而且有利于进一步推动西藏的民主改革和政治进步，有利于实现西藏的民族团结和社会稳定，增强民族凝聚力和向心力，实现西藏的长治久安和跨越式发展。

具体来说，对西藏大学生进行政治信仰教育有以下重要意义。

第一，有助于西藏大学生树立和坚定中国特色社会主义的政治信仰，提升其思想境界，增强其社会责任感，积极投身于中国特色社会主义的实践中去。

第二，有利于推动西藏大学生的政治社会化进程，增强他们对党和国家政治合法性的认同，进一步推进西藏的民主改革和政治体制的完善。

第三，有助于巩固中国共产党的执政地位，进而实现好、维护好、发展好西藏广大人民的根本利益。

第四，有利于保持马克思主义的指导地位，维护我国意识形态的安全，为西藏反渗透反分裂斗争提供思想保证，抵御民族分裂和西方非马克思主义思想的渗透，保证西藏稳定和各民族团结。

第五，有利于巩固壮大主流思想舆论，弘扬主旋律，传播正能量，让世界了解真实的西藏。从而有利于民族区域自治政策和宗教信仰自由政策的正确贯彻执行，促进西藏的长治久安。

---

① 夏鑫：《试论政治信仰的作用》，《周口师范学院学报》2005年第4期，第57-59页。

（三）西藏大学生政治信仰教育所面临的社会环境

政治信仰的形成过程就是个体政治社会化的过程。大学生的政治信仰是大学生政治社会化的产物，是大学生评价政治现实的理论基础和价值尺度，它促使大学生对现实政治制度进行深入思考，并对不合理的政治制度进行批判，从而推进社会的民主政治进程。在大学生政治社会化的过程中，社会宏观环境，特别是社会政治需求、执政党的理念、政局的稳定程度、政治民主化程度、传统文化风俗等对个体政治信仰的形成影响重大。另外，个体的情感意志、世界观、政治实践等也是影响政治信仰形成的重要因素。由于西藏特殊的政治文化环境，影响西藏大学生政治信仰形成的因素更为复杂。具体来说，影响西藏大学生政治信仰的主要因素有以下几个方面。

1. 藏独分裂势力与西方反华势力相结合的国际背景

2008年""3·14""暴乱事件以来，藏独分裂势力与西方反华势力相互勾结，借助互联网、电台、报纸等舆论媒体，散布谣言，制造事端，策划了一系列的打、砸、抢、烧活动和僧人自焚事件，严重扰乱了社会的稳定。有部分西藏大学生缺乏明辨是非的能力，受极端民族主义的蛊惑与煽动，在网络上盲目跟帖，散发一些危害社会稳定和民族团结的言论，甚至卷入了动乱活动之中，触犯了国家的法律。

2. 多元文化共存的现实冲突

在当今西藏，同时存在着作为意识形态的马克思主义文化、作为公民日常行为规范的藏传佛教文化、作为民族分裂势力幕后推手的西方文化。另外门巴族、珞巴族、回族、纳西族等少数民族文化与汉族文化也长期共存，这些不同的文化之间不可避免会存在冲突。生活于其中的藏族大学生在政治信仰、价值观以及行为方式的选择上不能不考虑这些因素的影响，如果没有正确的世界观、人生观、价值观的引导，藏族大学生的政治立场很可能会在多元文化的纷扰中出现偏颇。

3. 政治信仰与宗教信仰的相互交织

根据有关调查，西藏大学生（包括汉族、藏族和其他少数民族）中信仰共产主义的占51%，信仰宗教的占39%。其中信仰宗教的大学生中，汉族占12%，藏族和其他少数民族占88%。[①] 其中也不排除有些藏族大学生同时信仰共产主义与藏传佛教。这说明某些藏族大学生的政治立场还不够坚定，也说明藏传佛教对大学生的人生观、价值观的影响还是根深蒂固的。不过，也有调查表明，绝大多数藏族大学生对宗教的信仰更多的是处于家庭和社会环境的影响，而不是像其父母一样虔诚地信仰宗教。许多研究者都观察到这样的一种现象：藏族大学生在藏族的宗教文化环境中能自觉地按照宗教的戒律来规范自己的行为，但是一旦他们脱离了自己民族文化所在的地域环境，他们的行为就不再受藏族宗教文化的约束。部分藏族大学生具有双重信仰，说明其信仰具有不确定性和可塑性，也说明宗教对藏族大学生的影响作用在减弱。

4. 民族认同与国家认同的两难选择

一般来说，民族认同与国家认同是一种对立统一的关系。首先，民族认同与国家认同存在着矛盾和冲突。民族认同强调的是对本民族共同语言、宗教习俗的一种心理上的归属感和民族身份认同。而国家认同指的是公民对自己祖国的历史文化传统、道德价值观、国土疆域等的认同，并由此产生国民身份的认同。对民族认同的强化意味着民族主体意识的增强，并要求为本民族争取更多的社会资源和自主权利。如果少数民族

---

① 曹水群：《西藏高校学生信仰状况调查与分析》，《中国成人教育》2007年第9期，第114页。

的权利诉求得不到满足,就有可能出现少数民族分离的倾向。显然,对民族认同的强化会导致对国家认同的弱化。反之,如果过度地强调国家认同,可能会削弱民族的主体意识,模糊民族身份。处于族际交往中的藏族大学生在民族利益与国家利益出现冲突时,在行为方式的选择上往往会处于一种两难的境地。①

5. 思想政治理论教育缺乏实效

当代大学生政治信仰的培育主要通过思想政治理论课教育来实现的。但是,目前高校的思想政治理论课教学效果不理想。"高校在加强学生的道德和价值观教育中,并未做到因材施教。过于强调教材内容上的理论性和系统性,导致空洞、脱离实际。在讲授过程中,过于强调规范和权威对个体的强制和约束,而忽视对实际道德问题的处理和能力的培养。"② 空洞说教的灌输式教学模式,忽视了藏族大学生的个体差异、认知心理、思维方式和接受能力,导致了他们对思想政治理论课的抵制情绪,也影响了藏族大学生对马克思主义的政治信仰。

6. 政治参与实践缺乏指导与参与途径

政治参与是指公民依法通过一定的程序参加社会政治生活,表达个人或集体的意愿,从而影响政治体系的构成、运作方式、规则和政策过程的政治行为。政治参与实践也是大学生确立政治信仰的一个有效的途径。但是,目前我国政治民主化的程度还比较低,大学生的民主意识还比较薄弱。而且学校和社会的其他相关机构对大学生如何参与政治实践也缺乏必要的指导,对于大学生参与政治实践的重要意义认识不够。比如对于大学生参

---

① 崔海亮:《纠结于民族认同与国家认同之间——藏族大学生民族心理认同问题探析》,《黑龙江民族丛刊》2013年第3期。

② 任姣丽:《当代大学生信仰问题研究》,硕士学位论文,山西大学,2012年,第22页。

加地方人大代表的选举活动,许多高校都不重视,也没有认真组织。有的大学生四年大学期间竟然没有参加一次人大代表的选举活动。所以许多大学生特别是藏族大学生根本就不知道如何参与政治实践,正确行使自己的民主权利。

(四)西藏大学生政治信仰教育的途径与方法

针对西藏大学生政治信仰教育存在的主要问题和西藏特殊的政治文化环境,加强西藏大学生政治信仰教育的主要途径可以从以下几个方面来考虑。

1.加强西藏大学生科学文化知识的学习和思想政治理论教育,提高其对马克思主义的认识水平,增强明辨是非的能力。

西藏大学生长期生活在浓厚宗教文化的环境中,科学文化知识比较薄弱,部分学生还保留着宗教唯心主义的世界观。恩格斯曾说过:"自然科学将会一个接一个地攻占宗教的堡垒,自然科学每前进一步都会把昔日视为上帝操纵的超自然领域变为自然法则支配下的纯自然领域,作为造物主的上帝将不断失去存身领地。"只有提高西藏大学生的科学文化知识素养,对他们加强马克思主义无神论与世界观教育,不断提高其思想觉悟与认识水平,才能使西藏大学生摆脱宗教世界观的束缚,帮助他们树立正确的政治信仰。

2.改进思想政治课教学,创新教学方法,不断提高课堂的实效性。

大学的思想政治课教学是对大学生进行政治信仰教育的主阵地。当今西藏大学生的政治信仰出现问题,与思想政治理论课教学的失误密切相关。针对西藏大学生特殊的文化心理与认知方式,要不断推进大学思想政治课教学改革。

要丰富思想政治课的教学内容,结合社会热点与重大理论问题,增加贴近生活、贴近西藏大学生实际的新内容，提高学生的兴趣和对社会的关注，使他们学会用马克思主义理论分析现实问题，激发其思想活力。

要不断创新教学方法。坚持以人为本，尊重西藏大学生的个性特点，遵循教学规律，实施因材施教，坚持知、情、意的统一，注重心理疏导与情感教育。在平等和谐的学习氛围中引导西藏大学生坚定对马克思主义的信仰，坚定对社会主义的信念。增强他们对改革开放和现代化建设的信心，增强他们对党和政府的信任。

要扎实有效地开展实践教学。2005年，《中宣部、教育部关于进一步加强和改进高等学校思想政治理论课的意见》提出："要建立和完善实践教学保障机制，探索实践育人的长效机制……把实践教学与社会调查、志愿服务、公益活动、专业课实习等结合起来，引导大学生走出校门，到基层去，到工农群众中去。要通过形式多样的实践教学活动，提高学生思想政治素质和观察分析社会现象的能力，深化教育教学的效果。"今后要进一步完善实践教学保障机制，探索实践育人的长效机制。通过扎实有效的实践教学活动，不断提高思想政治课的针对性与实效性，提高学生的思想政治素质，坚定他们走中国特色社会主义道路的信心。

3. 积极开展多元文化教育和民族团结教育，妥善处理好马克思主义意识形态与西藏宗教文化的关系。

现在看来，西藏多元文化并存的现状还会长期存在，马克思主义政治信仰与宗教信仰的矛盾与冲突也就不可避免。另外，随着全球化民族主义浪潮的兴起，民族主体意识的觉醒，民族认同与政治认同之间也会有矛盾和冲突。政治信仰关注的是国家的前途命运问题，宗教信仰关注的是个人的救赎问题，民族认同关注的是族群的发展问题。因此，政治信仰、宗教信仰与民族认同涉及了国家、个人和民族三者的关系。能否正确处理三者的关系,是影响到国家统一、民族团结、个人幸福的重大问题。因此必须加强对西藏大学生的多元文化教育和民族团结教育,使他们树立正确的马克思主义国家观、民族观、宗教观和文化观,坚持辩证唯物主义的立场,摆脱宗教思想束缚。要慎重处理好西藏大学生的信仰问题,促使他们最终确立马克思主义的政治信仰。

4. 扩大政治参与实践的途径,提高其公民意识。

政治信仰的确立,离不开政治参与实践的过程体验。目前西藏大学生政治参与态度冷漠,参与政治实践的积极性不高,缺乏公民意识与民主观念。而且所在学校和社区也不能提供更多的参与政治实践的机会。国家要加强大学生政治参与的制度化建设,为大学生的政治参与行为进行引导与规范,这样大学生的政治参与实践才能有序稳定。高校应该重视西藏大学生的政治利益诉求,拓宽大学生参与政治实践的渠道,充分发挥学生代表、社团组织在学校决策过程中的作用。鼓励大学生参政议政,认真行使选举权与被选举权,积极参加价格听证会等民主政治实践,增强其公民意识与民主观念。通过公开、透明、有序、民主的政治参与实践,才能促使西藏大学生对中国特色社会主义政治制度的认同,从而确立马克思主义的政治信仰。

5. 培育良好的社会环境,促使西藏大学生政治社会化过程的顺利过渡。

当前西藏大学生政治信仰的培育缺乏良好的社会环境。要建设廉洁、高效、亲民的政府,有效扼制腐败现象,增加政府的公信力,增强西藏大学生对党和政府的认同;要重视和谐校园政治文化建设,积极传播主流政治文化,通过课堂教育、课外活动、实践环节等灵活多样的形式进行主流政治文化教育,引导学生认同现行的政治制度,提高政治参与的自觉性;要规范网络管理,引导西藏大学生文明上网,传播正能量,弘扬主旋律;

要对藏传佛教进行改革,逐渐消除其神秘性,使西藏大学生逐步摆脱宗教思想的束缚;另外还要大力发展西藏的教育科学文化事业,保持西藏经济的快速、稳定、可持续发展,充分发挥社会主义制度的优越性,增强西藏大学生对中国特色社会主义制度的认同。

五、西藏农牧民的社会主义教育

目前,西藏300多万常住人口中,仍然有80%在农牧区。农牧区人口仍然是西藏马克思主义大众化的主要对象。由于受地理环境、传统宗教文化等因素的影响,西藏农牧民的马克思主义大众化也面临着许多问题。从西藏农牧区的实际出发,推进西藏农牧民的马克思主义大众化应该着重加强对西藏农牧民的社会主义教育。

(一)西藏农牧民的现状

西藏农牧区基本上都在偏远地区,相对封闭落后。广大农牧民习惯于传统的生产和生活方式,观念陈旧,不容易接受新事物。特别是非常偏远的过境地区,比如阿里的普兰县,距离拉萨还有1000多公里,即使有了现代化的通信和传播设备,党的路线、方针和政策还是不太容易及时传播到那里。个别群众对社会主义的认识还停留在毛泽东的那个时代。

西藏农牧民文化素质偏低,还存在一定数量的文盲半文盲人口。第五次人口普查统计资料显示:西藏文盲人口85万,其中城镇文盲人口为9万,农村文盲人口76万,农村文盲率高达35.90%,比全国农村平均文盲率8.25%高出近28个百分点。到了第六次人口普查的时候,西藏的文盲率有了大幅下降,但主要是通过扫除青壮年文盲的短期培训班来实现的,不过是教给他们简单的算术和拼音,半文盲的比例还是不小。另外还存在一些数盲和法盲。根据周大鸣的研究,西藏一些群众存在数字概念模糊的问题,即数盲。调查中接触到的妇女有一部分不知道自己的实际年龄：一位实际年龄为17岁的受访者说自己是29岁，而姐姐是22岁。另外，部分农牧民不会算账。调查者在一个家庭旅馆住宿，结账时应付205元，给了老板250元，结果找回95元。付款人说老板弄错了。但是老板对付款人提出的异议无论如何也搞不明白，后来在向导的帮助下才弄清楚。①农牧民群众的数字观念十分淡薄，特别是贫困农村，这一问题更加突出。根据援藏干部的调查，在受访贫困户中，80%以上的家庭不清楚上一年的粮食收入情况，30%左右的家庭不知道自己家里的土地和牲畜数量，个别多子女贫困户连自己家里的人口总数也不十分清楚。②也有农牧民因不会算术，在外出打工的时候被老板少结算工资，他们自己还不知道。西藏的农牧民文盲半文盲率还是比较高的，文化素质和掌握现代科技的水平比较低。在贫困农村，多数群众没有法律常识，民主法律意识薄弱。绝大多数农牧民都是按传统的生产方式生活，缺乏谋生的技能，科技水平较低，甚至不具备起码的科学常识。因此，农牧民缺乏明辨是非的能力。

由于农牧区相对封闭落后，受宗教思想的长期影响，农牧民笃信藏传佛教，盲目迷信和崇拜喇嘛的宗教权威，世世代代按照宗教礼俗进行社会生活。建房、结婚、求学、邻里纠纷等重大事情还习惯求喇嘛来解决，宗教是主宰农牧民生活的权威，多数农牧民缺乏法律意识与法律观念，国家法律对他们还不能起到实际的规范与约束作用。这样的一种状况，使广大农牧民非常容易被达赖分裂集团所利用。所以，提高广大农牧民的科学文化水平，对他们进行爱国主义和社会主义教育非常必要。

---

① 周大鸣：《寻求内源发展——中国西部的民族与文化》，中山大学出版社2006年版，第4页。
② 孙悦良：《西藏农村贫困问题与扶贫开发研究》，硕士学位论文，苏州大学，2006年，第59页。

(二)对西藏农牧民进行社会主义教育的必要性

由于广大农牧民与青年大学生在社会中所处的地位不同,马克思主义大众化对他们的要求也不一样。青年大学生是西藏的精英,直接决定着西藏的发展前途和方向,所以,青年大学生一定要有坚定正确的马克思主义政治信仰,才能保证西藏发展的社会主义方向。而广大普通农牧民群众处于西藏社会的最低层,文化水平最低,思想观念落后,而且基本上都虔诚地信仰藏传佛教,所以,不可能要求他们都有马克思主义政治信仰,只要他们热爱祖国、拥护中国共产党的领导、拥护社会主义制度就可以了。使西藏广大农牧民具备爱国主义情感、拥护社会主义制度是西藏马克思主义大众化的基本要求。

首先,马克思主义民族化、时代化、大众化的政治任务要求我们必须对西藏农牧民进行社会主义教育。西藏农牧民占西藏人口的80%,是西藏马克思主义大众化对象的主体。对西藏农牧民进行社会主义教育,让他们了解我国的基本政治制度,明白我国的基本政治制度都是保障人民当家做主的,了解党的路线、方针和政策,明白党对西藏的许多惠民政策,真正理解社会主义的优越性,让他们从内心深处真正拥护社会主义制度,这也是马克思主义大众化的基本要求。现在全区正在贯彻落实中央倡导的培育和践行社会主义核心价值观活动,对农牧民进行社会主义教育也是这一活动的要求。

其次,达赖分裂集团对西藏农牧区渗透和破坏的严峻形势要求我们必须对西藏农牧民进行社会主义教育。达赖集团策划的分裂活动和骚乱主要是在拉萨,但是他们也把分裂势力向西藏农牧区渗透,还企图把分裂主义活动和骚乱引向农牧区。在第五次西藏工作座谈会上,胡锦涛总书记明确指出,必须深入持久开展反分裂斗争。要高举维护社会稳定、维护社会主义法制、维护人民群众根本利益、维护祖国统一、维护民族团结的旗帜,切实防范和打击"藏独"分裂势力的渗透破坏活动。要取得反分裂斗争的胜利,关键还在于紧紧依靠和团结西藏广大农牧民群众。农牧民是维护西藏农牧区稳定的基本力量和基本保证。因此,我们要加强对农牧民的爱国主义和社会主义教育,用社会主义核心价值体系武装农牧民的头脑,让他们认清达赖集团分裂国家、危害社会的反动本质,使其树立中华民族意识、国家意识、法制意识和公民意识,勇于同分裂势力作斗争。

最后,提高广大农牧民的思想政治素质,使他们成为合格的中华人民共和国公民,也应该对他们进行社会主义教育。目前,西藏广大农牧民的思想觉悟还比较低,政治立场还比较模糊,缺乏公民意识和法制观念,不能全面正确地行使公民权利。对他们进行社会主义教育,有助于提高他们的思想觉悟和认识水平,成为一个在政治上合格的中国公民。

(三)如何加强对西藏农牧民的社会主义教育

西藏民主改革以来,中央一直是非常重视对农牧民进行社会主义教育的,只不过在贯彻执行的过程中,有时候并没有得到很好地落实。

西藏民主改革开始后,一个重要的任务就是要加强对翻身农奴出身的农牧民进行社会主义教育,提高他们对社会主义的认识水平。西藏工委认为:"在民主改革已经完成的地区,有领导、有计划地向农民开展社会主义教育运动是十分必要的。"[①]1961年,《中共中央关于西藏工作的指示》指出,在彻底完成民主改革后,"向群众深入进行民主改革

---

① 中共西藏自治区委员会党史研究室:《中国共产党西藏历史大事记(1949—2004)》(第一卷),中共党史出版社2005年版,第168页。

的政治思想教育,进行爱国主义教育和社会主义前途教育"①。根据中央的指示,西藏工委在1961年开始在西藏农牧区广泛开展社会主义教育运动,并明确提出要求:"要对广大农民群众进行社会主义前途教育,既要使广大农民明确现阶段党的方针政策,安心而又积极地发展生产,又要使广大农牧民群众明确方向,看到社会主义的远景。所有在农村工作的干部,要深入生产第一线,和群众同吃、同住、同劳动、同商量,坚决依靠群众,认真贯彻执行阶级路线和群众路线,加强调查研究,一切从实际出发,踏踏实实,埋头苦干,坚决按照党的方针政策办事,紧紧依靠党的领导,密切联系群众。"②这场社会主义教育运动大大提高了广大农牧民群众的思想觉悟,加深了他们对社会主义的理解,并在实际行动上积极拥护社会主义制度。

后来,这样大规模地对农牧民进行社会主义教育的运动并没有在西藏持续开展。1989年以后,中央决定在全国开展农村社会主义教育运动。针对西藏基层党组织弱化的状况,西藏自治区党委在1992—1993年进行了两年的社会主义教育活动,在区直单位抽调骨干,组成社教工作队,深入农牧区开展爱国主义教育、集体主义教育和社会主义前途理想教育。此后在1996年,自治区党委决定在寺庙全面开展爱国主义教育运动,使广大僧尼提高了思想觉悟,也收到了良好的效果。不过,并没有进行针对农牧民的社会主义教育运动。原因很简单,主要是认为达赖集团渗透和控制的重点是在寺庙,对于广大农牧区就忽视了。实际上,这种认识是偏颇的,

---

① 中共中央文献研究室、中共西藏自治区委员会编:《西藏工作文献选编(1949—2005年)》,中央文献出版社2005年版,第254—255页。

② 中共中央文献研究室、中共西藏自治区委员会编:《西藏工作文献选编(1949—2005年)》,中央文献出版社2005年版,第271页。

西藏农牧区的广大群众才是我们依靠的对象，才是我们社会主义事业兴旺发达的群众基础。只有得到广大农牧区群众的支持，我们的反分裂斗争才能胜利，西藏的社会主义事业才能发展。

加强对西藏农牧民的社会主义教育，我们要做到以下几点。

第一，自治区党委和各级政府机关必须高度重视对农牧民的社会主义教育工作。2008年的"3·14"暴乱事件规模大、范围广、破坏性强。四川、青海、甘肃藏区都发生了类似的打砸抢烧活动。这些活动必定是有预谋、准备和组织的过程，在这个过程中也必然有群众会发现的。但是，为什么这些群众都没有举报这些反动的活动？如果广大农牧民群众都有较高的政治觉悟，明确了他们作为社会主义国家公民的责任与义务，他们肯定会举报这些活动。如果自治区政府能得到群众的举报，就会提前采取应对的措施，暴乱或许就不会发生，即使发生了，我们也可以从容应对。但是，这些都只是假设。那么多的群众，竟然没有人举报达赖集团那么大规模的暴乱活动！"3·14"暴乱事件值得我们反思。我们不得不承认，我们并没有做好群众工作，忽视了对他们进行社会主义教育。

第二，要完善西藏农牧区思想政治教育的组织机制。"当前，农牧区思想政治教育工作并没有专门的组织或部门负责，一般是由主管领导直接交由负责宣传的部门进行，有时联合妇联、共青团、民兵连等组织开展。由于没有专门组织，在农牧区思想政治教育工作中时常会出现权责不明、分工不明、相互推诿的问题。"[①] 针对这种情况，应该成立专门的农牧区思想政治工作领导机构。可以考虑成立西藏农牧区思想政治工作办公室，由党政一把手担任主任。其成员可以有团委、妇联、宣传委员、村委会等

---

① 吴春宝、尼玛次仁：《论新时期西藏农牧区思想政治教育模式的构建》，《河北农业大学学报》2013年第1期。

主要负责人。设立这样一个专门负责农牧区思想政治教育工作的常设机构，可以充分调动农牧区各方面力量来保证农牧区社会主义教育工作的长期性和稳定性。

第三，要充实西藏农牧区思想政治教育队伍。目前，我们重视寺庙管理和寺庙僧尼的社会主义教育，注重培养寺庙管理的专门人才。而农牧区的基层干部理论素质往往较低，不足以担当农牧区教育群众的思想政治教育工作。要进一步完善用人机制，针对农牧区思想政治教育人才相对短缺的状况，吸引更多人才特别是大学毕业生到农牧区思想政治教育工作队伍中来，提高农牧区思想政治教育工作的质量。

第四，要创新西藏农牧区社会主义教育的形式。好的教育形式可以有好的教育效果，结合西藏农牧区的实际，要不断创新教育形式。

首先要编好教材。组织编写反对分裂、维护祖国统一、西藏的过去和今天等方面的简明材料，普及关于西藏历史文化的知识，开展新旧西藏对比教育，坚定农牧区群众建设社会主义新西藏的信心和决心。组织编写《宗教政策教育读本》《反分裂读本》等教材，让农牧区群众了解党的宗教政策和民族政策，树立正确的国家观、民族观、宗教观、文化观。

其次，以丰富多彩的形式开展社会主义教育。把社会主义教育与农牧区创建活动结合起来。把社会主义核心价值观的基本要求融入创建文明村镇和文明家庭活动中。把农牧区的社会主义教育与西藏传统节日的纪念活动结合起来。着力挖掘西藏传统节日和民族重大历史事件、历史人物的纪念活动，并赋予这些活动新的时代内涵，启发农牧民思考，促进农牧民思想觉悟的提高。比如每年的3·28西藏百万农奴解放日、西藏和平解放纪念日等，都是对农牧民进行爱国主义教育的好机会，有利于提高教育效果。把农牧区的社会主义教育与西藏高校"三下乡"活动结合起来，鼓励大学生到农牧区进行爱国主义、社会主义的宣传教育活动。把农牧区的社会主义教育与群众路线教育活动、"强基惠民"活动、培育和践行社会主义核心价值观活动结合起来。通过不断创新教育形式,提高农牧区群众社会主义教育的针对性和实效性。

本章小节

西藏马克思主义大众化面临着十分复杂的形势。从传播主体来看,西藏党政机构的领导干部在西藏马克思主义大众化的过程中处于主体地位,发挥着领导作用。西藏高校的马克思主义理论教师及其他从事马克思主义理论研究人员是西藏马克思主义大众化传播主体的重要组成部分。不同的传播主体具有各自的优点,同时也都存在一定的缺陷。从传播客体来看,主要包括西藏青年大学生群体、西藏农牧民群众和西藏基层党员干部群体,这些群体都不同程度地存在马克思主义理论素质较差的状况,迫切需要加强马克思主义理论的宣传教育。从传播内容来看,西藏马克思主义大众化需要加强党的群众路线,党的思想路线,马克思主义的国家观、民族观、宗教观和文化观,党的统一战线政策等方面的宣传教育。从传播介体来看,不仅要充分发挥报纸、广播电视、期刊等传统媒体在西藏马克思主义大众化传播中的作用,还要积极发挥网络新媒体和其他媒体的作用。从传播环境来看,西藏的马克思主义的传播面临着先天不足、后天不利的局面。以上因素决定了推进西藏马克思主义大众化不仅十分必要,而且任务相当艰巨。针对西藏马克思主义大众化的现状,必须处理好"一元主导"与"多元并存"的关系,始终保持马克思主义在意识形态领域的主导地位;要正确处理好政治信仰、宗教信仰与民族认同的关系，充分认识到政治信仰的重要作用，正确贯彻执行党的民族政策和宗教政策；要积极引导藏传佛教与社会主义相适应，加快推进藏传佛教改革，建立与宗教世俗化趋势相适应的公民宗教。要加强对西藏大学生的政治信仰教育，维护我国意识形态的安全，为西藏反渗透反分裂斗争提供思想保证，抵御民族分裂和西方非马克思主义思想的渗透，保证西藏稳定和各民族团结；要加强对西藏农牧民的社会主义教育，提高他们的思想政治素质，帮助他们树立马克思主义的国家观、民族观、宗教观、文化观，巩固党的群众基础，使西藏的马克思主义大众化真正扎根于广大农牧民群众当中。

第五章　西藏马克思主义大众化深入发展的路径选择

马克思主义学说是实践基础上的革命性与科学性的统一，具有实践性、革命性和科学性三个基本特点，实践的观点是马克思主义哲学首要的最基本的观点。马克思主义扎根于实践当中，服务于实践并指导实践，并随着实践的发展而发展。因此，马克思主义才能成为一个开放的理论体系，才有马克思主义与中国实际相结合的两次飞跃，才有了马克思主义中国化的两大理论成果。因此，可以说，实践性是马克思主义学说最重要的特征，离开了实践，脱离了实际，便不是真正的马克思主义。同时实践性又决定了马克思主义的基本观点是群众观点。因为人民群众是实践的主体，是历史的创造者。"马克思主义学说关于社会实践和人民群众的根本观点，直接意味着这一学说，从本质上来说就是面向大众的，是与人民群众的历史性实践本质相关、不可须臾相失的。在这个意义上，只要是真正的马克思主义的理论和学说，本身就必然具有向人民群众敞开的趋势，具有向人民群众的社会实践敞开的趋势，一句话，具有大众化的趋势。"① 从这个角度来理解，马克思主义的大众化并不仅仅是马克思主义原理和当代中国马克思主义理论的通俗化和民族化，不仅仅是让广大群众掌握马克思主义理论。还应该实现马克思主义理论与中国当今实践的创造性结合，并进而用马克思主义理论指导我们认识和改造世界的活动，把马克思主义理论转化为广大人民群众认识和改造世界的强大的物质力量。从马克思主义实践观点与群众观点的基础上来认识，马克思主义大众化的基本路径应该包括三个环节：一是实现马克思主义的通俗化和民族化，使理论掌握于群众；二是实现马克思主义与中国实际的结合，把马克思主义变成我们自己的东西；三是用中国化了的马克思主义指导我们认识和改造世界的活动，把马克思主义变成我们认识和改造世界的强大的物质力量。② 从这样的基本路径来考察西藏的马克思主义大众化，也应该有以下三个层次：第一，推进西藏马克思主义大众化更广泛的传播；第二，实现马克思主义与西藏实际的结合；第三，在实践中进一步发展马克思主义。

第一节　推进西藏马克思主义大众化更广泛的传播

马克思主义大众化首先要实现马克思主义理论掌握于广大人民群众，这就必须进行马克思主义理论的宣传教育。从传播学的角度来看，推进西藏马克思主义大众化更广泛的传播，需要明确传播主体、优化传播内容、净化传播环境、拓宽传播途径、完善保障制度。

---

① 吴晓明：《论推动当代中国马克思主义大众化》，《思想政治工作研究》2009年第2期，第30页。
② 孙熙国：《马克思主义大众化的三个重要环节》，《思想教育研究》2008年第10期，第8页。

一、明确传播主体

西藏马克思主义大众化的传播主体主要包括西藏党政机构的领导干部、西藏高校的马克思主义理论教师以及其他机构从事马克思主义理论的研究人员。传播主体在传播过程中发挥着非常重要的作用,一般具有导向作用、教育作用、示范作用和组织作用。传播主体通过其理论宣传活动,使广大群众不断提高政治觉悟,引导广大群众树立中国特色社会主义的道路自信、理论自信和制度自信。传播主体要想发挥好这些方面的作用,对其自身素质提出了很高的要求。

首先,传播主体要增强使命感与责任感。

西藏马克思主义理论的宣传教育任务主要由西藏党政机构的领导干部、西藏高校的马克思主义理论教师以及其他机构从事马克思主义理论研究人员来承担的。作为传播主体,他们应该了解达赖分裂势力与西方反华势力相互勾结,不断向西藏渗透的严峻形势,应该了解西藏落后的宗教文化对广大群众的消极影响,应该明白西藏马克思主义大众化的必要性和紧迫性,明白自己肩负的历史责任和神圣使命,牢记使命,认真工作。

其次,要全面提高传播主体的素质。

全面提高传播主体的素质,才能完成其历史使命。西藏马克思主义大众化的传播主体应该具备以下素质:第一,坚定正确的政治立场。作为传播主体应该树立马克思主义的世界观,坚持辩证唯物主义和历史唯物主义的基本立场,用马克思主义的世界观和方法论武装头脑,解决广大人民群众思想上的困惑和问题。要具有坚定的马克思主义信仰,有鲜明的党性,能站在无产阶级的立场上,坚持全心全意为人民服务的思想,全面贯彻落实党的路线、方针和政策,能自觉地与党中央保持高度一致。第二,深厚的马克思主义理论功底。传播主体的工作是以马克思主义理论去教育群众、说服群众，因此，他们的工作成效与其理论水平密切相关。这就要求传播主体必须要有深厚的马克思主义理论功底。传播主体应该掌握马克思主义的基本原理和中国特色社会主义理论体系，并能做到融会贯通。应该能深入领会党的民族政策与宗教政策，并具备较高的执行政策的水平。第三，广博的科学文化知识。西藏长期受落后的宗教文化的影响，广大群众缺乏科学文化知识。为帮助群众摆脱宗教思想的束缚，树立科学的世界观，传播主体必须要系统掌握科学文化知识，对广大群众进行科学知识的普及和宣传教育。另外，传播主体还必须研究和学习教育学、传播学、社会学、心理学以及其他人文社会学科的知识。只有这样，才能灵活运用教育传播的客观规律，根据不同的传播客体的特点，采取适当的传播形式，更好地完成马克思主义理论教育传播的任务。第四，较强的语言表达能力和创新能力。因为传播主体的主要任务是对群众进行宣传教育，所以他们必须具备较强的语言表达能力。这种表达能力既包括书面表达能力，也包括口头表达能力。既能写出一些通俗易懂的理论文章，也能进行风趣幽默的演讲宣传。用简单的、通俗化的语言将枯燥的深奥的马克思主义理论写出来，通过报告、讲授、座谈、文艺演出等方式，用群众喜闻乐见的语言，循循善诱地将马克思主义原理明白地讲出来。由于实践是不断发展的，中国特色的马克思主义理论也是不断发展的，这就要求传播主体必须具有创新能力和创新精神。在实际的宣传教育过程中，传播主体要根据受众的层次和环境的变化，不断创新宣传的方式方法，充分调动群众参与的热情，这样才能提高宣传的效果。

最后，要发挥好传播主体的作用。

第一，要发挥好传播主体的导向作用。西藏的党政干部特别是西藏的党委宣传干部，他们是西藏马克思主义传播的"把关人"，发挥着非常关键的作用。要把握住马克思主义理论的正确导向，弘扬社会主义主旋律，以社会主义核心价值观为指引加强社会主义意识形态的凝聚力和竞争力，坚持中国特色社会主义的共同理想，不断强化以爱国主义为核心的民族精神和改革开放为核心的时代精神教育，不断加强反分裂反渗透教育。第二，要发挥好传播主体的教育作用。西藏高校的马克思主义理论教师，担负着宣传马克思主义理论和教书育人的重任。要根据西藏社会主义建设的需要，理论联系实际，运用灵活多样的传播方式，对大学生和广大人民群众进行思想政治教育，提高他们的理论素养。第三，要发挥好传播主体的示范作用。传播主体不仅自身要有坚定的马克思主义信仰，而且能以实际行动为广大人民群众做出表率。传播主体只有将自己对马克思主义的信仰转化为实际行动，才能以身示范、言传身教，对广大群众接受马克思主义起到潜移默化的作用。西藏的各级党政领导干部的行为及其体现出来的理论素养、理想信念、精神面貌、思想境界、道德情操，对广大群众起着重要的示范和导向作用。每个领导干部都要以身作则、率先垂范。要求老百姓去做的，自己首先做到。用自己的模范行动和人格力量为群众做出榜样。第四，要发挥好传播主体的组织作用。西藏的广大党政干部、从事马克思主义理论工作的教师和研究人员，要根据西藏马克思主义大众化的目的要求，通过理论宣传将广大群众组织起来，凝聚人心，共同致力于西藏的社会主义现代化建设。

二、优化传播内容

马克思主义的中国化要把马克思主义植根于中国优秀传统文化之中。马克思主义大众化的传播内容主要是当代中国的马克思主义，也是马克思主义中国化的产物。也可以这样来理解，马克思主义大众化的内容包括马克思主义理论，也包括中国传统文化。但是，不论是马克思主义理论本身，还是中国传统文化，都有着与我们这个时代不相适应的内容。所以，必须优化马克思主义大众化的传播内容。

（一）对中国传统文化的扬弃

中国传统文化是中华民族的血脉，积淀着中华民族最深层的精神追求，传承着中华民族的精神基因，代表着中华民族独特的精神标识，为中华民族生生不息、发展壮大提供了丰厚滋养。中华传统文化中讲仁爱、重民本、守诚信、崇正义、尚和合、求大同的思想资源具有永恒的时代价值，中华传统文化所体现的天人合一、以人为本、贵和尚中、刚健有为、自强不息的民族精神，在推进马克思主义大众化的过程中具有凝聚功能与激励功能。对于这些优秀的传统文化，我们要进一步的继承和发扬。

另外，马克思主义大众化也内在地要求与中国传统文化相结合。早年在延安整风运动时，毛泽东就提出要反对洋八股，要反对教条主义。理论宣传和文艺创作应该具有老百姓喜闻乐见的中国作风和中国气派。而且，当代中国马克思主义理论本身也包含了中国传统文化的内容。比如，当代中国马克思主义提出的全面建成小康社会的奋斗目标就是对中国传统文化中"小康"思想的继承和发展，当代中国马克思主义提出的"依法治国"与"以德治国"相结合的治国方略是对中国传统文化中"礼法结合、德刑相参"治国思想的继承和发展，当代中国马克思主义提出的"以人为本"思想是对中国传统文化中民本思想的继承和发展，当代中国马克思主义提出的"和谐社会""和谐世界"是对中国传统文化中"和合"思想的继承和发展。[①]

不过，在中国传统文化走向复兴的今天，我们也要警惕中国传统文化中消极腐朽的内容对马克思主义大众化的不良影响，特别是不能用中国传

---

① 周中之：《马克思主义大众化发微》，三联书店2013年版，第129-131页。

统文化来置换当代中国马克思主义。比如,中国传统文化中"三纲五常""三从四德""存天理、灭人欲""愚忠愚孝"等思想已经远远不能适应我们这个时代,是必须要抛弃的。另外,我们也要警惕借复兴中国传统文化所兴起的各种各样的复古主义逆流。

(二)对马克思主义理论的继承和创新

马克思主义理论从产生到现在已经有一个半世纪了。我们不否认马克思主义是科学,不否认马克思主义基本原理的正确性,也不否认至今还没有哪一种理论能代替马克思主义。但是马克思主义的某些个别结论和词句只能属于产生她的那个时代,随着实践的发展,马克思主义理论也要发展和完善。

马克思主义是个开放的、不断发展的理论体系,当代中国马克思主义也是不断发展的。改革开放以来,从中国特色社会主义的提出到社会主义市场经济理论,到公有制实现形式的多样化,到社会主义和谐社会,到中国特色社会主义"五位一体"总布局的提出,从理论形态上来看,改革开放以来,形成了邓小平理论、"三个代表"重要思想、科学发展观。这些都表明当代中国马克思主义是不断发展的。而且可以肯定,当今中国马克思主义还将随着中国特色社会主义实践的发展而不断发展与完善。十八届四中全会以来,习近平总书记提出"全面建成小康社会、全面深化改革、全面推进依法治国、全面从严治党"的"四个全面"的发展战略,就是当代中国马克思主义的最新发展成果。实践发展没有止境,当代中国马克思主义的创新也没有止境。

(三)编写有针对性和实效性的教材

传播马克思主义理论的优秀教材能很好地发挥"化大众"的作用。比如20世纪30年代,艾思奇的《大众哲学》、李达的《社会学大纲》等都在马克思主义大众化的过程中发挥了非常重要的作用。

推进西藏的马克思主义大众化，也要根据西藏形势和当前西藏广大群体的需要，适当地改变传播内容，改造成广大人民群众乐意接受的内容。根据当前西藏马克思主义大众化传播效果不佳，思想政治教育针对性、实效性不强的现状，要组织专家学者编写适合西藏马克思主义传播的理论教材、宣传图册、小册子等，提高马克思主义传播的针对性和实效性。比如，对于西藏的广大农牧区群众，应该根据他们的认知水平和文化背景，编写适合农牧民需要的、通俗化的马克思主义读本和教材，也可以是表现西藏民主改革前后对比的图片、文字，也可以是党的民族政策、宗教政策的简明文字材料等。

三、净化传播环境

马克思主义的大众化传播要依赖一定的环境来进行，环境对传播起着维护和保证的作用。传播与环境之间表现为相互制约、相互促进的关系。良好的环境有助于传播主体和受众的积极性和主动性，有助于提高传播和接受效果。而不良的传播环境则会大大影响传播的效果。目前来看，西藏马克思主义的传播环境虽然有了较大的改善，但是无论是国际环境还是国内环境都还有许多不利的方面。

从国际来看。由于意识形态方面的对立，西方反华势力为了扼制中国，借助所谓的"西藏问题"干涉我国内政，不断对西藏进行渗透和颠覆活动。这些活动主要通过三种方式来进行。第一，对西藏的民族分裂势力进行经济、政治上的支持，为其提供活动经费，并在国际舆论上支持这些分裂势力。第二，以国际宗教文化交流的名义，借助于国际学术会议和学术团体，对西藏境内的持不同政见者提供课题经费资助，拉拢腐蚀西藏寺庙派出境外学习的人员，培养政治上的代理人，支持他们在政治上攻击中国，甚至抹黑中国。第三，在境外建立一些网站，利用互联网向西藏境内渗透，传播西方的意识形态和价值观，攻击中国的民族政策、宗教政策和人权状况，挑拨民族关系，制造民族矛盾，阴谋颠覆中国。

从国内来看。西藏的民族分裂主义思潮还有相当大的影响，民族分裂势力一直没有停止分裂西藏的活动。主要表现在四个方面。第一，境外的达赖分裂势力与西方反华势力相互勾结，一唱一和。西方反华势力为达赖集团提供活动经费与活动舞台，美、法、英等西方国家领导人都多次接见达赖，邀请达赖访问并发表演讲，大肆攻击中国，试图唱衰中国。第二，境外的达赖分裂势力与境内的"藏独"分裂势力相互勾结，并将境外的分裂组织向西藏境内渗透，在寺庙和社会上发展民族分裂组织，并策划了一系列的动乱事件。第三，境外的达赖分裂势力与境内的"疆独""台独"等分裂势力相互勾结，在国际舆论上相互声援，在分裂活动中相互支持。第四，西藏境内外的民族分裂势力通过网络新媒体传播民族分裂主义思想和反党反政府的言论，特别是针对西藏广大青年学生进行渗透，鼓动青年学生退党、退团，过度放大民族问题，挑拨激化民族矛盾等。而且渗透的方式不断翻新，防控难度很大。另外，西藏境内还存在着落后的宗教文化的消极影响。部分不法分子煽动宗教狂热，动摇西藏群众的中国特色社会主义信仰，有的还打着宗教的旗号搞封建迷信、骗取钱财的活动，影响着西藏社会秩序的稳定。

对于这些不利的传播环境，必须要进行净化，消除其不利影响。结合西藏的实际，净化传播环境的措施主要有以下几个方面。

（一）加强对西藏寺庙的管理

当今西藏寺庙管理存在的主要问题有：部分僧尼思想混乱，视佛法大于国法，缺乏祖国意识、公民意识和法律意识，对达赖集团的渗透煽动，是非不清。民管会软弱涣散，难以发挥作用。对学经班和经师缺乏有效管理。对游僧的管理缺乏规范。对出境学经回流人员缺乏有效遏制手段等。① 针对这些问题，必须构建寺庙管理的长效机制。要明确寺庙的基本功能，落实政教分离，把藏传佛教引向道德型、文化型、服务型的宗教。对藏传佛教进行改革，在宗教义理方面进行创新。要严格学经制度和戒律修持，加强藏传佛教自身的管理。正确认识和处理政府主导的社会管理与寺庙民主管理的关系，通过社会管理引导推动寺庙的民主管理，把寺庙的管理权牢牢地掌握在爱国爱教的宗教界人士手中。

（二）规范对西藏社会团体的管理

随着西藏经济社会的快速发展及政府社会管理职能的转变，西藏也成立了许多社会团体、民办非企业单位和基金会等社会组织，而且这些社会组织在西藏的政治、经济、文化发展过程中都发挥着非常重要的作用。但同时，某些社会团体的管理不规范，个别社会团体和社会组织与境外的反动势力有联系，借举办研讨会、论坛等形式进行非法活动，危害西藏的社会稳定。

为规范西藏社会团体的管理，西藏自治区民政厅民间组织管理局专门制定了《社会组织举办研讨会论坛活动管理办法》，对社会组织举办研讨会、论坛活动进行了具体的规范。社会组织举办研讨会、论坛活动应当遵守相关法律法规和政策规定，符合章程规定的宗旨和业务范围，以促进社会组织所在领域的业务研讨和学术交流为目的，做到任务明确、规模适度、数量适当、经费合理。社会组织举办研讨会、论坛活动，应当按照章程规定，履行内部工作程序,并报业务主管单位备案，备案事项应当包括：活动名称、

---

① 朱晓明：《西藏前沿问题研究》，中国藏学出版社2014年版，第401-402页。

预期目标、内容、规模、参与范围、时间、地点、经费来源等。社会组织应当建立健全举办研讨会、论坛活动的内部管理制度，规范相关的民主决策、活动管理、经费筹集、监督检查等事项，并把举办研讨会、论坛活动列入年度工作计划。社会组织举办研讨会、论坛活动不得利用党政机关名义举办或与党政机关联合举办；主题和内容不得超出章程规定的业务范围；不得强制其他组织或者个人参加，不得强行收取相关费用；不得进行与收费挂钩的品牌推介、成果发布、论文发表等活动；不得借机变相公款消费、旅游，不得发放礼金、礼品、昂贵纪念品和各种有价证券、支付凭证。特别规定社会组织与境外的组织或者个人合作举办研讨会、论坛活动，以及邀请境外组织或者个人来中国内地参加研讨会、论坛活动，应当遵守有关法律法规和政策规定。邀请外国政要或前政要参加研讨会、论坛的，应报有关部门审批。社会组织举办研讨会、论坛活动，应当接受登记管理机关、业务主管单位、纪检监察部门和审计机关的监督检查，在年度工作报告中作为重大业务活动事项报告。业务主管单位切实履行管理职责，完善相关制度，加强对所主管的社会组织举办研讨会、论坛活动的业务指导，配合有关部门及时制止、查处违法违规行为。登记管理机关将举办研讨会、论坛活动情况纳入社会组织年度检查的内容。社会组织在接受年度检查时，应当向登记管理机关报告上一年度举办研讨会、论坛活动的情况，并接受审计机构的审计。登记管理机关通过群众举报、抽查审计等手段加强对社会组织举办研讨会、论坛活动的监管，发现违法违规问题及时进行调查处理。社会组织举办研讨会、论坛活动有违法违规情形，对推动工作失去实际意义或者造成社会负面影响、群众反映强烈的，登记管理机关视情节依法予以警告、罚款、没收违法所得、责令撤换直接负责的主管人员、限期停止活动、撤销登记等行政处罚。构成犯罪的，依法移交司法机关追究刑事责任。①西藏自治区民间组织管理局的这个《管理办法》对于规范学术会议、特别是与境外组织举办学术会议有着重要的意义，有效地防止境外反华势力借举办学术会议对西藏进行渗透和破坏活动。

（三）加强对西藏互联网的管理

西藏的互联网起步较晚，但发展迅速。截至2013年6月，西藏互联网用户近176万，其中固定互联网宽带接入用户17.3万户，移动互联网接入158.4万户；互联网普及率达58.6%。网络新媒体在推动马克思主义大众化的同时，也带来了许多消极的影响。由于互联网是一个虚拟的传播空间，而我们对互联网的管理还缺乏经验，使得网络也成为宣传暴力、色情、反动言论等不良信息的渠道，甚至成为民族分裂势力策划动乱的一个重要方式，严重地影响着国家安全。

20世纪90年代以来，达赖分裂集团在境外建了许多反动网站，宣传分裂思想，联合海外流亡藏人，并通过网络向境内渗透，拉拢腐蚀寺庙的僧人和青年。通过他们的门户网站和QQ空间散布分裂言论、图片和视频，通过BBS散发一些民族分裂主义思想的帖子，许多不明真相的青年学生在涉猎这些网站的时候，很容易被这些打着民族宗教旗号的反动言论所迷惑，也跟着转帖，不自觉地被利用，充当了民族分裂势力传播分裂思想的工具。因此，必须加强对西藏互联网的管理。为此，西藏自治区政府于2012年5月，通过了《西藏自治区互联网用户真实身份登记管理暂行办法》，该《办法》规定，互联网用户在办理域名注册、IP地址分配备案、网站登记备案手续时，应当出示本人或者本单位的真实有效证件原件，进行真实身份登记。"互联网用户使用在本行政区域内注册的网站提供的及时通信、电子

---

① 西藏自治区民间组织管理局：《社会组织举办研讨会论坛活动管理办法》，2014年6月，西藏自治区社会组织网（http：//www.xzshzzw.com/news/html/？210.html）。

邮件、电子公告、网络游戏等专项业务时，应当提供本人真实有效的身份信息。互联网用户在本行政区域内的网吧、宾馆、酒店、机场候机楼等公共上网服务场所登录互联网时应当提供真实有效身份信息；互联网公共上网服务提供者应当严格落实安全技术保护措施，对上网用户的身份证等有效证件进行核对、登记，安装运行互联网公共上网服务场所安全管理系统。在本行政区域内注册提供论坛、博客、微博、搜索引擎等具有新闻舆论和社会动员功能的互联网、手机等新兴媒体业务的网站，应当向自治区互联网信息内容主管部门提出专项业务申请。公安部门应当建立上网用户身份信息比对认证服务平台，工商部门提供相关信息的数据接口，为实现互联网用户真实身份查询提供技术保障。为了维护国家安全和社会秩序，互联网接入服务提供者、互联网信息服务提供者、互联网公共上网服务提供者、互联网数据中心、互联网域名注册机构应当按照规定向公安部门、国家安全部门提供互联网用户注册登记、使用与变更情况和 IP 地址分配、使用及变更情况等信息。互联网接入服务提供者、互联网信息服务提供者、互联网公共上网服务提供者、互联网数据中心、互联网域名注册机构、互联网用户违反本办法的，由公安、通信管理、互联网信息内容主管等部门按照有关法律、法规、规章进行处理。"[①] 当然，由于网络新媒体技术不断更新，国外反华势力与民族分裂势力利用互联网进行渗透仍然难以有效地控制。必须对西藏广大群众、特别是广大青年学生进行宣传教育，认清网络新媒体对国家安全构成的威胁，自觉抵制不文明上网行为，维护国家的网络安全。

（四）进一步做好西藏的外宣工作

自 20 世纪 80 年代末拉萨骚乱以来，西藏在对外宣传方面一直比较被

---

① 殷亮：《西藏公布互联网用户真实身份登记管理暂行办法》，2012 年 5 月，国际在线网（http://gb.cri.cn/27824/2012/05/03/2225s3668388_1.htm）。

动。达赖集团与西方反华势力相互勾结，控制了国际舆论，歪曲报道拉萨骚乱的事实真相，使国际舆论普遍支持达赖集团，进一步助长了达赖分裂势力的反动气焰。如何让国际社会了解一个真实的西藏，是西藏对外宣传的主要任务。

近几年，西藏的对外宣传工作虽然取得了一定的成绩，但距离西藏对外宣传的任务和要求还有很大差距，还存在许多问题，主要有："内宣和外宣，宣传部门和经济、旅游、科技、文化、教育、统战、公安、安全等部门形成合力都很不够；对外宣传西藏的力度与达赖集团和西方反华势力对我宣传攻势差距还很大，'西强我弱'的局面仍然明显存在；对外宣传西藏的针对性、主动性、战斗力和感染力还不强，仍然存在隔靴搔痒、浮光掠影的状况；外宣手段落后，方式单一，反应迟缓的现象依然存在；外宣工作队伍的数量和质量与西藏外宣工作承担的艰巨而繁重的任务还有较大差距。"[1]

要想消除冷战以来西方媒体对中国的偏见也并非一朝一夕之事。目前，国际舆论传播存在严重的不平衡。三分之二的消息来源集中于西方发达国家，美联社、路透社、法新社等大通讯社几乎垄断了世界范围内国际新闻的报道和流通。当前，中国对西方主流媒体的影响仍很微弱。此外，中国涉藏公共外交的对象仍未扩展出去，海外华侨华人的积极参与，成为涉藏公共外交的生力军，但对西方民众尤其是宗教人士的影响和交流仍有待突破。而冷战结束后，基于冷战思维、地缘政治、民族宗教等一系列复杂因素的影响，西藏问题国际化的趋势进一步突显。出于意识形态的偏见或是本国选举斗争的需要，西方妖魔化中国的政治势力依然不会停止活动，代

---

[1] 肖怀远：《做好西藏外宣工作的体会》，《对外大传播》2000年第2期。

表不同政治派别观点的西方媒体也依然会攻击中国。①

针对当前西藏涉外宣传的严峻形势，有学者提出了应对的策略。主要有：强调中国文化的独立性与主体性，避免陷入"自我东方化"的陷阱；传统媒体与新媒体相结合，重视网络外交；大力开展议会外交等。② 大力发展媒体外交、网络外交、议会外交有助于扭转西藏对外宣传的不利局面，但真正使西藏的对外宣传在国际舆论中产生压倒性优势的影响，让国际社会了解一个真实的西藏，西藏的对外宣传还要付出艰苦的努力。

（五）培育和践行社会主义核心价值观，弘扬社会主义主旋律

净化西藏马克思主义大众化的传播环境，不仅需要抵制西方反华思潮和达赖民族分裂主义的渗透，还需要我们坚定中国特色社会主义的政治立场，增强自身的免疫力。目前来看，最有效的措施就是培育和践行社会主义核心价值观，弘扬社会主义主旋律。

十八大报告提出，培育和践行社会主义核心价值观，是推进中国特色社会主义伟大事业、实现中华民族伟大复兴中国梦的战略任务。党的十八大提出，倡导富强、民主、文明、和谐，倡导自由、平等、公正、法治，倡导爱国、敬业、诚信、友善，积极培育和践行社会主义核心价值观。这与中国特色社会主义发展要求相契合，与中华优秀传统文化和人类文明优秀成果相承接，是我们党凝聚全党全社会价值共识做出的重要论断。"三个倡导"的社会主义核心价值观从国家层面、社会层面和个人层面规定了社会主义的基本价值取向，为培育和践行社会主义核心价值观提供了基本依循。面对世界范围思想文化交流交融交锋形势下价值观较量的新态势，面对改革开放和发展社会主义市场经济条件下思想意识多元多样多变的新特点，积极培育和践行

---

① 徐振伟：《公共外交与中国对西方的涉藏宣传》，《思想战线》2014年第2期，第51页。
② 徐振伟：《公共外交与中国对西方的涉藏宣传》，《思想战线》2014年第2期，第53-55页。

社会主义核心价值观，对于巩固马克思主义在意识形态领域的指导地位、巩固全党全国人民团结奋斗的共同思想基础，对于促进人的全面发展、引领社会全面进步，对于聚集全面建成小康社会、实现中华民族伟大复兴中国梦的强大正能量，具有重要现实意义和深远历史意义。

在西藏培育和践行社会主义核心价值观，有利于使西藏广大群众坚定中国特色社会主义的信念，坚持走"中国特色、西藏特点"的社会主义发展道路；有利于提高西藏广大群众的思想政治觉悟，拥护党的路线、方针和政策，自觉抵制达赖分裂势力和西方反华势力的渗透与颠覆活动，维护祖国统一与西藏的团结、和谐、稳定；有利于更新西藏的传统文化，消除其消极影响，使西藏广大群众树立与中国特色社会主义相适应的价值观念，不断推动西藏社会的进步与发展。

目前，西藏和全国一样，正在进行培育和践行社会主义核心价值观的活动。自治区党委高度重视，把这项活动看作凝魂聚气、强基固本、推进西藏跨越式发展和长治久安的基础性工程。并对西藏自治区培育和践行社会主义核心价值观进行了具体部署。

第一，广泛宣传。充分发挥理论工作的引导作用，充分发挥新闻媒体的主渠道作用，广泛利用互联网、公益广告的传播作用，发挥思想政治工作的政治优势和精神文化产品育人化人的重要功能，把社会主义核心价值观的传播展示同中国梦的宣传教育有机结合起来，做到春风化雨、润物无声，家喻户晓、人人皆知。

第二，深入普及。深入开展丰富多彩、形式多样的宣传教育活动，引导人们牢牢把握富强、民主、文明、和谐作为国家层面的价值目标，深刻理解自由、平等、公正、法治作为社会层面的价值取向，自觉遵守爱国、敬业、诚信、友善作为公民层面的价值准则，使社会主义核心价值观成为全区各族人民的价值导向、行为准则和共同追求,为推进西藏跨越式发展和长治久安而不懈奋斗。

第三,积极实践。广泛开展道德实践活动,深化爱国主义和民族团结教育实践活动,推动学雷锋志愿服务活动常态化,深化群众性精神文明创建活动,发挥重要节庆日传播社会主流价值的独特优势,使广大党员干部和各族群众内化于心、外化于行,言行一致、表里如一,做社会主义核心价值观的学习者、宣传者、弘扬者、践行者。

第四,领导示范。领导干部要在培育和践行社会主义核心价值观方面带好头,以身作则、率先垂范;广大党员要带头树立正确的世界观、人生观、价值观,始终坚守共产党人的精神高地;教育系统要坚持育人为本、德育为先,把社会主义核心价值观贯穿于基础教育、高等教育、职业技术教育、成人教育各领域,同时要努力建设师德高尚、业务精湛的高素质教师队伍;宣传部门要在带头践行社会主义核心价值观的同时,切实履行好组织实施、协调推进的重要职责,推动核心价值体系建设各项任务落到实处。①

西藏自治区党委紧密结合西藏实际,不断创新培育和践行社会主义核心价值观活动的方式方法,大力培育和践行社会主义核心价值观,使之融入人们生产生活和精神世界,为建设富裕和谐法治文明美丽的社会主义新西藏,为实现中华民族伟大复兴的中国梦汇聚起强大的正能量。

四、拓宽传播途径

西藏马克思主义大众化的传播途径既有报章杂志、广播、电视等传统传播媒体,也有门户网站、电子公告牌(BBS)、QQ聊天工具、个人网站

---

① 石磊、肖涛:《西藏研究培育和践行社会主义核心价值观实施意见》,2014年2月,新华网(http://news.xinhuanet.com/politics/2014-02/17/c_126145130.htm)。

和博客(BLOG)、微博、手机微信等网络新媒体。而新媒体是利用数字技术、网络技术、移动技术,通过互联网、无线通信网、卫星等渠道以及电脑、手机、数字电视机等终端,向用户提供信息和娱乐服务的传播形态和媒体形态。网络新媒体的出现,为西藏马克思主义大众化的传播开拓了更宽广的途径。除了报章杂志、广播、电视等传统媒体传播外,当前西藏马克思主义大众化的传播途径主要有组织传播、课堂传播、学者传播和网络新媒体传播。

(一)组织传播

"组织传播是指在一定组织的内部,通过讲授、培训、报告、研讨等形式组织内部成员进行有针对性的学习来展开的传播活动。"① 在现代社会,每一个人都属于一定的组织,如党政机关、企事业单位、社会团体、社区等,充分发挥这些组织的作用,建立马克思主义理论学习的制度,可以有效地开展马克思主义的传播活动。

就西藏而言,组织传播主要是发挥党组织的传播作用。目前西藏的党组织有自治区党委、地区党委、县党委、乡党委、村党委五级党组织。截至 2013 年年底,西藏基层党组织达到 14,865 个,党员人数达到 27 万余名,其中农牧民党员 13 万余名,占党员总数的 49%。西藏 80% 的人口生活在农牧区。近些年来,西藏通过实施"一村一支部""一社区一支部"工程,使西藏 5464 个村(社区)全部单独建立了党组织,实现了党组织在农村社区的全覆盖。② 西藏总人口 300 万,党员就有 27 万,几乎占到总人口的 1/10。充分发挥西藏党组织这个群体,由区党委统一部署,各个党组织都制定具体的学习马克思主义理论的制度,明确学习内容,制定学习计划,

---

① 张付:《马克思主义传播研究》,中国传媒大学出版社 2014 年版,第 25 页。
② 王军、张宸:《西藏党员人数达 27 万余名 近半党员是农牧民》,2014 年 7 月,新华网(http://news.xinhuanet.com/politics/2014-07/06/c_1111476716.htm)。

发放学习材料，开展学习活动，并长期坚持，规范开展，马克思主义理论就能传播到西藏的各个地方，包括农村基层党组织也可以成为传播马克思主义的阵地。这样，马克思主义理论的传播就可以整体覆盖西藏的所有地方，逐步实现马克思主义的大众化。

（二）课堂传播

课堂传播就是在大学课堂上以教师的教和学生的学为中心的传播方式，特别指的是高校思想政治理论课的课堂传播，包括课堂上进行的讨论、辩论等教学活动方式。这种传播方式是教师、学生双主体的对话方式，通过师生对话，在双向交流中形成传播效果。这种传播是一种比较深入的传播方式。

目前，西藏有西藏大学、西藏民族大学、西藏藏医学院、拉萨师范高等专科学校、西藏警官高等专科学校和西藏职业技术学校6所高校，将近4万名在校大学生。这些大学生都是西藏的精英，做好这些大学生的马克思主义理论宣传工作，对于西藏的马克思主义大众化来说，意义重大。这些高校都开设有"马克思主义基本原理"、"思想道德修养与法律基础"、"毛泽东思想和中国特色社会主义理论体系概论"、"中国近现代史纲要"和"马克思主义祖国观、民族观、宗教观、文化观概论"五门思想政治理论课。通过讲授这些课程，对西藏大学生进行系统的马克思主义理论教育。不过，目前西藏高校的思想政治理论课的效果并不理想，以后要进一步创新教学理念与教学方法，提高思想政治理论课的针对性和实效性。

（三）学者传播

学者传播指的是从事马克思主义理论研究的专家学者通过发表文章、著作等研究成果来传播马克思主义。这些学者对马克思主义理论有深入的研究，而且能对马克思主义的经典著作进行通俗化的解释，以利于马克思主义在广大群众中的传播。在中国马克思主义传播史上，有许多马克思主义学者、理论家对于传播马克思主义、推进马克思主义的大众化，做出了巨大贡献。如1920年，陈望道翻译的《共产党宣言》是第一个中译本，对马克思主义在中国早期的传播影响巨大，我国的许多革命领导人，包括毛泽东都是看了《共产党宣言》后才坚定了马克思主义信仰的。1936年，艾思奇的《大众哲学》出版，该著作是马克思主义大众化、通俗化的经典著作，一出版就受到读者的热烈欢迎。到新中国成立前，《大众哲学》印行了32版，仍然供不应求。该著作对于宣传和普及马克思主义做出了突出贡献。1937年，李达所著的《社会学大纲》出版。该著作是一部优秀的马克思主义哲学教科书，为在中国系统地、全面地传播马克思主义哲学做出重要贡献。另外，还有杨献珍、冯定等马克思主义理论家对于推进马克思主义的大众化也做出了重要贡献。

现在西藏马克思主义理论研究的整体水平较低，缺乏有影响的专家学者，特别是缺乏既懂藏语又懂汉语的藏族马克思主义理论学者。由于西藏群众科学文化素质较低，多数群众受宗教唯心主义世界观的影响，更需要对他们进行马克思主义理论的宣传教育。如果有懂藏语的马克思主义学者，能结合群众实际的认识水平，把马克思主义理论与藏族的传统文化相结合，对马克思主义理论做出通俗化的大众化的阐释和说明，将大大有利于西藏马克思主义的传播。培养一大批从事马克思主义理论研究的藏汉双语学者，是当前推进西藏马克思主义大众化的迫切任务。

（四）网络新媒体传播

网络新媒体的出现，对马克思主义大众化传播既是机遇也是挑战。网络新媒体大大拓展了马克思主义大众化的空间，打破了传统媒体受时间空间限制的局限，丰富了马克思主义传播的方式方法，大大加强了全社会的关联程度，使不同地区、不同阶层、不同年龄的人都能通过大众传媒平台实现信息共享，使马克思主义的网络传播渗透到社会各个领域、各个层次的受众之中。网络传播以文字、图片、声音、视频等多种形式呈现，具有直观、生动、形象等特点，增强了马克思主义传播的吸引力和感染力。网络传播具有迅速、快捷的特点，提高了马克思主义大众化的时效性。同时，网络新媒体对马克思主义大众化传播也带来了严峻的挑战。由于互联网是一个虚拟的传播空间，而我们对互联网的管理还缺乏经验，使得网络也成为宣传暴力、色情、反动言论等不良信息的渠道，成为西方敌对势力传播其意识形态和价值观的主要途径，甚至成为民族分裂势力策划动乱的一个重要方式，严重地影响着国家安全。这些都对马克思主义大众化带来了消极的影响。

在西藏，网络新媒体也成为西方反华势力和民族分裂势力进行渗透、破坏活动的主要基地，成为意识形态领域斗争的主阵地。我们要充分利用好网络新媒体手段，建立马克思主义理论的宣传网站和学习交流平台，推动西藏马克思主义大众化的工作。目前，除了西藏各政府机关的门户网站之外，还有中国西藏网、中国西藏新闻网等网站，这些网站及时发布国家的重大新闻，大力宣传党的方针政策，成为公众获取信息的主要来源。今后，要组建西藏马克思主义理论学习课堂、西藏反分裂斗争网等网站，为广大群众学习马克思主义，了解党的民族宗教政策提供交流学习的平台，既拓宽了西藏马克思主义大众化的传播途径，也大大提高了西藏马克思主义传播的效果。

五、完善保障制度

马克思主义大众化是一个长期的过程，也是一项复杂的系统工程。要想使这项系统工程抓出成效，需要有完善的制度作为保障。对于西藏的马克思主义大众化来讲，应该结合西藏实际和马克思主义传播规律的要求，建立相应的保障制度。

（一）建立西藏马克思主义大众化的领导机制

领导机制是推进马克思主义大众化有效运行的重要组织保障。这个领导机制主要包括工作由谁负责、由谁参与。也包括制定马克思主义大众化的工作计划，明确目标任务，安排工作重点，提出解决方案等。

西藏的马克思主义大众化不是短期的学习教育运动，是一项长期的复杂的系统工程，首先要明确这项工作的领导机制问题。西藏自治区各级党委负有重要的领导责任。各级党委应该成立马克思主义大众化领导小组，党委书记应该成为第一负责人，其组织成员应该包括党委、政府、团委、工会、社团组织的主要负责人，形成党委统一领导，党委、政府、团委、工会、社团组织齐抓共管，宣传教育部门负责落实，全社会积极参与的领导机制和工作体制，从组织上保证西藏马克思主义大众化的顺利推进。

（二）建立西藏马克思主义大众化的思想调研机制

马克思主义大众化的对象是广大群众，要想使马克思主义理论的宣传教育有针对性和实效性，就必须了解广大群众的思想动态和精神需求。从事马克思主义理论宣传教育的工作者要深入群众，通过思想调研了解教育对象的思想动态，了解他们对宣讲教育内容的看法和建议，从而进一步改进下一步的工作，提高马克思主义理论宣传的针对性和实效性。

西藏广大群众长期受传统宗教文化的深刻影响，科学文化水平较低，对马克思主义的认识非常有限，容易受达赖分裂集团的蒙蔽和利用。因此，必须深入地进行思想调研，准确地把握群众的思想动态，然后再采取有针对性的宣讲内容与方式。开展思想调研要深入基层，了解西藏社会发展过程中所出现的新情况、新问题，了解基层群众思想认识方面的新问题和精神文化生活的新需求,并对调查结果进行科学的分析研究,提出有针对性的调研报告,为上级主管部门制定宣讲教育工作方针、部署宣讲教育工作重点提供可靠的决策依据,有针对性地开展工作,提高马克思主义大众化的效果。

(三)建立西藏马克思主义大众化的人才保障机制

马克思主义大众化的本质在于用马克思主义理论教育引导群众,其前提是必须对马克思主义理论本身有完整准确的理解,而做到这一点,必须培养一支高素质的宣传队伍。应该培养一批马克思主义理论工作者,通过对马克思主义理论的研究,做出符合时代需要的阐释,为马克思主义大众化提供学理支撑。这支宣传队伍必须具有优秀的政治素质和较高的马克思主义理论素质,能准确把握马克思主义基本原理,并能结合新的实践,在回答和解决实际问题中推进理论创新。

西藏的马克思主义大众化也要培养一批理论家、宣传家队伍,这支队伍应该以党政机构的中青年理论骨干为重点,加强人才培养,吸收高校马克思主义理论教师、哲学社会科学工作者成为马克思主义大众化传播的主要力量。要建立和完善理论政策宣传普及专家库,广泛吸收政治素质好、理论水平高、宣讲能力强的领导干部和专家学者参与马克思主义理论宣传活动。目前,西藏自治区应该建立和完善人才成长和选拔机制,培养一支政治可靠、功底扎实、熟悉基层、善于运用通俗化的群众语言进行理论宣讲的人才队伍,这支队伍要经常深入基层,运用灵活多样的宣讲方式,解决群众思想上存在的实际问题,真正得到广大群众的信任,让马克思主义融入群众的实际生活中。

(四)建立西藏马克思主义大众化的督察考评机制

马克思主义大众化的制度是否落实,还需要督察,需要考评。西藏马克思主义大众化的领导机构应该定期督察，看各单位马克思主义大众化的制度是否得到落实，工作重点有没有推进，工作过程中出现哪些问题，如何解决存在的问题等。针对督察过程中发现的问题，按要求进行整改，进一步完善制度。另外，各单位在年终考评的时候，应该把马克思主义大众化的进展情况作为考评的一个重要方面。如果没有完成预期的目标，应该追究相关领导的责任。通过督察与考评可以巩固西藏马克思主义大众化的成果，保证马克思主义大众化工作稳步向前推进。

第二节 实现马克思主义与西藏实际的结合

通过明确传播主体、优化传播内容、净化传播环境、拓宽传播途径、完善保障制度来推进马克思主义在西藏的更广泛的传播，仅仅是实现了西藏马克思主义大众化的第一步，使西藏更多的普通群众掌握了马克思主义理论。群众掌握马克思主义理论后，还应该实现马克思主义理论与西藏实际的结合，把马克思主义扎根于西藏社会文化的土壤中，融入群众生活，真正成为西藏普通群众日常生活的一部分。关注西藏群众的日常生活世界，把马克思主义与西藏群众的日常生活相结合，不断地改善民生，是西藏群众认知、认同马克思主义的重要途径，也是西藏马克思主义大众化能否成功的关键。马克思主义与西藏实际的结合主要包括马克思主义与西藏群众的政治生活相结合、马克思主义与西藏群众的经济生活相结合、马克思主义与西藏群众的文化生活相结合。

一、马克思主义与西藏群众的政治生活相结合

藏族基本上是全民族信教，西藏现在又实行宗教信仰自由政策，实现了政教分离，西藏群众与政治还有关系吗？有些人认为，西藏实行政教分

离后，信教的西藏群众与政治就没有什么关系了，也不应该再有什么关系了。这种认识是错误的。对此，我们必须明白宗教与政治的关系、政教合一与政教分离的关系。用马克思主义的国家观、民族观、宗教观、文化观来指导西藏群众的政治生活。

（一）宗教与政治

无论在过去政教合一的社会还是在现代民主社会，宗教与政治都有着密切的关系。宗教不能脱离于社会，宗教的产生和存在有着深刻的社会历史根源，宗教是对社会存在的一种歪曲的、虚幻的反映。宗教观念实际上是社会不同阶级、阶层政治态度的反映。一般而言，群众信教还是不信教，是否进行宗教活动，都是他个人的自由。但是宗教具有群众性和组织性的特点，任何宗教都有一定数量的信教群众，都有基本教义和经典，都有固定的组织和活动场所，一旦社会矛盾同宗教教义相联系，或者与特定的信教群体相联系，宗教组织就会借助宗教旗帜，组织信教群众要求政治诉求，如果这种政治诉求不能得到满足，就可能爆发整个宗教群体与社会统治阶级的革命，宗教活动就演变为政治活动。中外历史上都有许多农民起义是借助宗教而发动的，如德国宗教家闵采尔发动的农民战争，中国历史上的黄巾起义、太平天国起义、白莲教运动、义和团运动等。许多政治家和社会活动家都非常重视宗教问题。由此看来，宗教与政治有着密切的关系。

（二）政教合一与政教分离

旧西藏实行的是政教合一的制度，宗教领袖同时又是政治首领，即教权与政权是合一的。1959年，西藏民主改革后，逐步废除了政教合一的制度，建立了民族区域自治制度，实现了政教分离。政教分离指的是国家政权同曾经控制国家的教会的分离，即政权与教权的分开，但并不是政治与宗教完全脱离。

西藏民主改革前，西藏社会的政治权力与宗教权力都掌握在达赖喇嘛手里，由达赖喇嘛组织的噶厦政府对西藏进行统治。西藏民主改革后，废除了封建农奴制，西藏百万农奴获得了解放。废除政教合一制度，实行政教分离和宗教信仰自由。建立人民民主政权，保障人民行使当家做主的权利。1965年9月，西藏自治区第一届人民代表大会成功召开，西藏自治区正式宣告成立，建立并逐步完善了民族区域自治制度。

西藏实行了政教分离以后，治理西藏的权力由达赖喇嘛手里移交到广大群众手里。寺庙不再干预政治和教育，但寺庙的僧尼和广大信教群众与西藏的政治生活仍然有密不可分的联系。比如，当时的上层贵族和寺庙喇嘛，有相当一部分被安排进人大、政协工作，对于团结广大群众、稳定社会，他们发挥了十分重大的作用。普通的信教群众，也有被选为基层干部，进入政府机关工作，甚至也有部分信教干部还加入了中国共产党。这里就涉及了一个政治信仰与宗教信仰的关系问题。"一个人的宗教信仰同他在政治上的态度，并不存在必然的联系。信仰同一种宗教或教派的人，在政治态度上可能很不一样，甚至完全对立；不同宗教信仰的人，或者属于不同教派、宗教组织的信徒，也有可能在政治态度上完全一致。"[①] 因此，我们不能把马克思主义和宗教在意识形态上的对立看作是政治上的对立，更不能对信教群众带有偏见。

在西藏，宗教与政治的关系是十分复杂的，把政教分离看作宗教与政治完全脱离的想法是十分错误的。正因为宗教与政治有十分密切的关系，我党才制定了宗教信仰自由政策，政府也还要对宗教事务进行管理，引导

---

① 朱晓明：《西藏前沿问题研究》，中国藏学出版社2014年版，第312页。

宗教与社会主义相适应。

（三）宣传马克思主义国家观、民族观、宗教观

引导宗教与社会主义相适应，就需要宣传马克思主义国家观、民族观、宗教观，对西藏群众加强爱国主义教育、民族政策和宗教政策教育。

国家是一种社会历史现象，它不是从来就有的，是私有制、阶级形成后，阶级矛盾不可调和的产物。同样，国家也必然伴随着阶级、阶级矛盾的彻底消灭而自行消亡。国家是阶级统治的工具。在阶级社会中，国家政权总是属于在经济上占统治地位的阶级。社会主义国家的本质是无产阶级的统治。我国是人民民主专政的社会主义国家，国家权力属于人民，人民行使权力的机关是全国人民代表大会和地方各级人民代表大会。西藏和平解放后，广大农牧翻身成了国家的主人，实行民族区域自治，行使自治权。广大人民都享有宪法和法律规定的权力，同时也应该履行维护国家统一的义务。通过马克思主义国家观的宣传教育，使西藏广大群众认识到，热爱社会主义祖国、维护国家统一与西藏广大人民的利益是统一的，自觉同各种分裂行为作斗争。

民族也是一个历史范畴，有它自身形成、发展到消亡的客观规律。民族是人们在历史上形成的一个有共同语言、共同地域、共同经济生活以及表现在共同文化上的共同心理素质的稳定的共同体。民族是人类社会发展到一定阶段的产物。在阶级社会里，民族问题往往同阶级问题联系在一起。在我国当前的社会主义社会，阶级斗争已经不是社会的主要矛盾，民族问题基本上是各民族劳动人民内部的关系问题。我国实行民族平等、民族团结和各民族共同繁荣的民族政策。各民族无论大小，都一律平等，坚决反对任何形式的民族歧视和民族压迫。西藏和平解放以来，我们坚持和完善党的民族政策，形成中央关心西藏，全国援助西藏的大好形势，促进了西

藏经济社会的跨越式发展，不断提高西藏群众的生活水平。藏族群众与其他各族人民在交往、交流、交融的过程中，团结一致，互相帮助，正在逐步走向共同繁荣。

宗教不仅仅是一种意识形态，是宗教观念、宗教体验、宗教行为和宗教体制四种要素的综合的统一。在宗教产生的认识根源和社会根源还没有消除的情况下，宗教将会长期存在。宗教是维护经济基础的上层建筑，本质上是统治阶级用来维护其统治秩序的工具，对人们的思想起着束缚的作用。但在历史上也有被压迫人民利用宗教进行反抗统治阶级的斗争。在当今社会，宗教客观上发挥着协调人际关系、维护社会秩序的积极作用。我国实行宗教信仰自由政策，坚持政教分离，宗教不能干预政治与教育。西藏和平解放以来，特别是改革开放以来，通过落实宗教政策，宗教事业有了很大发展，满足了西藏群众精神生活的需要。但是，一定要警惕达赖集团利用宗教搞分裂祖国的活动，信教群众一定要划清正常宗教活动和利用宗教从事分裂活动的界限，划清群众有宗教信仰的自由和党员不得信仰宗教的界限，各级党政组织和广大党员干部要尽到引导群众崇尚科学文明，追求社会进步的责任。逐步消除宗教的消极作用，引导藏传佛教与社会主义相适应。

（四）辩证唯物主义和历史唯物主义宣传教育

宗教信仰与马克思主义在世界观方面是完全对立的，宗教唯心主义的世界观对于广大群众认识世界和改造世界起着十分消极的作用。

藏族群众基本都信仰宗教，而且长期以来，藏传佛教对群众的影响根深蒂固，宗教唯心主义的世界观、人生观影响着藏族群众日常生活的各个方面。还有许多群众不关心世俗生活，缺乏竞争意识，甚至不愿拼搏和奋斗，把自己积累的财富捐献给寺庙，把自己的幸福寄托于来生。这样的一种人生观不仅不利于群众提高生活水平，也不利于西藏全面建成小康社会。因此，必须对西藏广大群众进行辩证唯物主义和历史唯物主义宣传教育，使他们逐渐认识到宗教的本质，认识到达赖分裂势力的虚伪性和欺骗性，明白幸福生活不在来世，而在当下，通过自己的辛勤劳动都可以获得幸福。

（五）民主法制宣传教育和公民教育

由于受传统宗教文化的影响，西藏多数群众的民主法制观念都比较薄弱，在西藏群众的实际生活中，基本上是按照传统的宗教礼俗来生活。有了冲突和纠纷，主要请寺庙的喇嘛来调解，或者是按照西藏传统的习俗来执行。作为一个公民，有许多群众不清楚自己的权利和义务。西藏群众这样的一种状况与我国当今建设社会主义"法治国家"的目标不相适应，也与现代社会的发展要求不相适应。因此，需要对西藏广大群众进行民主法制宣传教育和公民教育，增强民主法制观念与公民意识，使西藏广大群众成为社会主义国家的合格公民。

二、马克思主义与西藏群众的经济生活相结合

马克思主义政治经济学一个最基本的观点就是：生产力决定生产关系，经济基础决定上层建筑。一个国家的繁荣富强都是建立在经济发展的基础之上的。当前西藏的生产力水平还比较低，经济发展落后，而且西藏群众缺乏商品意识和竞争意识的思想状况与社会主义市场经济不相适应。在推进西藏马克思主义大众化的过程中，还必须把马克思主义的经济理论、中国特色社会主义经济理论与西藏群众的经济生活结合起来，并用这些理论来指导他们的经济生活。

（一）社会主义市场经济与精神救赎

西藏群众受藏传佛教"因果报应说"的影响，注重来世幸福，轻视现世的物质利益。认为现世的生活状况是由于前世行为的结果，为了来世的

解脱，应该忍受现世的苦难。物质欲望会引诱人作恶，导致人的灵魂堕入地狱。为了来世能进入天堂，获得精神上的救赎，今世应该过着苦修的生活，多做善事。这种思想使人们不思进取、安于现状，把幸福寄托于来世，不追求现世的名利、财富，宁愿过着贫困的生活，也不愿去拼搏奋斗。一味地忍耐、顺从，丧失了竞争意识。这种思想与现代社会所提倡的竞争意识是不相适应的，特别是与社会主义市场经济不相适应。

社会主义市场经济是商品经济发展的高级阶段，是建立在商品竞争和市场竞争的基础之上的。市场经济遵循价值规律的作用，通过市场竞争和价格机制把资源配置到效益好的环境中去，实现利益最大化和效益最优化。市场主体为获取最大效益激烈竞争，竞争的结果是优胜劣汰，竞争力弱的市场主体被淘汰。1992年十四大召开决定建立社会主义市场经济，目前，社会主义市场经济体制基本建立，市场机制在社会生产中发挥着主导作用，商品观念、市场观念、竞争意识已经深入人心，有力地推动了经济的快速发展。

西藏群众缺乏竞争意识的思想与社会主义市场经济不相适应，所以，虽然国家对西藏采取了优惠政策，虽然全国有许多单位援助西藏，但是西藏的经济发展仍然缺少活力，与全国相比，经济发展十分落后。因此，必须转变西藏群众落后的思想观念，摆脱宗教消极思想的束缚，提高商品意识和竞争意识，这样才能促进西藏经济的快速发展，加快推进西藏的现代化进程。

（二）中国特色社会主义的基本经济制度

中国特色社会主义基本经济制度也是当代中国马克思主义的一个重要组成部分。我国的基本经济制度是公有制为主体，多种所有制经济共同发展。这一制度包括两个方面：一是坚持公有制的主体地位；二是允许公有制以外的其他多种所有制经济存在并共同发展。这一基本经济制度的确立，是由我国的社会主义性质和社会主义初级阶段的基本国情决定的。我国是社会主义国家，必须坚持公有制为主体；我国还处在社会主义初级阶段，生产力水平低且存在多层次性，需要在公有制为主体的条件下发展多种所有制经济。

在西藏经济发展过程中，必须保证公有制经济的主体地位，这关系到西藏经济发展的社会主义性质。同时，为了促进西藏经济的快速发展，适应西藏生产力水平存在多层次的现状，还应该大力发展非公有制经济。鼓励不同的市场主体积极参与西藏的旅游、物流、信息等产业，特别是要大力扶持西藏的传统手工业，如拉萨、日喀则的地毯，江孜的藏毯，拉萨、泽当、贡嘎的氆氇（藏式毛呢）、围裙，昌都的藏靴、金银铜铁器，昌都、拉萨、江孜、日喀则的藏装，拉萨的陶器，山南的木碗等，在历史上都很有名。还有唐卡、藏刀等工艺品也很精美。通过扶持这些传统手工业的发展，不仅可以增加群众的收入，还可以增强藏族群众的商品观念和竞争意识，不断转变他们的思想观念，与现代社会相适应。

（三）生态西藏与美丽西藏

中央第五次西藏工作座谈会指出："使西藏成为重要的国家安全屏障、重要的生态安全屏障、重要的战略资源储备基地、重要的高原特色农产品基地、重要的中华民族特色文化保护地、重要的世界旅游目的地。"十八大召开后，中央又提出了建设社会主义生态文明，努力建设"美丽中国"。为实现中央对西藏战略定位的目标，西藏将以国家生态安全屏障建设为契机，着力打造"生态西藏"。"生态西藏"建设的主要任务是：开展生态安全保障体系、资源可持续利用体系、生态经济体系、环境质量保障体系、人居环境体系、生态文化体系、能力保障体系等七大体系建设。"生态西藏"

建设的目标是以构建西藏高原国家安全屏障为核心，加强生态文明建设，建设资源节约型、环境友好型社会，着力改善生态环境，大力发展生态经济，积极培育生态文化，维护重要生态功能，保障国家生态安全，实现西藏经济社会又好又快发展。计划用20年的时间，把西藏建设成人们生活富裕、生态环境良好、人居环境优美、人与自然和谐相处、经济发展步入良性循环、社会文明进步的可持续发展省区。①2013年两会后，西藏自治区下发了《关于建设美丽西藏的意见》，《意见》提出，到2020年，西藏初步形成经济发展与资源环境相协调的格局，建设美丽西藏的基本框架、工作机制和支撑体系初步建立，初步形成尊重自然、顺应自然、保护自然的社会风尚。到2030年，建成生态环境优美、生态经济发达、生态家园舒适、人与自然和谐相处的生态强区，基本实现建设美丽西藏的目标。

不过，目前西藏的生态问题日益突出。全球气候变暖导致西藏冰川退缩、贮量减少，高原冻土下界上升、冻融消融作用加强，进而诱发草地退化、土地荒漠化等问题。另外公民的环保意识差，在发展经济的过程中，没有考虑到长远利益，滥恳滥伐，乱挖乱采现象比较严重，破坏了土地资源和生物资源，造成了水土流失及荒漠化现象。针对当前西藏的生态现状，要实现"生态西藏"建设的目标，必须提高西藏群众的环保意识。挖掘藏传佛教文化中的生态伦理思想，对于"生态西藏"的建设具有借鉴意义。

（四）缩小贫富差距，坚持共同富裕的发展目标

社会主义的本质是解放生产力，发展生产力，消灭剥削，消除两极分化，最终达到共同富裕。共同贫穷不是社会主义，两极分化也不是社会主义，社会主义的发展目标是共同富裕。实行社会主义市场经济以来，经济活力

---

① 文涛、梁书斌：《"生态西藏"建设今年将全面开始实施》，2012年3月，新华网（http//news.xinhuanet.com/politics/2012-03-25/c_111699341.htm）。

明显增强，发展速度加快，同时社会上也出现了严重的贫富分化。贫富分化与社会主义的发展目标相违背，是新出现的一种社会不平等，已经影响了社会的稳定，应该采取措施，缩小贫富差距，实现共同富裕的社会主义发展目标。

西藏和全国其他地方一样，也存在比较严重的贫富分化。西藏城乡之间的差距远大于我国城乡之间的差距，而且与全国同期比有不断扩大的趋势，西藏是全国城乡居民收入差距最大的地区之一。[①] 城乡收入差距过大，会造成城乡之间经济发展不平衡，农牧区群众就会产生一种被剥夺感和不公平感，造成城乡居民之间的矛盾和对立，不利于社会的和谐稳定。"仇富"心理已经成为影响西藏社会稳定的重要因素，一旦遇到突发性的事件，就可能成为引发社会动荡的火药筒。

对于当前西藏城乡贫富差距加大的这种趋势必须高度重视，要想方设法进一步改善民生，提高广大农牧区群众的生活水平，促进西藏城乡一体化进程加快发展。解决好群众普遍关心的教育、住房、医疗、就业、养老等问题，不能总是依靠国家的扶持和对口援助单位的援助，改变西藏"输血"的发展模式，提高西藏经济自身的"造血"功能，才能从根本上解决好西藏的民生问题。只要西藏广大群众的生活水平都提高了，我们就能赢得民心，得到广大农牧区群众的拥护和支持，民族分裂势力也就无机可乘，就能实现西藏的稳定发展。

三、马克思主义与西藏群众的文化生活相结合

文化作为一种精神力量，能够在人们认识世界、改造世界的过程中转化为物质力量，对社会发展产生深刻的影响。先进的、健康的文化对社会

---

① 王娟丽：《西藏城乡居民收入差距问题研究》，《西藏民族学院学报》2009年第1期。

的发展产生巨大的促进作用；反动的、腐朽没落的文化则对社会的发展起着重大的阻碍作用。当今世界，文化在综合国力竞争中的地位和作用越来越突出，成为综合国力的重要标志。文化对丰富个人的精神世界，促进个人的全面发展也发挥着重要作用。西藏有着几千年的博大精深的传统文化，其中有精华也有糟粕。目前来看，西藏传统的宗教文化与现代社会不相适应。在推进西藏马克思主义大众化的过程中，必须高度重视西藏的文化建设，必须把马克思主义与西藏的传统文化结合起来，用中国特色社会主义文化理论来指导西藏群众的文化生活。

（一）西藏传统宗教文化与现代社会

改革开放以来，虽然西藏的文化教育也有了很大的发展，但是由于传统宗教文化的影响根深蒂固，藏族传统文化的许多方面与现代社会已经不适应，甚至是矛盾的。有学者认为，藏族传统文化观与现代社会的矛盾主要表现在：独立意识与听命意识的矛盾；民主意识与封建等级意识的矛盾；竞争意识与封闭、守旧意识的矛盾；现代科学意识与传统宗教意识的矛盾。[①]而现代社会的主流文化观念是民主法制意识、商品竞争意识、超前消费意识、主体自我意识等。很显然，西藏传统宗教文化与现代主流文化观念格格不入。

藏族传统宗教文化与现代社会主流文化的矛盾阻碍着西藏经济社会的发展，阻碍着西藏的现代化进程。为加快西藏的发展，必须对西藏的传统宗教文化进行创造性的转化，消除与现代社会不相适应的方面。具体来说，可以从以下几个方面来考虑。

第一，分清西藏传统宗教文化的精华与糟粕。藏传佛教哲学、大小五

---

① 孙林：《适应与变迁——藏族传统文化观与现代文化观的矛盾及解决方式》，《中国藏学》1999 年第 4 期。

明之学、传统的生态伦理观念等,可以批判地继承。对于宗教文化中所宣扬的神权观、等级观以及宗教唯心主义世界观、人生观、价值观的消极方面,要进行批判和逐步改造。

第二,结合我国发展社会主义市场经济的形势,结合西藏群众的经济生活状况,大力改善民生,引导广大农牧区群众树立正确的商品观念及消费观念,提高他们的竞争意识,把他们从虔诚信仰佛教,注重来生幸福的状态中摆脱出来。

第三,结合当今宗教世俗化的大背景,对藏传佛教进行改革,特别是对其宗教义理进行创新,逐渐消除其神秘性,使其向道德宗教、公民宗教的方向发展。

第四,大力发展教育,贯彻落实15年免费义务教育的政策,巩固基础教育的成果,扫除青壮年文盲,宣传民主、科学观念,掌握现代科学知识,使广大群众自觉地与宗教世界观划清界限。

第五,促进民族交往、交流、交融,吸收其他民族和西方的优秀文化,对藏族传统经典做出符合时代需要的创造性阐释,变成新的中国特色社会主义文化的一部分。比如西藏民间文化中的群体意识、团结精神、乐天吃苦精神、重义理、讲诚实、守信用等社会道德及乐善好施、正义感、荣誉感、宽容精神,在我们今天中国特色社会主义文化建设中也应该继承和发扬。

(二)发挥中国特色社会主义文化的引领作用

中国特色社会主义文化是适应了先进生产力发展要求的文化,是源于人民大众实践又为人民大众服务的文化,是继承人类优秀思想成果的文化,具有科学性、时代性和民族性。增强中国特色社会主义文化的吸引力和感召力,是中国共产党领导人民全面建设小康社会、开创中国特色社会主义事业新局面的必然要求,也是当代中国马克思主义大众化的必然要求。

建设有中国特色社会主义的文化，就是以马克思主义为指导，以培育有理想、有道德、有文化、有纪律的公民为目标，发展面向现代化、面向世界、面向未来的，民族的科学的大众的社会主义文化。其主要任务是着力培育有思想、有道德、有文化、有纪律的公民，切实提高全民族的思想道德素质和科学文化素质。其基本方针是：第一，坚持以马克思主义为指导，为人民服务、为社会主义服务；第二，坚持"双百"方针，即"百花齐放，百家争鸣"；第三，坚持贴近实际、贴近生活、贴近群众，不断推进文化创新；第四，坚持立足当代又继承民族优秀文化传统，立足本国又充分吸收世界优秀文化成果；第五，坚持一手抓繁荣，一手抓管理。

中国特色社会主义文化具有广泛的群众性。社会主义文化事业是亿万人民群众创造的事业，人民群众是文化建设的主人，是一切文化创造的最深厚的源泉。中国特色社会主义的文化是从群众中来、到群众中去的文化。它在建设有中国特色社会主义的伟大实践中、在人民群众的创造活动中汲取营养，又用健康的文化成果教育人民、服务人民，使之成为社会主义"四有"公民。

毫无疑问，西藏传统优秀文化也应该成为中国特色社会主义文化的一部分，建设中国特色社会主义文化，应该贴近实际、贴近生活、贴近群众，也应该吸收藏族传统文化的优秀成果。充分发挥中国特色社会主义文化的引领作用，坚持"二为"方向和"双百"方针，大力推进西藏的文化建设。

（三）西藏的文化事业与文化产业

在当今社会，文化已经成为综合国力的重要方面，甚至有学者认为21世纪的国际冲突主要是文化冲突。从现实来看，当今世界的地区性冲突都与文化紧密相连。进入21世纪后，西方国家特别是美国加紧了对我国意识形态领域的渗透，通过网络和国际学术文化交流等渠道，不断向我国输入西方的价值观和意识形态。作为主流文化的西方文化对我国的民族文化造成了很大冲击。西方的电影、电视剧、动漫等文化产品充斥着我国的文化市场，作为我国主体地位的中华民族文化在国内文化市场上却处于弱势。文化市场上"西强我弱"的形势如果不尽快改变，不仅影响着我国综合国力的提高，更为重要的是中华民族文化的主体地位将会进一步削弱，甚至会成为西方文化的殖民地。针对这样的国际国内背景，十七届六中全会通过了《关于深化文化体制改革的决定》，提出要大力发展文化事业和文化产业，推动我国文化"走出去"，提高我国文化的竞争力和综合国力。

西藏有着悠久的、独特的文化传统，西藏在长期发展的过程中形成了独具民族特色的佛教哲学、因明学、医学、天文学等博大精深的文化。但是，西藏和平解放以来，西藏的民族传统文化并没有很好地继承和发扬。西藏虽拥有丰富的文化资源，但文化产业规模小、科技含量低，缺少具有竞争力的市场主体，整体实力不强。西藏文化的影响力远远没有发挥出来。十七届六中全会以后，西藏也开始大力发展文化事业和文化产业。目前，已经取得了明显的成绩。

西藏把文化产业作为"十二五"期间的特色支柱产业来发展。一方面要弘扬民族优秀文化，抓好优秀文化的保护传承，加大文物和非物质文化遗产的保护力度，加强传统文化的挖掘、保护和整理，建设重要的中华民族特色文化保护地。另一方面，大力发展文化产业。"十二五"期间，西藏将积极稳妥地推进公益性文化事业单位内部改革和经营性文化单位转企改制，大力发展文化创意、文化旅游、影视制作、演艺娱乐、出版发行、民族手工业、高原极限运动等特色文化产业，并促进文化与旅游、科技、生态产业相结合。近年来，西藏文化产业加快发展，文化对经济的贡献率不断提升。西藏的文化产业从无到有，由小到大，逐步发展繁荣，呈现出多元化投资、多种所有制齐头并进的发展态势，初步形成了多门类、多体系、多层次的发展格局。近年来，为适应市场需要，西藏各级文化部门整合利用各方面的力量，创作推出大型原生态歌舞《幸福在路上》、民族歌舞《五彩西藏》、《雪域放歌》、《珠峰彩虹》、《雅鲁藏布情》、《西藏韵》、《文成公主》等大批文化演艺产品，并陆续投放市场，取得了良好的经济效益。

西藏文化产业的发展将为壮大中国特色社会主义文化的整体实力，提高综合国力，有效地应对西方文化和分裂主义思潮的渗透发挥重大作用。

（四）西藏的核心价值观与社会主义核心价值观

十八大报告提出了要倡导"富强、民主、文明、和谐，自由、平等、公正、法治，爱国、敬业、诚信、友善"的社会主义核心价值观，这24个字分别从国家、社会、个人三个层面对社会主义核心价值观进行了高度凝练和概括。培育和践行社会主义核心价值观是中国特色社会主义事业强基固本、凝魂聚气的工程，对于巩固马克思主义在意识形态领域的指导地位、巩固全党全国人民团结奋斗的共同思想基础，对于促进人的全面发展、引领社会全面进步，对于聚集全面建成小康社会、实现中华民族伟大复兴中国梦的正能量，具有重要现实意义和深远历史意义。

培育和践行社会主义核心价值观是由当今的国际、国内形势决定的。当今世界出现思想文化交流交融交锋形势下价值观较量的新态势，国际社会争取发展主动权的竞争和价值观的较量日趋激烈，东、西方意识形态的对立与斗争始终存在，国际敌对势力正在加紧对我国实施西化分化战略图谋，思想文化领域是他们长期渗透的重点领域。从国内形势来看，改革开放和发展社会主义市场经济条件下出现了思想意识多元多样多变的新特点。我国社会总体上处于转型期，经济体制深刻变革、社会结构深刻变动、利益格局深刻调整、思想观念深刻变化。在意识形态领域具体表现为：一部分人理想信念动摇，价值取向扭曲，道德失范，诚信缺失，宗教消极影响增大，封建迷信、黄、赌、毒等社会丑恶现象沉渣泛起；拜金主义、享乐主义、极端个人主义有所滋生。国内外形势决定了培育和践行社会主义核心价值观教育势在必行。

在十八大召开之前，西藏自治区提出了自己的核心价值观。即"爱国、团结、和谐、发展、文明"这10个字。西藏核心价值观是社会主义核心价值观与西藏实际相结合的创造性体现，反映了西藏社会发展的思想道德建设要求和价值目标要求，具有很强的针对性和创造性。①

爱国主义是一个永恒的主题，也是一个公民最起码的要求。特别是在西藏，达赖分裂集团与西方反华势力相互勾结，不断向区内渗透，策划动乱，危害社会稳定与国家统一。西藏社会主义核心价值观把爱国列为首位是非常必要的。

团结也一直是我党统一战线政策的主题。在进军西藏的过程中，我们正是团结了西藏上层和广大群众，才实现了和平解放，顺利地进行了民主改革，成功地完成了社会主义改造。在今天西藏全面建成小康社会的过程中，强调民族团结仍然十分必要。民族团结是西藏长治久安、跨越式发展的重要基础，倡导共同团结奋斗，共同繁荣发展应该是西藏各民族始终不渝的价值追求。

和谐是整个中华民族的价值理念，也是藏民族的文化传统。"和而不同""和为贵"是中国传统文化的重要观念。藏民族有着悠久的崇尚和谐的传统，藏传佛教以爱国爱教、弃恶扬善、崇尚和谐、祈求和平为宗旨，千百年来深深地影响和塑造了藏族人民的民族心灵和性格。在今天还应该

---

① 牛治富：《西藏核心价值观是社会主义核心价值观与西藏实际相结合的创造性体现》，2012年8月，网易新闻（http://news.163.com/12/0804/10/882CVSNQ00014AED.html）。

发扬这一优秀的文化传统。

发展是执政兴国的第一要务,发展是硬道理。我们进行社会主义核心价值观教育,营造和谐的社会氛围,最根本的目的是促进西藏的发展,造福各族人民。解决西藏的民族问题,挫败达赖集团分裂祖国的阴谋,从根本上讲,必须改善民生,靠的还是发展。在当今西藏,处理稳定与发展的关系时,一定要明白,发展才是目的,稳定只是前提。所以,发展应该是核心价值观,而稳定不应该是。

文明是整个人类追求的发展目标。西藏有悠久的文化传统,很早就进入了文明社会。在西藏历史发展过程中,西藏人们创造了较高的文明,特别是藏传佛教文明达到的程度在世界民族群体里边也是少见的。不过,西藏有近千年的政教合一的社会发展历史,长期的封闭导致西藏文明的衰落。必须经过工业革命以来的现代文明的洗礼,对藏传佛教进行改革,转变落后的思想观念,西藏才能进入现代文明社会。文明将是今后西藏长期追求的价值理念。

第三节 在实践中进一步发展当代中国的马克思主义

理论来自于实践,要想发挥理论指导实践的作用,来自于实践的理论还要回到实践中去,在指导实践的同时接受实践的检验。当代中国的马克思主义是马克思主义基本原理与当代中国具体实践相结合的产物,是在改革开放以来中国特色社会主义实践过程中逐步形成的。当代中国马克思主义的大众化不仅仅是向广大群众宣传理论,让广大群众认同当代中国马克思主义,当代中国马克思主义理论还必须回到实践中去,和广大群众的实践相结合,在指导群众实践的同时接受实践的检验,真正使当代中国马克思主义成为广大群众认识世界改造世界的强大物质力量。这样才能进一步创新和发展理论,才能使当代中国马克思主义永葆生机与活力。

一、积极探索西藏马克思主义大众化的实践形式

马克思主义理论是为广大群众谋利益的理论,也是来自于广大群众实践之中的理论。马克思主义理论的实践观点和群众性特征决定了马克思主义大众化必须与广大群众的实践相结合。另外,党的群众路线也要求广大干部密切联系群众。因此,西藏马克思主义大众化必须深入到广大群众的实践中去,积极探索马克思主义大众化的实践形式。

20世纪80年代末期的拉萨骚乱主要是寺庙僧尼参与的,由于寺庙管理问题较多,自治区党委和政府非常重视寺庙管理工作,采取了一系列有针对性的管理措施。比如,对广大僧尼进行了爱国主义教育,加强寺庙的民主管理和社会管理,提高广大僧尼的福利待遇等,使西藏保持了相当长时期的稳定发展。不过2008年"3·14"暴乱事件暴露出的问题使自治区领导认识到了农牧区维稳问题的重要性。"3·14"暴乱事件的参与者不仅有僧尼、青年学生,也有农牧区的普通群众。比如,烧死以纯服装店5名店员的凶手是3个进城打工的乡下藏族女性。而城乡贫富差距的加大已经成为影响西藏社会稳定的重要因素,一旦遇到突发性的事件,处于社会底层的农牧区群众就可能会卷入其中,成为引发社会动荡的不稳定因素。另外,"3·14"暴乱事件规模大、范围广、破坏力强、组织也比较周密,但是在分裂分子策划暴乱的过程中,竟然没有群众去举报,以至于我们没有做好应急处理的准备工作,给广大群众的生命财产造成了巨大损失。这也突出说明许多基层党组织是软弱涣散的,干部严重脱离群众,忽视了农牧区的群众工作,偏离了党的群众路线。

为改变西藏基层党组织软弱涣散的状况,加强党和群众的联系,提高农牧区群众的思想政治觉悟,巩固马克思主义在意识形态的主流地位,自治区政府采取了一些强有力的措施来改变这种状况。这些重大措施主要有派遣驻村工作队、选调大学生担任村官、选派第一村支书等。

2011年10月,西藏自治区党委决定在全区开展"创先争优,强基础惠民生"活动。选派20,000多名干部进驻全区5000多个行政村,每个工作队不少于4名成员,各级工作队队长由一定行政级别的人员担任,如区(中)直机关的工作队队长由厅(或处)级干部担任。驻村工作队从2011年10月中旬开始入村进行强基惠民工作,至今已经进行了四年。队员一年一轮换,与各族群众同吃、同住、同学习、同劳动。驻村工作队承担建强基层组织、维护社会稳定、寻找致富门路、进行感恩教育、办实事解难事五项任务,力图形成推动科学发展、促进民族团结、维护社会稳定、保障改善民生的强大合力。

自治区党委制定的《全区深入开展创先争优强基础惠民生活动实施方案》要求:"强基惠民"活动要始终围绕密切党同人民群众血肉联系这个核心,把群众当亲人,把群众的事当成自己的事,把群众的安危冷暖挂在心上,知民情、解民忧、暖民心,筑牢党在西藏执政的群众基础;要始终抓住解决群众最关心、最直接、最现实的利益问题这个重点,真诚倾听群众呼声,真实反映群众愿望,真心关注群众疾苦,着力改善群众生产生活条件,让各族群众共享改革发展成果。

目前,这项活动已经持续了四年,取得了良好的社会效果。2014年7月,自治区党委决定,强基惠民活动再持续两年,预计到2016年结束。表明中央、自治区党委和政府对此活动是充分肯定的。

2013年11月24日,在全区第二批驻村工作总结表彰暨第三批驻村工作动员大会上的讲话中,西藏自治区党委书记陈全国对"强基惠民"活动的意义进行了明确的阐述。他在讲话中说:"组织开展干部驻村工作意义更为重大,是我们认真贯彻落实党的十八届三中全会关于推进国家治理体系和治理能力现代化的具体探索,是贯彻落实习近平总书记'治国必治边、治边先稳藏'重要战略思想的重要举措,是贯彻落实俞正声主席'依法治藏、长期建藏'指示要求的重要举措,是改革创新的重要举措,是践行群众路线的重要举措,是夯实基础、争取人心的重要举措。"他认为"第二批驻村工作成效显著、功不可没,应当充分肯定、总结表彰"。这些成就主要表现在以下六个方面:第一,广泛深入宣传党的十八大精神,激发了各族群众建设社会主义新农村的高昂热情;第二,千方百计拓宽致富门路,保持了农村经济快速发展的良好态势;第三,全力以赴做好维稳工作,为全区社会大局持续和谐稳定做出了重要贡献;第四,尽职尽责排民忧解民难,把党和政府的温暖送到了群众心坎上;第五,持之以恒抓基层强基础,增强了村级组织的创造力、凝聚力、战斗力;第六,扎扎实实转作风接地气,在生动火热的社会实践中培养、锻炼了干部,涌现出一批为民爱民、无私奉献的先进典型。

"强基惠民"活动的成就是巨大的,这项活动也得到了广大农牧民群众的欢迎和支持,也确实让农牧民群众得到了许多实惠。各驻村工作队克服了许多困难,充分发挥自身潜力,广泛调动社会资源,为村民的发展献计献策,提供了许多无偿的物质援助,极大地改善了农牧民的生活条件,提高了生活水平。建强了党在基层的组织基础,也巩固了党在农牧区的群众基础。

"强基惠民"活动是西藏马克思主义大众化的一种有效的实践方式,是当代中国马克思主义与西藏实际相结合的创造。依托"强基惠民"活动,不仅提高了基层农牧民的生活水平,密切了与广大群众的联系,而且驻村工作队广泛地宣传马克思主义，使当代中国的马克思主义传播到西藏的每一个角落。

除了"强基惠民"活动外，西藏还结合实际进行了群众路线教育实践活动。当今西藏的某些基层党组织软弱涣散，个别党员干部脱离群众，加上贫富分化加剧，使西藏基层矛盾也比较突出。西藏的马克思主义大众化要求广大党员干部首先要向群众宣传党的群众路线，使广大群众明白党的性质和宗旨。其次，广大党员干部必须认真践行党的群众路线，扎扎实实深入群众，与群众实践相结合，进一步推进马克思主义大众化。

2013年7月8日，为落实中央关于深入开展党的群众路线教育实践活动的决定，西藏自治区党委开始部署西藏的群众路线教育实践活动，到2014年10月，为期一年多的西藏群众路线教育实践活动结束。通过一年多的学习教育，广大党员干部升华了理想信念，增强了公仆意识，党内生活有了新气象，工作作风有了新转变。强化了服务群众意识，干群关系有了明显改善。自治区党委强调，要以群众路线教育为契机，不断巩固扩大教育实践活动成果，进一步增强践行群众路线的自觉性和坚定性，坚持不懈地把从严治党要求落实到党的建设的各个方面。

西藏自治区推行的"强基惠民"活动、群众路线教育实践活动，都是很好的马克思主义大众化的实现方式，怎样把这些实践活动常态化、制度化？怎样结合西藏实际不断创新马克思主义大众化的实践方式？这是今后西藏马克思主义大众化工作应该进一步研究的重要问题。

二、发挥好西藏高校作为马克思主义大众化主阵地的作用

西藏大学生是西藏马克思主义大众化的重要对象，西藏高校就是西藏马克思主义大众化的主阵地。西藏高校从事马克思主义理论教学研究工作的教师是马克思主义大众化传播的主体，西藏高校的思想政治理论课在马

克思主义大众化传播过程中发挥了主渠道主阵地的作用。

　　高校思想政治理论课是对大学生进行思想政治教育的主渠道，对大学生世界观、人生观、价值观的形成有着不可替代的作用，是培养中国特色社会主义事业合格建设者和可靠接班人的重要途径，也是坚持社会主义办学方向的本质体现。目前，西藏高校不仅开设了"05"方案规定的五门思想政治理论课，还根据西藏的实际情况开设了"马克思主义祖国观、民族观、宗教观、文化观概论"。这六门思想政治理论课在传播马克思主义理论、提高西藏大学生的政治觉悟与理论素质方面发挥了非常重要的作用，确实发挥了大学生思想政治教育主渠道的作用。

　　西藏大学生政治信仰的培育主要通过思想政治理论课教育来实现的。但是，目前西藏高校的思想政治理论课教学效果并不理想。"高校在加强学生的道德和价值观教育中，并未做到因材施教。过于强调教材内容上的理论性和系统性，导致空洞、脱离实际。在讲授过程中，过于强调规范和权威对个体的强制和约束，而忽视对实际道德问题的处理和能力的培养。"[①]空洞说教的灌输式教学模式，忽视了藏族大学生的个体差异、认知心理、思维方式和接受能力，导致了他们对思想政治理论课的抵制情绪，也影响了藏族大学生对马克思主义的政治信仰。

　　西藏高校思想政治理论课教学效果不好的一个重要原因在于灌输式教学模式。灌输式教学曾经是西方最有影响的教学模式，现在这一教学模式在西方已经被彻底否定，而我们的许多课堂还在沿用着这种低效率的教学模式。灌输式教学也被称为"注入式"教学，它强调教育者对学生进行知识灌输。形象一点来说，就是教师把学生的大脑看作容器，然后教师把所

[①] 任姣丽：《当代大学生信仰问题研究》，硕士学位论文，山西大学2012年，第22页。

有的知识输入进这个容器。灌输式教学是一种机械论的思维方式。蒙田、卢梭、杜威等大教育家都曾经对这种教育模式进行过批判。如杜威就认为，人的心灵活动并不是被动的消极接受的活动，而是主动的积极吸收和提取的活动。所以，他认为思想观念是不可能以观念的形式从一个人传给另一个人，当一个人把观念告诉别人时，对听到的人来说，不再是观念，而是另一个已知的事实。灌输式教学的前提假设是学生什么也不懂，教师的任务就是把知识塞进学生脑袋。这种教学模式忽视了学生作为学习主体的主动性，学习活动并不仅仅是知识和信息的传授和迁移，而是一个学习主体主动的信息选择与吸收的过程。

西藏高校之所以会采用灌输式教学模式，是与对高校教学活动的偏颇理解有密切关系。教学活动并不是单向的由教到学的实践活动，而是双主体交流互动的教与学的实践活动。教师是教的主体，学生是学的主体。教学活动是教师与学生两个主体双向互动的过程。在这个过程中，学生并不是容器，并不是被动地吸收知识，容纳知识。学生也是一个会思维的能动的学习主体，在学习的过程中，他们会形成自己的判断，会选择自己认可的知识然后才会吸收，真正成为自己知识库的一部分。像杜威所说的，作为思想观念的知识，是不可能以观念的形式灌输给别人的。通过灌输给别人的观念，只是枯燥的文字符号，即使他能记清楚，对他的观念影响也是毫无意义的。比如，我们的许多学生在思想政治理论课考试中能取得好成绩，但是他们对马克思主义理论并不真正理解，也没有很高的政治觉悟。所以，对于马克思主义理论的传播，采用灌输的方式很难收到良好的效果。

要想真正发挥西藏高校马克思主义大众化主阵地的作用，提高西藏高校思想政治理论课的针对性和实效性，必须转变教学理念，改变传统灌输式的教学模式，不断创新教学方法，拓宽教育的途径，优化教育环境，充分发挥实践教学育人的作用。

第一，要真正转变教学观念。作为西藏高校的思想政治理论课教师，不仅要有坚定的政治信仰和深厚的马克思主义理论功底，还要掌握现代教育理念，要树立以学生为本位的理念，尊重并充分发挥学生的主体地位，与学生平等交流，采用合作、交流、探究、创新等教育理念，充分发挥学生学习的积极性和主动性，在平等合作、愉快交流的氛围中实现知识的传授，提高教学的效果。

第二，要创新教学方法。传统的思想政治课教学往往把学生看作是被动接受马克思主义理论的容器，通过"填鸭式""满堂灌"的教学方式传授马克思主义理论，忽视了学生的主体地位和实际感受。这样的教学理念和教学方式一定要抛弃。结合西藏大学生的思维方式和认知特点，可以采取双向互动式的教学方法。比如，可以采用课堂讨论、课堂辩论、主题演讲、案例分析、思想汇报等课堂教学方式，促进师生互动，教师主要发挥引导和启发的作用，充分发挥了学生的主体地位，调动了学生的积极性和创造性，也增强了思想政治课的吸引力和感染力。

第三，搞好校园文化建设。良好的校园文化不仅能满足学生的精神文化需求，而且也可以发挥环境育人的作用，成为西藏高校马克思主义大众化的重要途径。西藏各高校都要重视校园文化建设，营造良好的校园文化环境，以各种校园媒介为载体，构建当代马克思主义大众化的宣传平台。可以充分利用校报、广播、宣传栏、校园网、微信平台等媒介，宣传当代中国马克思主义理论，使学生在潜移默化中接受马克思主义理论。利用国庆、建党节等重要纪念日、民族节日等举办主题鲜明、形式活泼的校园文化活动，把马克思主义教育内容渗透于活动当中，用高尚的道德情操来感染学生。

第四，大力开展实践教学。马克思主义大众化的目的不仅仅是让大学生掌握马克思主义理论，而是在实践当中认同和践行马克思主义理论。实践教学是提高思想政治理论课教学效果的有效途径。可以组织学生参观红色革命教育基地、社会主义新农村、科技创新工业园区等教学实践基地，感受社会主义建设的伟大成就。利用节假日进行社会调查，撰写调查报告，然后交流实践体会。也可以参与"三下乡"活动和一些志愿者活动，深入社会，在实践中加深对中国特色社会主义的认识，自觉认同当代中国的马克思主义。今后要进一步完善实践教学保障机制，探索实践育人的长效机制。通过扎实有效的实践教学活动，不断提高思想政治课的针对性与实效性，提高学生的思想政治素质，坚定他们走中国特色社会主义道路的信心。

三、发挥好西藏哲学社会科学理论工作者"智库"的作用

繁荣哲学社会科学是建设中国特色社会主义的一项重要任务，对于巩固马克思主义在意识形态的指导地位，推进马克思主义理论创新发挥着非常重要的作用。2004年，中共中央发出了《关于进一步繁荣发展哲学社会科学的意见》，其中强调了哲学社会科学的重要地位，并提出要实施马克思主义理论研究和建设工程，加强马克思主义基本原理研究是繁荣发展哲学社会科学的一项重要工作。该工程从2004年开始实施，通过编译经典作家文集、编写教材、出版专著、发表论文、召开学术研讨会等形式，对推动马克思主义中国化时代化大众化，发挥了重大作用。"马克思主义理论研究和建设工程开展的一系列活动，进一步深化了人们对当代中国马克思主义的实践特色、民族特色、理论特色和时代特色的认识，进一步深化了对科学发展观、构建社会主义和谐社会等重大战略思想基本内涵、精神实质的认识。马克思主义中国化的最新成果正日益深入人心。这些研究成

果，对于提高人们对马克思主义特别是马克思主义中国化理论成果的认识水平，促进人们在解放思想中统一思想，发挥了积极作用。"①

西藏哲学社会科学理论工作者对于西藏的马克思主义大众化发挥着重要作用。西藏哲学社会科学理论工作者主要包括西藏社会科学院、西藏自治区党校等机构的理论工作者。他们的主要工作任务是探索西藏的政治、经济、文化的历史发展规律和回答西藏经济建设中的现实问题，把解决西藏改革开放和稳定中的重大理论问题和实践问题作为主要研究任务，从而为自治区党政领导工作决策提供咨询和参考。由此看来，这些机构充当着西藏自治区"智库"的角色。改革开放需要智力支持，智库建设非常必要。

在2014年10月召开的中央全面深化改革领导小组第六次会议上，习近平强调：我们进行治国理政，必须善于集中各方面智慧、凝聚最广泛力量。改革发展任务越是艰巨繁重，越需要强大的智力支持。要从推动科学决策、民主决策，推进国家治理体系和治理能力现代化、增强国家软实力的战略高度，把中国特色新型智库建设作为一项重大而紧迫的任务切实抓好。要坚持党的领导，把握正确导向，充分体现中国特色、中国风格、中国气派；坚持科学精神，鼓励大胆探索；坚持围绕大局，服务中心工作；坚持改革创新，规范发展。要统筹推进党政部门、社科院、党校行政学院、高校、军队、科技和企业、社会智库协调发展，形成定位明晰、特色鲜明、规模适度、布局合理的中国特色新型智库体系，重点建设一批具有较大影响和国际影响力的高端智库，重视专业化智库建设。②

---

① "中国马克思主义大众化研究：历史进程和基本经验"课题组著：《中国马克思主义大众化研究：历史进程和基本经验》，中国人民大学出版社2013年版，第283页。
② 王姝：《习近平：建设有国际影响力的高端智库》，2014年10月，中国西藏网（http://www.tibet.cn/news/index/toutxinw/201410/t20141028_2075334.htm）。

西藏社会科学院、西藏自治区党校、西藏各高校应该成为西藏智库建设的重点机构。这些机构的理论工作者要深入群众、深入基层、深入实际调查研究,以西藏改革开放和现代化建设中的重大理论问题和现实问题作为研究的主要任务,承担科研项目,开展学术交流,发表学术观点,出版学术专著,提交研究报告,为相关部门的领导决策提供参考,为西藏的发展提供智力支持。

西藏智库的理论工作者要把加强马克思主义理论的研究作为一项重要工作来抓。要破除对马克思主义的教条式理解,澄清附加在马克思主义名下的错误观点。引导人们用科学的态度对待马克思主义,用发展着的马克思主义指导新的实践。

西藏智库的理论工作者要在西藏马克思主义大众化过程中充分发挥作用,坚持把当代中国马克思主义与西藏实际相结合,大力推进马克思主义理论的创新。从根本上说,马克思主义理论要想被广大群众所理解和接受,必须能够回答现实问题,为解决现实问题提供思路和方法论。而要做到这一点,马克思主义理论必须创新。因为实践是不断发展的,实践中的问题是不断出现的,解决实践中的问题就必须创新理论。这样才能做到理论联系实际,理论符合实际,才能增强马克思主义理论的说服力和影响力。所以,西藏智库的这些理论工作者要面对和研究西藏马克思主义大众化过程中的现实问题,比如:西藏寺庙僧尼的爱国主义教育问题、西藏农牧区广大群众的社会主义教育问题、西藏大学生的政治信仰教育问题、广大群众的反分裂、反渗透教育问题、进一步发展和完善马克思主义民族理论与政策问题等。西藏智库的理论工作者提出的"爱国、团结、和谐、发展、文明"的西藏核心价值观,就是社会主义核心价值体系与西藏具体实际相结合的创造,为凝聚人心、团结群众、保持稳定、促进发展发挥着非常重要的作用。

当今西藏正处于跨越式发展的过程中,西藏社会也正处于传统向现代转型的过程中,价值观念多元多样多变,意识形态交流交融交锋,加上达赖分裂集团和西方反华势力的阴谋破坏活动,推进西藏马克思主义大众化过程中遇到的问题和困难还很多,特别需要西藏智库的理论工作者密切联系实际、紧跟时代步伐,大力加强马克思主义理论的创新,不断推进西藏马克思主义大众化的进程。

本章小结

从马克思主义实践观点与群众观点的基础上来认识,西藏的马克思主义大众化,应该包括以下三个层次:第一,推进西藏马克思主义大众化更广泛的传播;第二,实现马克思主义与西藏实际的结合;第三,在实践中进一步发展马克思主义。

马克思主义大众化首先要实现马克思主义理论掌握于广大人民群众,这就必须进行马克思主义理论的宣传教育。从传播学的角度来看,推进西藏马克思主义大众化更广泛的传播,需要明确传播主体、优化传播内容、净化传播环境、拓宽传播途径、完善保障制度。实现马克思主义理论与西藏实际的结合,将马克思主义扎根于西藏社会文化的土壤中,融入群众生活,真正成为西藏普通群众日常生活的一部分。要关注西藏群众的日常生活世界,把马克思主义与西藏群众的日常生活相结合,不断地改善民生,是西藏群众认知、认同马克思主义的重要途径,也是西藏马克思主义大众化能否成功的关键。马克思主义与西藏实际的结合主要包括马克思主义与西藏群众的政治生活相结合、马克思主义与西藏群众的经济生活相结合、马克思主义与西藏群众的文化生活相结合。当代中国的马克思主义是马克思主义基本原理与当代中国具体实践相结合的产物,是在改革开放以来中国特色社会主义实践过程中逐步形成的,当代中国马克思主义的大众化不仅仅是向广大群众宣传理论,还必须回到实践中去,和广大群众的实践相结合,在指导群众实践的同时接受实践的检验,真正使当代中国马克思主义成为广大群众认识世界改造世界的强大武器。要积极探索西藏马克思主义大众化的实践形式,要发挥好西藏高校作为马克思主义大众化主阵地的作用,要发挥好西藏哲学社会科学理论工作者"智库"的作用,大力加强马克思主义理论的创新,这样才能使当代中国马克思主义永葆生机与活力,才能发挥好当代中国马克思主义指导群众实践的作用,才有利于西藏广大群众认同和信仰马克思主义。

结束语 在新形势下不断推进西藏的马克思主义大众化

西藏马克思主义大众化作为当代中国马克思主义大众化的重要组成部分，对于保持马克思主义在意识形态的指导地位，维护我国意识形态的安全，对于坚持走中国特色社会主义道路、巩固国家统一、维护民族团结、实现西藏的稳定和长治久安都具有重大的理论意义、现实意义和长远的历史意义。在西藏和平解放、民主改革、社会主义改造和改革开放的过程中，西藏的马克思主义大众化工作取得了很大成绩，积累了许多宝贵的经验。在新世纪新阶段，西藏马克思主义大众化的国际环境和国内环境都发生了很大的改变，但是坚持马克思主义在意识形态领域的主导地位这一根本任务没有变，维护祖国统一，保持西藏稳定的时代主题没有变。如何在新形势下进一步推进西藏的马克思主义大众化工作，是时代赋予我们的历史任务，也是值得进一步研究的重大课题。

一、西藏马克思主义大众化的机遇与挑战

当今西藏的马克思主义大众化工作既面临着良好的发展机遇，也遇到各种新的挑战。

西藏和平解放60多年以来,在中国共产党的正确领导下,在全国各省区的鼎力援助下,西藏自治区党委和政府带领西藏各族人民艰苦奋斗,突破恶劣的自然条件的限制,克服了各种难以想象的困难,使西藏的社会主义建设取得了很大的成就,西藏从一个落后的、贫穷的封建农奴制社会进入到一个不断进步的、逐步走向富裕、和谐、文明的社会主义新社会,探索出了一条"中国特色、西藏特点"的发展道路。在抵御西方意识形态的渗透、打击境内外民族分裂势力、搞好对外宣传、保持西藏的发展与稳定等方面都积累了许多宝贵的经验。

从国际环境来看,我们的和平外交取得了明显成效。近年来,习近平主席访问了俄罗斯、哈萨克斯坦、蒙古、巴基斯坦、印度、尼泊尔等周边国家,进一步改善了同这些国家的关系。在对外宣传方面,我们正在改变被动的局面,充分发挥统一战线的作用,得到海外华裔和国际友好媒体的支持,向西方传播一个真实的西藏,使西方逐渐了解了西藏问题的真相,达赖分裂势力与西方反华势力在国际舆论方面越来越不得人心。在后达赖时期,"藏独"势力内部矛盾激化,他们能得到的国际援助将越来越有限,西藏的发展面临着良好的外部环境。

从国内来看,改革开放以来,经过中央召开的六次"西藏工作座谈会",已经形成了比较明确的指导思想和比较完善的工作机制。1990年7月,胡锦涛在西藏第四次党代会的报告中提出了"一个中心,两件大事,三个确保"的指导思想。即:在党的领导下,团结西藏各族人民,凝聚各方面力量,以经济建设为中心,紧紧抓住稳定局势和发展经济两件大事,确保西藏社会的长治久安,确保经济持续、稳定、协调地发展,确保人民群众生活水平的提高。后来,这一指导思想得到进一步的完善,最终确定了一条走有中国特色、西藏特点的发展路子。第三次西藏工作座谈会做出了全国支援西藏的决定,确定了"分片负责、对口支援、定期轮换"的援藏方式。形成了中央关心西藏,全国支援西藏的工作机制。2010年,胡锦涛同志主持召开了第五次西藏工作座谈会,对西藏工作的指导思想、主要矛盾、同分裂势力斗争的方针,做出了明确判断,先后提出了谋长久之策、行固本之举、牢牢把握主动权的要求,提出了"新四个事关论":西藏工作事关全面建设小康社会全局,事关中华民族长远生存发展,事关国家安全和领土完整,事关我国国家形象和国际环境;提出了"两个屏障论",即把西藏建成国家安全屏障、国家生态安全屏障,以及六个"重要地",即除了以上两个屏障外,要把西藏建成重要的战略资源储备地、重要的高原特色农产品基地、重要的中华民族特色文化保护地、重要的世界旅游目的地,提出西藏要走出一条中国特色西藏特点的发展路子。十八大以后,习近平总书记提出"治国必治边,治边先稳藏"的战略思想,俞正声同志提出"依法治藏,长期建藏"的重要指示,表明新一届领导集体对西藏工作的高度重视。

2015年8月,中央召开了第六次西藏工作座谈会,总结了"六个必须"的治藏方略。必须坚持中国共产党领导,坚持社会主义制度,坚持民族区域自治制度;必须坚持治国必治边、治边先稳藏的战略思想,坚持依法治藏、富民兴藏、长期建藏、凝聚人心、夯实基础的重要原则;必须把改善民生、凝聚人心作为西藏经济社会发展的出发点和落脚点;必须全面正确贯彻党的民族政策和宗教政策,加强民族团结,不断增进各族群众对伟大祖国、中华民族、中华文化、中国共产党、中国特色社会主义的认同;必须把中央关心、全国支援同西藏各族干部群众艰苦奋斗紧密结合起来,在统筹国内国际两个大局中做好西藏工作;必须加强各级党组织和干部人才队伍建设,巩固党在西藏的执政基础。这次座谈会还进一步强调了要加强民族团结教育和社会主义核心价值观教育,培育中华民族共同体意识,坚持不懈地开展马克思主义祖国观、民族观、宗教观、文化观宣传教育活动。第六次西藏工作座谈会为今后西藏的马克思主义大众化工作指明了方向。

西藏的发展不再是简单的一个西藏问题,而是中国境内五省藏区的发展、稳定、繁荣的问题。西藏的发展不仅是国家安全问题,更多的是国家整体发展问题。十八大以后,自治区党委制定了生态西藏、和谐西藏、美丽西藏的发展目标,团结西藏各族人民,全面贯彻党的群众路线,不断推进西藏的马克思主义大众化,进行了"强基惠民"活动和群众路线教育实践活动,得到广大群众的热烈拥护和支持。

总之,西藏马克思主义大众化工作面临着良好的发展机遇。同时,我们也应该看到新时期国际、国内形势新变化对西藏马克思主义大众化带来的严峻的挑战。

首先,国际反华势力仍在加紧对西藏进行意识形态的渗透,而且主要借助网络新媒体的技术手段,把和平演变的重点面向西藏的青年学生,其颠覆和破坏活动更加隐蔽,更加难以防范。其次,达赖分裂集团不会放弃分裂西藏的活动,而且"藏独"与"疆独"势力出现合流的趋势,与西方反华势力相互勾结,西藏反分裂的形势仍然严峻。最后,西藏社会正处于传统向现代转型的过程中,价值观念多元多样多变,意识形态交流交融交锋,多元文化的背景对于西藏马克思主义大众化的发展十分不利。另外,西藏区内还存在复杂的民族问题和宗教问题,贫富差距加大,基层党组织弱化、基层矛盾突出的问题也影响着西藏马克思主义大众化的顺利推进。

全面正确地认识西藏马克思主义大众化的机遇与挑战,总的来看,是机遇大于挑战,在自治区党委的正确领导下,团结西藏各族人民,抓住良好的发展机遇,正确应对各种挑战,西藏马克思主义大众化的发展一定会有一个美好的发展前景。

二、西藏马克思主义大众化的基本经验

西藏和平解放60多年来，马克思主义大众化工作取得了很大成绩，认真总结这60多年的经验，对于今后更好地推进西藏马克思主义大众化工作具有重要的指导意义。

（一）坚持马克思主义的实践观点和群众观点是根本

马克思主义学说是实践基础上的革命性与科学性的统一，实践的观点是马克思主义哲学首要的最基本的观点。马克思主义扎根于实践当中，服务于实践并指导实践，并随着实践的发展而发展。因此，可以说，实践性是马克思主义学说最重要的特征，离开了实践，脱离了实际，便不是真正的马克思主义。同时实践性又决定了马克思主义的基本观点是群众观点。因为人民群众是实践的主体，是历史的创造者。他们不仅创造了物质财富，还创造了精神财富。当代中国的马克思主义就是来自于广大人民群众的中国特色社会主义实践当中。马克思主义的实践观点决定了我们党要坚持一切从实际出发，理论联系实际，实事求是的思想路线；马克思主义的群众观点决定了我们党要坚持一切为了群众，一切依靠群众，从群众中来，到群众中去的群众路线。

推进西藏的马克思主义大众化必须坚持马克思主义的实践观点与群众观点，必须坚持党的思想路线与群众路线。回顾西藏马克思主义大众化的历史，我们可以发现，如果我们脱离了实践和群众，马克思主义大众化的工作必然会有失误和错误，必然对西藏的社会主义建设造成危害。比如，西藏在"文革"期间对宗教事业和统一战线政策的破坏，20世纪80年代初开始的西藏干部内调，20世纪80年代末拉萨的骚乱，2008年的"3·14"暴乱事件，这些事件都是脱离了实践和群众的结果。实践证明，如果脱离

在新形势下不断推进西藏的马克思主义大众化　结束语

群众,损害群众的利益,就会失去群众的支持,我们的工作就会犯大错误。从这个角度来讲,要顺利地推进西藏的马克思主义大众化必须坚持党的群众路线,密切联系群众,大力改善民生,不断提高西藏广大群众的生活水平。

(二)马克思主义理论创新是关键

马克思主义从产生到现在已经有160多年了,但直到今天马克思主义仍然保持着强大的生命力,还没有哪一种理论能超过马克思主义的影响力。其主要原因就在于马克思主义是一个开放的理论体系,总是能够随着时代的发展而发展,能够根据新的实践进行新的发展。马克思主义普遍原理是正确的,但是马克思主义的个别结论可能不适合我们这个时代,因此,马克思主义应该随着时代的发展而发展。当代中国的马克思主义是马克思主义基本原理与当代中国实际相结合的创造,是当今我国社会主义建设的指导思想。"理论是灰色的,而生活之树常青",面临当今的新形势新变化,当代中国的马克思主义也应该随着中国特色社会主义实践的发展而发展。从根本上说,马克思主义理论要想能被广大群众所理解和接受,必须能够回答现实问题,为解决现实问题提供思路和方法论。而要做到这一点,马克思主义理论必须创新。因为实践是不断发展的,实践中的问题是不断出现的,解决实践中的问题就必须创新理论。这样才能做到理论联系实际,理论符合实际,才能增强马克思主义理论的说服力和影响力,才能得到大众的认可和认同。西藏的情况非常特殊,西藏马克思主义大众化面临的形势十分复杂,当代中国的马克思主义也必须与西藏实际相结合,不断创新当代中国的马克思主义理论,才能增强其说服力和影响力,才能得到西藏广大群众的认可和认同。

(三)利用好传播媒体是基本途径

马克思主义的传播要借助一定的媒体进行,利用好传播媒体,不断拓宽传播途径也是西藏马克思主义大众化得以推进的重要条件。目前西藏马克思主义大众化的传播途径既有报章杂志、广播、电视等传统传播媒体,也有门户网站、电子公告牌(BBS)、QQ聊天工具、个人网站和博客(BLOG)、微博、手机微信等网络新媒体。网络新媒体的出现,为西藏马克思主义大众化的传播开拓了更宽广的途径。在继续利用好报章杂志、广播、电视等传统媒体外,特别要利用好网络新媒体。

网络新媒体的传播具有及时、快捷、生动形象、覆盖面广等特点,对受众的影响越来越大。目前,西藏各行政机构的门户网站和西藏新闻网等网站在传播马克思主义方面发挥了非常重要的作用,但同时,达赖分裂势力和国外反华势力利用网络进行的渗透和颠覆活动也日益猖獗,达赖分裂集团在境外建了许多反动网站,宣传分裂思想,联合海外流亡藏人,并通过网络向境内渗透,拉拢腐蚀寺庙的僧人和青年。通过他们的门户网站和QQ空间散布分裂言论、图片和视频,通过BBS散发一些民族分裂主义思想的帖子,严重影响着民族团结和国家统一,危害着国家的网络安全。如何加强对西藏互联网的管理,利用好网络新媒体,也是西藏马克思主义大众化应该解决好的问题。

(四)做好民族工作与宗教工作是重点

西藏是以藏族人口为主体的地区,根据全国第六次人口普查的数据,西藏有300.2万人,其中藏族和其他少数民族人口占92%,汉族人口占8%。而且藏族基本上是全民族信教,宗教的影响根深蒂固。这些特点决定了西藏的民族工作与宗教工作非常重要。西藏和平解放以来,我们全面贯彻党的民族政策和宗教政策,保持了西藏大局的稳定和西藏经济社会的快速发展。但是,曾经出现过没有正确地执行党的民族政策和宗教政策,遗留了一些民族问题和宗教问题。今后要进一步完善党的民族理论与政策,坚持民族平等和民族团结，实行宗教信仰自由，坚持民族区域自治，充分发挥好统一战线的作用，团结西藏广大信教群众，引导宗教与社会主义相适应，逐渐改造信教群众的世界观与价值观，使他们认同马克思主义，巩固党的群众基础。

（五）建好马克思主义理论人才队伍是保障

做好西藏马克思主义大众化工作，还需要一支政治立场坚定、理论素质高的马克思主义人才队伍。这支队伍应该以党政机构的中青年理论骨干为重点，加强人才培养，吸收高校马克思主义理论教师、哲学社会科学工作者成为马克思主义大众化传播的主要力量。要建立和完善理论政策宣传普及专家库，广泛吸收政治素质好、理论水平高、宣讲能力强的领导干部和专家学者参与马克思主义理论宣传活动。

另外，还应该加强西藏的基层党组织建设。基层党组织联系基层的广大群众，他们的理论素质和工作能力直接决定了马克思主义大众化的传播效果。应该借助目前进行的"强基惠民"活动，建强西藏的基层党组织。目前，西藏自治区应该建立和完善人才成长和选拔机制，培养一支政治可靠、功底扎实、熟悉基层、善于运用通俗化的群众语言进行理论宣讲的人才队伍，这支队伍要经常深入基层，运用灵活多样的宣讲方式，解决群众思想上存在的实际问题，真正得到广大群众的信任，让马克思主义融入群众的实际生活中。

总之，面对当前西藏马克思主义大众化的复杂形势，我们要抓住机遇、应对挑战、总结经验，切实贯彻党的群众路线，密切联系群众，不断改善民生，将当代中国马克思主义与西藏的实际结合起来，把西藏马克思主义大众化进一步推向深入。

参考文献

一、学术著作

[1] 陈金龙，等. 近代中国社会思潮与马克思主义中国化 [M]. 北京：人民出版社，2013.

[2] 陈奎元. 西藏的脚步 [M]. 北京：中共中央党校出版社，1999年.

[3] 高洪力. 马克思主义大众化的价值及实现方式研究 [M]. 北京：光明日报出版社，2012.

[4] 冯刚. 高校马克思主义大众化研究报告 [M]. 北京：光明日报出版社，2010.

[5] 何玲玲. 当代中国马克思主义大众化的挑战与路径研究 [M]. 北京：人民出版社，2013.

[6]《解放西藏史》编委会. 解放西藏史 [M]. 北京：中共党史出版社，2008.

[7] 靳薇. 西藏援助与发展 [M]. 拉萨：西藏人民出版社，2011.

[8] 李春会. 传播视域下的马克思主义大众化 [M]. 北京：人民出版社，

2013.

［9］李旭炎，等.高校马克思主义大众化理论与实践研究［M］.天津：天津人民出版社，2010.

［10］刘超、张永恒.尊严：戳穿某些西方媒体与达赖集团的十大谎言［M］.北京：人民出版社，2008.

［11］马克思主义传播与大众化研究中心.马克思主义传播研究［M］.北京：中国传媒大学出版社，2014.

［12］"马克思主义中国化的历史进程和基本经验"课题组.马克思主义中国化研究——历史进程和基本经验（上、下）［M］.北京：北京出版集团，2009.

［13］马立诚.当代中国八种社会思潮［M］.北京：社会科学文献出版社，2012.

［14］乔元忠，等.全国支援西藏［M］.拉萨：西藏人民出版社，2002.

［15］［美］谭·戈伦夫.现代西藏的诞生［M］.伍昆明，王宝玉，译.北京：中国藏学出版社，1990.

［16］王凡，东平.特别经历——10位历史见证人的亲历实录［M］.北京：中共党史出版社，2008.

［17］王国炎，刘芝平.马克思主义中国化与大众化［M］.南昌：江西人民出版社，2009.

［18］王小彬.中国共产党西藏政策研究［M］.北京：人民出版社，2013.

［19］王小彬.经略西藏——新中国西藏工作60年［M］.北京：人民出版社，2009.

［20］温军.西藏农业可持续发展战略研究［M］.北京：中国藏学出版社，2006.

[21] 伍昆明. 西藏近三百年政治史 [M]. 厦门：鹭江出版社，2006.

[22] 徐明旭. 雪山下的丑行：西藏暴乱的来龙去脉 [M]. 成都：四川教育出版社，2010.

[23] 西藏自治区党史资料征集委员会. 中共西藏党史大事记（1949—1994）[M]. 拉萨：西藏人民出版社，1995.

[24]《西藏自治区志·政务志》编纂委员会. 西藏自治区志·政务志 [M]. 北京：中国藏学出版社，2007.

[25] 西藏自治区党史资料征集委员会，西藏军区党史资料征集领导小组. 西藏的民主改革 [M]. 拉萨：西藏人民出版社，1995.

[26] 肖东波，黄俊. 新中国成立初期的马克思主义大众化 [M]. 杭州：浙江人民出版社，2011.

[27] 牙含章. 达赖喇嘛传 [M]. 北京：人民出版社，1984.

[28] 杨奎松. 马克思主义中国化的历史进程 [M]. 郑州：河南人民出版社，1994.

[29] 张植荣. 中国边疆与民族问题——当代中国的挑战及历史由来 [M]. 北京：北京大学出版社，2005.

[30] 张植荣，魏运鹏. 20世纪美国的西藏政策实录 [M]. 北京：中国藏学出版社，2002.

[31] 张植荣. 国际关系与西藏问题 [M]. 北京：旅游教育出版社，1994.

[32] 中共西藏自治区委员会党史研究室. 中国共产党西藏历史大事记（1949—2004）（第一卷）[M]. 北京：中共党史出版社，2005.

[33] 中共中央文献研究室，中共西藏自治区委员会. 西藏工作文献选编（1949—2005年）[M]. 北京：中央文献出版社，2005.

[34] "中国马克思主义大众化研究：历史进程和基本经验"课题组. 中

国马克思主义大众化研究：历史进程和基本经验［M］.北京：中国人民大学出版社，2013.

［35］中国藏学中心.50年真相——西藏民主改革与达赖的流亡生涯［M］.北京：人民出版社，2009.

［36］周大鸣.寻求内源发展——中国西部的民族与文化［M］.广州：中山大学出版社，2006.

［37］周中之.马克思主义大众化发微［M］.上海：三联书店，2013.

［38］朱晓明.西藏前沿问题研究［M］.北京：中国藏学出版社，2014.

二、硕博论文

［39］程早霞.2009.美国中央情报局与中国西藏（1940—1972）［D］.东北师范大学博士论文.

［40］郭永虎.2007.美国国会与中美关系中的"西藏问题"研究（1987—2007）［D］.东北师范大学博士论文.

［41］郝慧婷.2013.青海藏区当代中国马克思主义大众化问题研究［D］.云南农业大学硕士论文.

［42］黄远卓.2012.少数民族地区青年马克思主义大众化研究［D］.西南大学硕士论文.

［43］刘珍珍.2012.民族地区干部马克思主义大众化研究［D］.西南大学硕士论文.

［44］任姣丽.2012.当代大学生信仰问题研究［D］.山西大学硕士论文.

［45］汤超珍.2012.民族地区马克思主义大众化面临的主要问题及对策研究——以广西壮族自治区为例［D］.广西师范学院硕士论文.

［46］杨满心.2011.民族地区马克思主义大众化研究［D］.西南大学硕士论文.

［47］张燕.2011.内蒙古民族地区马克思主义大众化研究［D］.山西财经大学硕士论文．

三、期刊论文

［48］白云峰.忆西藏民族学院的前身——西藏公学的筹建［J］.西藏民族学院学报，1988（3）．

［49］曹水群.依托"强基惠民"活动推进西藏马克思主义大众化［J］.西藏大学学报，2012（2）．

［50］陈谦平.西藏革命党与中国国民党关系考［J］.历史研究，2002（3）．

［51］崔海亮.政治信仰、宗教信仰与民族认同——关于西藏马克思主义大众化的思考［J］.民族论坛，2014（3）．

［52］崔海亮.西藏大学生政治信仰教育的途径与方法［J］.西藏民族学院学报，2013（6）．

［53］董莉英.天主教在西藏的传播（16—18世纪）及其影响——兼论中西文化的交流与碰撞［J］.西藏大学学报，2004（3）．

［54］杜永彬.藏传佛教世俗化倾向的反思［J］.战略与管理，1999（4）．

［55］杜永彬.论当代藏传佛教的发展路向［J］.西藏大学学报，2007（1）．

［56］丰存霞，赵健.政治信仰形成过程中的思想政治教育因素剖析［J］.学校党建与思想教育2013，（6）．

［57］郭建.当代中国马克思主义大众化的内涵及必要性解读[J].理论研究，2009（3）．

［58］贺新元.西藏和平解放60年经济社会发展的历史回顾与评析［J］.西藏大学学报，2011（2）．

［59］胡鞍钢，胡联合.第二代民族政策：促进民族交融一体和繁荣一体[J].新疆师范大学学报，2011（5）．

[60] 胡乃岩. 论中国道路与政治信仰 [J]. 黑龙江社会科学, 2013 (2).

[61] 李年鑫. 贵州民族地区推进马克思主义大众化的现状分析 [J]. 胜利油田党校学报, 2011 (3).

[62] 李蓉. 对《四川省重庆共产主义组织的报告》的再考察 [J]. 中共党史研究, 2011 (1).

[63] 刘波. 西藏中共基层党组织的创建及其意义（1950—1962）[J]. 西南民族大学学报, 2011 (6).

[64] 马戎. 理解民族关系的新思路——少数族群问题的"去政治化"[J]. 北京大学学报, 2004 (6).

[65] 宋月红. 中共西藏工委的创建与组织沿革考述 [J]. 中共党史研究 2007, (6).

[66] 孙林. 适应与变迁——藏族传统文化观与现代文化观的矛盾及解决方式 [J]. 中国藏学 1999, (4).

[67] 孙熙国. 马克思主义大众化的三个重要环节 [J]. 思想教育研究, 2008 (10).

[68] 孙勇. 中世纪西藏佛教与基督教改革之比较 [J]. 中国藏学, 1989 (2).

[69] 唐碧君. 略论传播学视阈下当代中国马克思主义大众化传播对传播者要素的要求 [J]. 黑龙江教育学院学报, 2011 (6).

[70] 唐曼莲. 民族地区马克思主义大众化的规律探讨 [J]. 湖南社会科学, 2010 (6).

[71] 杨晓梅. 民族地区当代中国马克思主义大众化路径选择 [J]. 宁夏党校学报 2010, (6).

[72] 王宏强. 政治信仰：概念、结构和过程 [J]. 学术探索, 2006 (3).

[73] 王宏强. 公民宗教：对现代宗教社会如何确立政治信仰的新思考 [J].

贵州大学学报，2006（1）.

［74］王娟丽.西藏城乡居民收入差距问题研究［J］.西藏民族学院学报，2009（1）.

［75］吴春宝，尼玛次仁.论新时期西藏农牧区思想政治教育模式的构建［J］.河北农业大学学报，2013（1）.

［76］吴晓明.论推动当代中国马克思主义大众化［J］.思想政治工作研究 2009，（2）.

［77］夏鑫.试论政治信仰的作用［J］.周口师范学院学报，2005（4）.

［78］向春玲.当今西藏宗教信仰的特点及与现代化关系初探［J］.西藏研究，2000（2）.

［79］肖怀远.做好西藏外宣工作的体会［J］.对外大传播，2000（2）.

［80］许德存.西藏佛教五十年的发展特点及其存在的问题［J］.西藏研究，2001（2）.

［81］徐继增.西藏的社会主义改造与社会的跨越式发展［J］.西藏民族学院学报，2002（1）.

［82］徐继增.新民主主义革命视阈下西藏的民主改革［J］.西藏民族学院学报，2009（3）.

［83］徐君.割舍与依恋——西藏及其他藏区扶贫移民村考察［J］.西藏大学学报，2011（4）.

［84］徐万发，钟金慧.红军长征与马克思主义在藏区的传播［J］.西藏民族学院学报，2000（2）.

［85］徐振伟.公共外交与中国对西方的涉藏宣传［J］.思想战线，2014（2）.

［86］徐志民.马克思主义的西藏传播史研究——以20世纪50—70年代为中心［J］.杭州师范大学学报，2012（1）.

[87] 叶小文. 积极引导藏传佛教与西藏跨跃式发展相适应 [J]. 学员论坛, 2010（3）.

[88] 张胜利. 中国现代政治文化的一元指导与多元并存 [J]. 理论探讨, 2007（5）.

[89] 周传斌, 陈波. 伊斯兰教传入西藏考 [J]. 青海民族研究, 2000（2）.

后　记

本书是在我的博士后工作报告的基础上修改完成的。

2013年4月，我进入西北大学马克思主义理论博士后流动站，从事马克思主义中国化的研究工作。合作导师陈国庆教授虽然担任着非常繁重的教学科研与行政工作，但还是非常重视和关心我在西北大学的科研工作。在陈教授的指导下，我确定了西藏马克思主义大众化的研究方向，并制定了比较可行的研究计划。

当时我是以西藏民族大学在职教师的身份进入西北大学博士后流动站的，我在所在单位也承担着比较繁重的教学科研任务，因而不能脱产到西北大学进行比较系统地学习和研究，时常奔波于咸阳与西安两地。好在两地相隔不远，西藏民族大学与西北大学的教学科研都没有耽误。当然自身的辛劳也是不言而喻的，由于工作任务繁忙，难得有空闲时间搞科研，只能利用晚上和节假日的时间才能开展自己的研究工作。

2014年5月，西北大学博士后流动站对我进行中期考核的时候，我已经在核心期刊发表了3篇论文，完成了西北大学博士后流动站规定的教学科研任务，具备了出站的条件。同时开始撰写出站报告。2014年10月，我得到了到南开大学进行访学一年的机会。在南开大学访学期间，可以不

后记

承担教学任务，有了比较多的空闲时间从事科研工作。南开大学也提供了较好的科研条件，使得我可以静下心来继续撰写出站报告。在以后的三个多月时间里，基本完成了出站报告的初稿。2015年初，在与合作导师陈国庆教授进行交流后，听取了他的意见，对初稿进行了修改。2015年4月，出站报告《西藏地区马克思主义大众化研究》顺利通过了答辩，得到了评审专家的肯定。在听取评审专家意见的基础上，又对出站报告进行了修改。

在后来联系出版的过程中，我得到了师友、领导们的关心和支持。出站报告能够出版，首先要感谢我的合作导师陈国庆教授，在他的直接指导下，出站报告才能顺利完成。其次，要感谢我所在单位西藏民族大学马克思主义学院的杨维周院长，我的同事徐继增教授、高峰教授、徐万发教授，他们对我出站报告的写作都提出了宝贵的意见。感谢中国藏学研究中心的王小彬研究员和周炜研究员，他们为本书的写作与出版也都提供了帮助。感谢中山大学出版社的编辑们，他们为本书的出版付出了辛勤的劳动。

最后要感谢我的妻子肖玲聪女士，她为了支持我的科研和工作，任劳任怨，承担了大量的家务劳动。她的支持永远是我前进的动力！

后记写到这里，抬头望窗外，正是一片春意盎然的景象。明媚的阳光洒满大地，鲜艳的花朵和稚嫩的树叶挂在枝头，还有鸟儿在跳着、叫着。"一年之计在于春"，春天总是能给人许多希望和遐想。希望我的家人和朋友能有好运，也希望我以后在科研领域能有更大的收获。希望我们的人生当中永远存在希望。

丙申年仲春于西藏民族大学